· 강점리터러시가 답이다 ·

행복한 아이의 미래역량

황해익 | 탁정화 | 신현정

정민사

머리말

우리 아이가 행복하기를 원하는 모든 이들을 위하여 이 책을 바친다.

우리 아이들은 우리의 가장 큰 보물이며, 우리의 미래이다. 아이가 행복해야 내가 행복하고, 아이가 성장하는 모습에서 기쁨과 보람을 느끼며 나도 함께 성장하는 것을 느낀다. 이런 마음은 아이와 함께하는 부모, 유아교사와 예비교사, 유아교육기관 원장, 그리고 아이를 사랑하는 모든 이들이 함께 가지는 마음일 것이다.

저자들은 2011년 7월부터 격주로 시작되어 최근까지 이어진 행복세미나를 기점으로 유아의 행복플로리시한 삶에 대해 탐구하기 시작했다. 유아행복교육의 궁극적 목적인 유아의 지속가능한 행복을 위해서는 유아가 자신의 강점을 발견하고 강점을 잘 활용하는 것이 중요하다. 유아는 강점을 활용하며 배움과 성장, 그리고 성취의 기쁨을 경험하며 자신이 느끼는 행복을 주변 사람들과 공유한다.

미래사회를 준비함에 있어 강점리터러시는 중요한 미래역량이다. 이 강점리터러시는 '개인이 자신이 가진 강점을 인식하고 당면한 다양한 상황에서 강점을 활용하는 능력'을 말한다. 강점리터러시는 유아기부터 자신의 대표강점을 찾아 인식하고 활용하여 기를 수 있도록 도와주어야 한다. 이러한 강점리터러시에 대한 연구를 유아교육 분야에 적용하려고 고민하던 중 유아행복을 위한 삶이 유아교육의 본질이라는 확신을 갖게 되었다. 이에 유아강점과 강점리터러시에 대한 중요한 내용들을 탁정화 박사와 신현정 박사의 박사논문들을 중심으로 다양한 자료를 추가하여 새로운 저작물로 만들어 유아의 행복에 관심을 가진 모든 사람들에게 알리고 싶었다.

따라서 〈행복한 아이의 미래 역량: 강점리터러시가 답이다〉는 행복한 유아를 위해 가정에서 유아를 양육하고 있는 부모와 유아교육을 담당하고 있는 유아교사, 대학에서 유아교사가 되고자 하는 예비유아교사, 대학원에서 강점과 행복 관련한 분야를 공부하는 대학원생들의 유아 강점리터러시에 대한 안내서로 활용할 목적으로 집필되었다. 이 책이 유아의 강점과 강점리터러시에 대한 입문서로서의 역할을 했으면 좋겠다는 바람을 가져본다.

현재 여러 출판사에서 강점이나 강점교육 관련 책들을 출판하고 있으나, 막상 유아 강점이나 유아강점교육 분야 강의를 위해 교재를 고르다 보면 각각 장단점들이 있어 안내서로서 아쉬운 점이 많았다. 이런 점에 입각하여 저자들과의 많은 논의 끝에 이 책은 강점과 강점리터러시에 대한 기본적이고 필수적인 내용을 좀 더 이해하기 쉬우면서도 간결하게 정리해 놓으려고 애를 썼다. 특히 유아교육 현장이나 가정에서 활용 가능한 유아 강점과 유아 강점리터러시에 관련된 핵심적인 내용을 관련 활동들로 제시하였고, 16가지 유아 강점리터러시 증진을 위한 지원 활동을 개별 활동 혹은 팀별 활동으로 지원할 수 있도록 구성하였다.

이 책은 전체 2개의 부와 7개의 장으로 구성되어 있다. 제1부는 행복으로 이끄는 유아의 강점이며, 유아의 강점 이해하기, 유아의 강점 지식 쌓기, 유아의 강점 알아보기 등 3개의 장으로 구성되어 있다.

제1장은 유아의 강점 이해하기로 유아의 미래역량과 강점리터러시, 강점은 무엇인가, 왜 강점에 주목하는가, 유아에게 나타나는 다양한 강점은? 등을 다루고 있다. 제2장은 유아의 강점 지식 쌓기로 긍점심리학으로 강점 살펴보기, 다중지능이론으로 강점 살펴보기, 다차원적 관점으로 강점 살펴보기, 뇌과학적 관점으로 강점 살펴보기 등으로 구성되어 있다. 제3장은 유아의 강점 알아보기로 면담 질문으로 알아보기, 그림으로 알아보기, 일상생활에서 알아보기, 관찰 도구로 알아보기 등 4가지 알아보기 활동을 소개하고 있다. 제2부는 미래역량, 유아의 강점리터러시이며, 강점과 약점, 어디에 주목할까? 유아의 다양한 강점들, 유아의 강점리터러시를 어떻게 증진할까? 유아의 강점리터러시는 어떤 변화를 가져올까? 등 4개의 장으로 구성되어 있다. 제1장은 강점과 약점, 어디에 주목할까로 유아 평가 이해하기, 강점으로 접근하기 등을 다루고 있다, 제2장은 유아의 다양한 강점들로 성격강점, 학습강점, 생활강점 등으로 구성되어 있다. 제3장은 유아의 강점리터러시를 어떻게 증진할까로 유아의 강점리터러시를 증진하는 방법, 유아의 강점리터러시 증진 프로그램 사례로 강점리터러시 증진을 위한 지원 16가지를 소개하고 있다. 제4장은 유아의 강점리터러시는 어떤 변화를 가져올까로 유아가 말하다, 부모가 말하다, 교사가 말하다, 유아교육기관이 변화다로 구성되어 있다. 부록으로는 유아와 교사에 대한 이해를 돕기 위한 검사들을 소개하고 있다.

이상과 같은 내용으로 구성된 이 책은 여전히 부족한 부분이 많이 보이지만 이는 전적으로 저자들의 역량 부족 때문이며 솔직히 두려움이 많이 앞선다.

이 책을 쓸 수 있도록 많은 참고자료와 문헌을 직·간접으로 제공해 주신 선배, 후배, 동료 연구자들께 감사를 드린다. 아울러 이 책의 출간을 맡아주신 정민사 박세원 대표님, 그리고 좋은 원고를 보내고 싶은 욕심에 어긋나버린 시간 약속을 양해해 주고, 바쁜 일정 속에서 편집을 위해 애쓴 정민사 편집부 직원 여러분들께 진심으로 감사드린다.

2023년 1월

금정산 연구실에서

차례

일러두기

이 책에 제시된 연령은 '만' 연령을 의미합니다.

PART

1

행복으로 이끄는 유아의 강점

Chapter

1 유아의 강점 이해하기

1. 유아의 미래역량과 강점리터러시

1) 유아기는 왜 중요한가?

인생의 출발점인 유아기에는 역동적인 변화가 일어납니다. 운동기술이 정교화되고 인지발달이 이루어지며, 사회적 관계에서 유능성이 길러집니다. 전 생애에서 요구되는 기초능력이 유아기에 집중적으로 발달하며 이후의 발달에도 지속적으로 영향을 미치기 때문에 유아기는 중요합니다.

유아는 저마다 다른 속도로 발달과정을 거칩니다. 같은 연령이라도 사회, 학습, 생활 측면에서 관찰되는 유아의 행동은 다양합니다. 유아의 경험은 지적 성장을 가져오며, 지속적으로 반복되는 경험은 유아에게 긍정적이거나 부정적인 영향을 미칩니다. 예를 들면, 지속적인 실패를 경험한 유아는 '나는 도전해도 또 실패할 거야.', '나는 노력해도 안 될 거야.'라고 생각합니다. 이러한 생각은 학습된 무기력으로 이어져 낮은 자아존중감을 형성합니다. 자신에 대해 부정적으로 인식하는 유아는 열등감, 우울, 두려움을 더 많이 느끼고, 이는 사회문제를 일으키는 심리 · 정서적 잠재위험

요인이 됩니다. 하지만 유아기에 부모와 교사, 또래로부터 자신의 행동을 인정받고, 다른 사람보다 뛰어난 능력이 있다고 생각하는 유아는 원만한 대인관계능력을 형성하고 동시에 자신을 유능한 존재로 인식합니다. 이렇게 부모, 교사, 또래와 같이 의미 있는 사람들의 칭찬과 격려는 유아가 자신을 가치 있는 존재로 인식하고, 내적 동기와 사회적 효능감을 증진하는 데 기여합니다. 무엇인가를 할 수 있다는 믿음은 개인이 가진 능력과 재능인 강점(strengths)과 연결됩니다.

최근에는 정신장애 진단 등으로 유아를 이해하기보다 유아가 가진 강점을 분명하게 인식하고 적극적으로 활용할 수 있도록 돕는 교육이 강조되고 있습니다.

2차 세계대전 이후에 응용심리학은 정신질환의 치료에 중점을 두고 강점과 약점의 균형을 이루려고 하였습니다. 이에 반해 부정적인 시각에서 벗어나 긍정적인 시각으로 변해야 한다는 필요성이 제기되어 긍정심리학이 정립되었습니다(Seligman & Csiksenzentmihalyi, 2000). 긍정심리학은 문제점이나 결핍과 같은 약점을 개선하는 것에서 벗어나, 잘하는 것이 드러나는 강점을 어떻게 증진할 것인지에 더 관심을 가지고 약점을 보완해 나가야 한다고 봅니다.

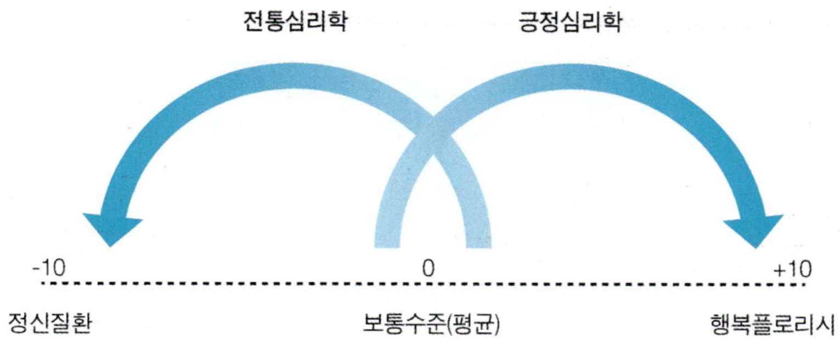

그림 1-1 전통심리학과 긍정심리학 비교

출처: https://growingstrongminds.com/positive-psychology-in-schools/

이러한 전환을 계기로 삶에 의미를 주는 것이 무엇인지, 행복한 삶에 필요한 것은 무엇인지, 어떠한 상황과 조건에서 번영을 누리는지 등 정신건강에 대한 관심이 높아지고 있습니다. 행복한 삶을 위해서는 자신의 대표강점을 발견하고 일상생활 속에서 강점에 대한 인식과 활용이 조화롭게 이루어지도록 노력해야 합니다.

긍정심리학은 인간의 긍정적인 면에 초점을 둔 최상의 상태인 웰빙을 중요시합니다. 그리고 약점을 정상으로 회복시키는 것보다는 강점을 더 우수한 수준으로 높일 것을 강조합니다(Biswas-Diener, 2010). 이러한 긍정심리학의 영향으로 유아교육 분야와 자녀 양육에 대한 가치관이 변화되었습니다.

표 1-1 유아에 대한 관점의 변화

우리 아이에 대한 생각	
기존의 심리학적 접근	긍정심리학적 접근
부족한 점, 약점이 무엇인가?	잘하는 점, 강점이 무엇인가?
문제행동을 어떻게 개선해야 하는가?	긍정 행동을 어떻게 북돋아 줘야 하는가?
유아의 우울함을 어떻게 감소시켜야 하는가?	유아의 행복감을 어떻게 높여야 하는가?

새로운 변화를 준비하는 데 필요한 미래역량을 키우기 위해서는 유아가 가진 개인의 존엄적 가치와 인간적인 면을 중요시하는 행복교육이 필요합니다(김기민, 2018; 서울대학교 행복연구센터, 2010; 이경민, 2009). 행복교육은 긍정심리학에 기초한 교육으로 개인이 가진 정신적 문제와 고통 등의 문제해결을 돕고 개인의 안녕과 행복증진을 위해 필요한 리터러시(literacy, 능력)를 함양하기 위한 과정을 포함합니다.

셀리그만(Seligman)은 행복의 확장된 개념이 '플로리시(flourish)'이며, 모든 능력과 잠재력을 발휘하여 행복을 지속적으로 증진시키고 활짝 꽃피운다는 의미라고 하였습니다. 플로리시는 개인의 행복을 넘어 가정, 직장 그리고 사회의 번영까지도 포함합니다(Seligman, 2011). 행복의 지속성을 강조하는 국내 연구자들에 의해 플로리시는 행복플로리시(flourishing)로 사용되고 있습니다. 셀리그만은 행복플로리시한 삶을 다음과 같이 제안하였습니다.

표 1-2 행복플로리시한 삶

즐거운 삶	과거, 현재, 미래에 대해 긍정적 감정을 느끼며 살아가는 삶
몰입하는 삶	일, 여가, 인간관계 등 생활에 적극적으로 관여하여 몰입하는 삶
의미 있는 삶	자신보다 세상에 기여하고 헌신하는 삶
성취하는 삶	자신이 원하는 목표를 달성하고 이루는 삶
함께하는 삶	사람들과 함께 나누고 어울리는 삶

유아의 플로리시한 삶은 즐거움, 몰입, 의미, 성취, 긍정관계를 경험하며 균형을 추구하는 삶입니다. 따라서 유아기부터 유아가 자신의 삶을 계획하고 관리하여 행복플로리시한 삶을 이끌어갈 수 있도록 부모와 교사의 지원이 필요합니다. ADHD, 불안, 우울증의 문제를 겪는 유아들이 늘어나고 있는 시점에서 스스로 불행하다고 느끼는 유아들이 자신감을 가지도록 지원해 주어야 합니다. 즉, 어린 시기부터 행복한 삶의 기반이 되는 강점리터러시를 증진하는 데 필요한 기초소양을 증진해야 합니다.

강점리터러시(strengths literacy)는 '개인이 자신이 가진 강점을 인식하고 당면하는 다양한 상황에서 강점을 활용하는 능력'을 지칭하는 용어입니다(황해익, 2018). 유아기부터 자신의 강점을 인식하고 활용하는 강점리터러시를 길러주는 것이 중요하며, 유아가 대표강점을 찾아 인식하도록 도와주어야 합니다. 더불어 유아가 강점을 얼마나 활용할 수 있는지에 대해 파악한 뒤, 강점리터러시를 일상생활과 유아교육기관에서 활용하고 펼칠 수 있도록 지원해야 합니다.

2) 미래사회에 필요한 유아강점

4차 산업혁명으로 미래사회는 인공지능, 머신러닝, 가상현실과 증강현실, 생명과학 그리고 테크놀로지 등이 융합되어 예측하기 어려울 정도로 급속하게 삶이 변화될 것이라고 합니다. 미래교육은 IT 신기술이 접목되어 혁신성, 소통, 협업, 비판적 사고능력, 창의성을 증진하기 위한 방식으로의 변화를 모색하고 있습니다. 이러한 4차 산업혁명 시대의 교육 패러다임은 주변을 변화시키며 현재의 교육 방식이 미래를 준비하는 유아들에게 적합한지 되돌아보는 기회를 제공합니다.

2000년까지만 해도 교육 선진국들은 독서(Reading), 글쓰기(Writing), 연산(Arithmetic)의 '3R'을 강조하였습니다. 하지만 4차 산업혁명 시대에는 3R의 기초학습능력만으로 급격히 변화하는 미래사회를 이끌어갈 인재를 길러내기는 어렵습니다(UNESCO, 2020). 자신의 능력을 알고 효율적이고 적극적으로 공동체에 기여하는 삶의 기초능력을 키우는 강점리터러시를 유아기부터 길러줄 필요가 있습니다.

최근에는 21세기의 학습자들이 갖추어야 할 핵심 역량으로 4C인 의사소통능력(Communication), 협업능력(Collaboration), 비판적 사고능력(Critical thinking), 창의력(Creativity)이 주목받고 있습니다(WEF[1], 2016). 즉, 자신의 생각을 잘 전달하면서 동시에 다른 사람의 생각과 의견을 존중하고 공감할 수 있어야 하며, 새로운 방법과 시도를 두려워하지 않고 함께 노력하여 결과를 도출하며, 스스로 그 결과를 되짚어보는 과정이 중요합니다.

표 1-3 21세기 학습자가 갖추어야 할 핵심 역량(4C)

구분	개념
의사소통능력	• 자신의 의사를 표현하며 상호교류를 할 수 있는 능력 • 글과 말에 나타난 의도를 이해하고, 자신의 의견을 표현할 수 있는 능력
협업능력	• 사람들과 협력할 수 있는 능력 • 긍정관계를 바탕으로 협력하여 최고 성과를 낼 수 있는 능력 • 다른 생각을 조율하여 원만하게 교류하고 과제를 나누어 효과적으로 성과를 조직하는 능력
비판적 사고능력	• 논리, 추론을 통해 문제해결의 대안, 결론, 문제 접근 방식의 장단점을 구분하는 능력
창의력	• 주어진 주제나 상황에 대해 독특하거나 현명한 아이디어를 제시하는 것 • 다양하고 창의적인 생각으로 새로운 것을 발견하는 능력

출처: WEF(2016). 수정 · 보완하였음.

1) WEF(세계경제포럼): 4차 산업혁명 시대의 교육 패러다임에 크게 영향을 미친 '2016 세계경제포럼(WEF)'에서 '핵심 역량 4C'를 제시하였습니다.

의사소통능력, 협업능력, 비판적 사고능력 그리고 창의력인 4C 역량들은 유아에게서 발견되는 강점들과 일치합니다(신현정, 2021). 유아의 강점을 증진하기 위해서는 일상생활과 교육기관에서 유아가 강점을 인식하고 활용하여 자신의 강점리터러시를 높이는 경험이 필요합니다.

예측 불가능하고 불안정한 사회 속에서 청소년들이 살아갈 미래사회가 요구하는 핵심 역량을 함양할 수 있도록 OECD는 2016년부터 '교육 2030(OECD Education 2030)' 사업을 추진하였습니다. 그동안의 연구를 통해 OECD는 'OECD 교육 2030 학습 개념틀(OECD Learning Framework 2030)[2)]'을 제시하고 핵심 역량 교육이 실행될 수 있게 교육과정, 교수학습방법, 평가방법 그리고 교육환경 등의 분야에서 연구를 진행하며 역량 개념의 정의, 역량 교육의 목적과 과정을 알기 쉽게 보여주었습니다(교육부, 2018). 이러한 OECD의 미래지향적 프로젝트는 초 · 중 · 고등교육과정을 고려하여 구성되었으며 세계적인 교육 담론을 형성하였습니다. 이는 초등교육과정과 연계하는 우리나라의 유아교육에도 영향을 미쳤습니다. 그래서 국가 수준의 교육과정인 2019 개정 누리과정에서 추구하는 인간상 구현과 개정 누리과정의 목표를 위한 지식, 기능, 태도 및 가치가 역량 요소로 반영되었습니다(교육부, 보건복지부, 육아정책연구소, 2019).

OECD(2018)에서 추구하는 교육의 궁극적인 목표는 모든 학습자가 자신의 잠재력을 발휘하며, 개인, 사회 그리고 지구의 웰빙에 기반을 둔 공동의 미래를 함께 만들어 가는 것입니다. 전인으로서 잠재력을 발휘하는 것은 인간의 미덕과 윤리성, 덕목의 요소들을 겸비해야 한다는 것을 의미합니다. 유아의 강점들도 세계의 보편적인 미덕에서 추출된 성격강점과 덕목이므로 강점리터러시 증진을 통해 전인으로서 갖추어야 할 인성적 덕목들을 충분히 겸비할 수 있습니다.

'OECD 교육 2030 학습 개념틀'에서 제시한 역량은 지식(knowledge), 기능(skills), 태도와 가치(attitudes and values)로 구성되는 포괄적 개념입니다. 지식은 개별 학문적 지식(disciplinary knowledge), 간학문적 지식(interdisciplinary knowledge), 인식론적 지식(epistemic knowledge), 절차적 지식(procedural knowledge)의 4가지 범주로 나뉩니다.

2) 'OECD Learning Framework 2030'(OECD, 2018)을 교육부(2018)는 'OECD 교육 2030 학습 개념틀'로 제시하였습니다. 따라서 본 저서도 교육부와 같은 번안을 사용하였습니다.

기능은 인지 · 메타인지적 기능(cognitive & meta cognitive skills), 사회 · 정서적 기능(social & emotional skills), 신체 · 실천적 기능(physical & practical skills)으로 구분됩니다. 태도와 가치는 개인적 가치(personal values), 사회적 가치(social values), 사회제도적 가치(societal values), 국제적 가치(global values)로 수준과 성격에 따라 구분됩니다(OECD, 2018).

그림 1-2 OECD 2030 학습나침반

출처: 교육부(2019).

DeSeCo 프로젝트에서 제시한 모든 사람에게 공통으로 필요한 '핵심 역량(key competencies)' 대신에 최근 'OECD 교육 2030 학습 개념틀'에서는 '변혁적 역량(transformative competencies)'이라는 새로운 용어를 제시하였습니다(OECD, 2018). 변혁적 역량은 학습자가 더 나은 삶을 위하여 사회를 변혁하고 미래를 만들어 가는 데 필요한 지식, 기능, 그리고 태도와 가치들을 의미합니다. 미래사회를 살아갈 개인이 갖추어야 할 주요 역량인 변혁적 역량은 폭넓은 맥락과 상황에서 활용될 수 있는 것으로 전이 가능성이 매우 높습니다(이상은, 소경희, 2019). 따라서 변혁적 역량은 목표가 변해도 불확실성에 대처할 수 있으며, 새로운 가치와 태도를 기를 수 있고, 생산적이고 의미가 있는 행위를 할 수 있는 능력으로 인공지능이 할 수 없는 인간 고유의 능력입니다(이상은, 2019). 변혁적 역량은 '새로운 가치 창조하기(creating new value)', '긴장과 딜레마에 대처하기(reconciling tensions & dilemmas)' 그리고 '책임감 갖기(taking responsibility)'의 세 가지 내용을 포함하는 개념입니다(OECD, 2018).

이를 통해 2030년대에는 새로운 사회에서 새로운 가치를 창조할 수 있는 역량, 즉 창의적인 아이디어로 경제활동과 새로운 생활방식, 사회적 모델 등을 개발할 수 있는 능력을 강조한다는 것을 알 수 있습니다. 상호의존적인 인간사회에서 긴장과 딜레마에 적극적으로 대처하고 해소하는 능력은 개인과 사회의 웰빙을 실현하기 위해 반드시 필요한 역량입니다(OECD, 2018).

'OECD 교육 2030 학습 개념틀'의 변혁적 역량은 유아강점과 밀접한 관련이 있으며 강점리터러시를 증진하면 인간다움을 추구하고 행복한 미래사회를 실현할 수 있습니다.

표 1-4 'OECD 교육 2030 학습 개념틀'의 변혁적 역량과 관련 있는 유아강점

<table>
<tr><th colspan="6">OECD 교육 2030 학습 개념틀</th><th>관련 강점</th></tr>
<tr><td rowspan="3">역량의 구성 요소</td><td>지식</td><td>학문적 지식
간학문적 지식
인식론적 지식
절차적 지식</td><td rowspan="3">⇨</td><td rowspan="3">변혁적 역량</td><td>새로운 가치 창출하기</td><td>신중함, 진실성, 책임감, 시민의식, 호기심, 학습동기, 창의성, 개방성, 관계성, 탄력성</td></tr>
<tr><td>기능</td><td>인지·메타인지적 기능
사회·정서적 기능
신체·실천적 기능</td><td>긴장과 딜레마 대처하기</td><td>자기조절, 신중함, 논리수학, 사랑, 관계성, 공정성, 창의성, 신중함, 개방성</td></tr>
<tr><td>태도와 가치</td><td>개인적 가치
사회적 가치
사회제도적 가치
국제적 가치</td><td>책임감 갖기</td><td>진실성, 책임감, 시민의식, 용감성, 탄력성, 자아존중감, 자기조절, 관계성, 리더십</td></tr>
</table>

미래사회에 유연하게 적응하기 위해서는 강점과 미래역량의 유사성을 인식하고 행복교육을 실천하도록 노력해야 합니다. 긍정심리학을 교육 분야에 적용한 행복교육은 변혁적 역량을 가진 유아의 행복플로리시한 삶을 지원합니다. 행복교육은 유아의

행동을 정상(normal)과 비정상(abnormal)으로 구분하고 발달의 지체와 이탈 여부를 조기에 판별하는 교육이 아닙니다. 행복교육은 유아의 강점에 기반을 둔 교육적 접근으로 강점이 무엇인지 인식하고 활용하도록 돕는 교육이며, 부모와 교사, 유아교육기관의 협력을 통해 이루어질 수 있습니다.

2. 강점은 무엇인가?

성공한 사람들은 다양한 분야에서 강점을 가지고 있으며, 자신이 가진 강점이 무엇인지를 잘 인식하고 성공 분야에 자신의 강점을 적극적으로 활용합니다. 다음에 제시된 아인슈타인, 피카소, 세종대왕 그리고 유관순이 가진 강점은 무엇인지 생각해 봅시다.

	상대성 이론을 제시한 천재 물리학자 아인슈타인의 학교성적은 형편없었다고 합니다. 심지어 학교에서는 성공하지 못할 것으로 평가했으나 아인슈타인의 어머니는 아인슈타인의 강점에 주목하여 긍정적인 지원과 온정이 담긴 말을 하였으며, 이러한 어머니의 교육방법 덕분에 아인슈타인은 포기하지 않고 꾸준히 노력한 '끈기'로 세계 최고의 물리학자로 성장할 수 있었습니다.
	유명한 화가 피카소는 어린 시절 읽기와 쓰기를 어려워해 학교의 졸업이 어려울 정도로 학습능력이 저조했지만 자기가 잘하는 것이 그림 그리기라는 것을 인식하고 자신의 강점들을 최대한 발휘했기 때문에 현재까지도 널리 이름을 떨칠 수 있었습니다.
	세종대왕은 조선 제4대 왕으로 조선 초기 국가의 기틀을 마련한 왕입니다. 학문에 관심이 많고, 백성을 위하는 마음이 컸던 세종대왕은 훈민정음을 창제하여 백성들이 글자를 쉽게 쓰고 읽을 수 있도록 했고 농사에 도움이 되는 천문기구를 개발하고 도량형을 정비하였습니다.
	유관순 열사는 일제강점기 대표적인 독립운동가로, 수천 명의 군중 앞에서 독립만세를 선창하며 독립만세 시위를 전개하였습니다. 유관순 열사는 만세시위 주동자로 일본 헌병에 잡혀 무자비한 고문을 받았지만 끝까지 굴하지 않고 복역 중에도 틈만 나면 큰 소리로 대한독립만세를 외쳤습니다.

1) 강점의 정의

강점(strengths)은 유익하거나 힘의 원천이 되는 에너지를 말합니다. 강점은 평소 주위에서 잘한다는 이야기를 듣거나 특별한 노력을 기울이지 않았지만 좋은 성과를 내는 행동적 특성이 있습니다. 긍정심리학자인 피터슨과 셀리그만(Peterson & Seligman, 2004)은 성격 분야에서 개인이 가진 강점을 인간의 사고와 정서, 행동에 반영되어 있는 긍정적인 특질(positive trait)로 구성된 성격강점으로 유형화하였습니다.

인간은 강점을 발휘하면 자부심, 만족감, 기쁨 그리고 성취감 등과 같은 긍정적인 정서를 느낍니다(Seligman, 2004). 비스바스 디너(Biswas-Diener, 2010)는 인간이 지닌 에너지를 높이고 최고의 성과를 가져올 수 있는 사고와 감정, 행동 패턴을 강점으로 정의하였습니다. 따라서 강점을 발휘하면 진정성과 에너지의 울림을 경험할 수 있습니다.

강점은 선택을 이끄는 나침반 역할을 하여, 유아에게 동기를 부여하고 즐겁고 쉽게 배우는 능력과 재능으로 발현됩니다. 또한 유아가 행동하는 과정에서 무엇이 중요한지, 유아가 삶에 대해 갖는 가치관과 신념에 무엇이 영향을 미치는지를 알려주기도 합니다. 강점은 유아가 세상에 대해 배우고 성장하는 과정에서 동기를 부여해 유아가 자라면서 과정지향적인 태도를 가지게 합니다. 유아강점은 '5세 유아의 행동에서 관찰되는 개인의 고유한 특성으로 성격, 학습, 생활 면에서 좋은 삶을 이끄는 긍정적 특질이자 최고의 수행을 이끄는 능력'입니다(탁정화, 황해익, 2019). 교육 분야에서 폭스(Fox, 2008)는 아동의 강점을 개인이 지닌 독특한 내적 자질로 보고 학습강점, 관계강점, 활동강점의 3가지 영역으로 유형화하였으며 긍정적 정서와 활력을 느끼는 정도를 강점으로 보았습니다.

2) 강점의 특징

강점은 개인의 뛰어난 능력, 동기부여, 노력, 사회적 뒷받침이 결합될 때 극대화됩니다. '나는 할 수 있어.', '실패하는 것은 두렵지 않아.', '해보는 거야.'와 같은 적극적인 동기와 시간 투자, 부모와 교사의 사회적인 지원은 유아가 강점을 통해 성공적인 성취를 경험하는 데 도움이 됩니다. 무엇인가를 잘하거나 재미있어 한다고 해서 강점이라고 볼 수는 없습니다. 강점은 높은 성취수준, 빠른 학습능력, 반복적인 성공패턴을 보이며, 강점을 활용할 때 활기를 보입니다. 강점 특성을 연구한 여러 학자들의 공통된 의견은 다음과 같습니다.

표 1-5 강점의 특성에 대한 학자별 의견

학자	강점의 특성
Rath (2007)	• 강점은 일관적으로 수행되며 예측 가능하다. • 강점을 최대한 활용하면 탁월한 결과를 얻을 수 있다.
Buckingham (2009)	• 강점은 성공(success)을 넘어선다. • 강점은 본능(instinct)을 일깨운다. • 강점은 성장(growth)을 통해 집중을 불러일으킨다. • 강점은 욕구(needs)에 충실하다.
Hooper (2013)	• 강점은 에너지와 열정, 끈기와 노력, 수월성, 관심과 참여, 학습속도, 도전의식, 문제를 해결하고자 하는 열의를 갖게 한다. • 강점은 긍정적 에너지를 바탕으로 편안함을 느끼게 한다. • 강점은 긍정적 언어를 더 잘 표현하고 탈시간성을 느끼며 호기심을 가지고 지속적으로 관심 분야를 추구하게 한다. • 강점은 배우려는 열의를 높이고 문제해결을 통해 만족감을 느끼게 한다.
Waters (2019)	• 강점은 성과, 활기, 잦은 실행이 합쳐져서 이루어진다. • 강점은 무엇인가를 잘하는 성과를 가져온다. • 강점은 활동을 하면서 즐거운 기분을 느끼도록 한다. • 강점은 여가시간이나 특별한 활동을 할 때 즐겨하는 활동으로 자주 선택된다.

3) 대표강점

모든 사람은 강점을 가지고 있으며 다양한 강점들은 개인의 독특성과 개성을 나타냅니다. 긍정심리학에서는 행복한 삶을 살아가기 위해 일상생활 속에서 자신의 대표강점을 발휘하면 높은 만족감과 진정한 행복을 경험할 수 있다고 봅니다.

개인이 가진 강점들 중 두드러지게 나타나는 강점을 '대표강점(signature strengths)'이라고 합니다. 대표강점을 알려주는 특성에는 에너지와 열정, 끈기와 노력, 수월성, 관심과 참여, 학습 속도, 도전의식, 그리고 열의 등의 7가지가 있습니다(Seligman, 2011).

표 1-6 대표강점의 7가지 특성

에너지와 열정	행동과 말에 긍정적 에너지가 느껴지며, 편안하고 긍정적인 언어로 표현하며 쾌활하고 생기가 넘치는 어조를 사용한다.
끈기와 노력	몰두하면 시간이 휙 지나가고 호기심을 가지며 포기하지 않고 끝까지 숙달하려고 한다.
수월성	능숙하고 정확하게 임무를 완성하며 남들보다 적은 노력에도 불구하고 쉽게 결과를 만든다.
관심과 참여	자신의 대표강점과 관련된 분야에 관심이 많고 적극적으로 참여한다.
학습 속도	작은 도움에도 빨리 학습하며 배운 것을 다양한 상황에 잘 활용한다.
도전의식	하는 일이 복잡해지더라도 잘 대처한다.
열의	문제가 발생하였을 경우 문제 상황을 회피하기보다는 자신이 가진 대표강점을 활용하여 극복하고자 하는 노력을 보인다.

피터슨과 셀리그만은 24가지의 성격강점 중에서 가장 자주 나타나거나 높은 점수를 받은 상위 5개의 강점들 가운데 대표강점을 발견할 수 있다고 하였습니다. 대표강점은 자신을 가장 잘 나타내는 강점으로, 누구나 2~5가지의 대표강점을 가지고 있습니다. 대표강점을 발휘하는 사람은 다음과 같은 특성을 보입니다(Peterson & Seligman, 2004).

- '이게 바로 나야'라는 느낌을 통하여 진정한 자신의 모습을 느낀다.
- 대표강점을 발휘할 때 긍정적 정서와 유쾌한 흥분을 느낀다.
- 대표강점과 관련된 일을 배우거나 연습할 때에는 학습 속도가 빠르다.
- 생활 속에서 대표강점을 발휘할 수 있는 새로운 방법을 계속 찾으려고 한다.
- 자신의 대표강점과 일치되는 방향으로 행동하고 싶은 열망이 높다.
- 대표강점을 사용할 수밖에 없는 느낌, 강점을 감추거나 억제할 수 없음을 느낀다.
- 대표강점을 발휘할 때는 숨겨져 있던 자신의 능력이 발현되는 것처럼 느낀다.
- 대표강점을 활용할 때는 의욕과 활기가 넘친다.
- 대표강점과 관련된 중요한 사건을 생활 속에서 계속 만들고 추구하려고 한다.
- 대표강점을 활용하고자 하는 내재적 동기를 지닌다.

대표강점은 자발적인 훈련과 연습을 통해 최상의 성공 경험을 하도록 돕고, 하고 싶은 의욕을 높이며 쉽게 집중하도록 할 뿐만 아니라 성장의 속도를 높입니다. 이렇게 대표강점을 발휘하는 경험을 하고 나면 욕구가 채워졌음을 느낄 수 있습니다.

대표강점을 발휘하는 유아는 긍정의 에너지를 발산하며 편안함을 느끼고, 긍정적인 언어와 표현을 더 많이 합니다. 그리고 호기심을 가지고 놀이를 계속 이어가며 시간이 가는 줄 모르고 몰입합니다. 또한 관심 분야를 탐구하고 배우려는 열의가 높고 최소한의 도움으로 빠른 발전을 보이며 문제를 해결하는 과정에서 만족감을 느낍니다.

4) 강점의 다양한 유형

유아의 가능성을 높여주기 위한 첫걸음은 강점을 인식하는 것입니다. 유아의 행동을 관찰하다 보면 그 행동이 강점인지, 강점이 아닌지, 강점으로 나타날 가능성이 있는지에 대해 부모와 교사는 고민하게 됩니다. 유아의 강점은 교육을 통해 길러질 수 있습니다. 따라서 유아와 부모 그리고 교사는 유아가 가진 강점이 무엇인지 이해할 필요가 있으며, 최적의 수행을 위해 유아가 자주 활용하고 성취도가 높은 대표강점을 발견하려고 노력해야 합니다.

긍정심리학센터(CAPP, Center of Applied Positive Psychology)는 강점을 에너지와 성취도에 따라 개발되지 않은 강점, 대표강점, 학습된 행동, 그리고 약점이라는 4가지로 분류하였습니다(Linley, Willars, & Biswas-Diener, 2010).

첫째, '개발되지 않은 강점'은 사용할 기회가 없어서 아직 드러나지 않은 강점으로, 연습을 하면 성장할 가능성이 높은 강점입니다. 워터스(Waters, 2019)는 이를 '성장 강점'이라고 부릅니다. 개발되지 않은 강점은 발전시킬 기회를 가져야만 빛을 발할 수 있습니다.

둘째, '대표강점'은 활용도가 높은 강점으로, 높은 성과를 가져오며 대표강점을 활용할 때 나다움과 행복감을 느낍니다.

셋째, '학습된 행동'은 오랜 시간을 투자하여 학습을 통해 형성한 행동으로, 부모와 유아교육기관의 교육을 통해 증진한 행동입니다. 학습된 행동은 다른 사람을 기쁘게 하거나 세상과 소통하기 위해, 외적 보상을 통해 길러진 행동입니다.

넷째, '약점'은 부족하거나 다른 사람보다 뒤떨어지는 것으로, 모든 사람은 약점을 가지고 있으므로 약점을 신경 쓰느라 많은 시간을 소모하지 않아야 합니다. 약점은 성과가 낮고 활기가 없는 행동으로, 약점에 초점을 두면, 하기 싫거나 동기와 사기가 저하되고 피곤함을 느끼게 됩니다. 유아의 강점을 최대한 활용하면 약점을 보완하는 과정도 효율적으로 이루어지고 성공을 경험할 수 있으므로, 약점에 주목하기보다 강점 증진을 통해 약점을 보완하도록 해야 합니다.

유아의 강점을 개발하는 과정은 자신의 강점이 무엇인지를 인식하는 과정에서 출발하며, 강점을 측정하고 평가하는 도구들은 대표강점과 개발되지 않은 강점을 분명히 인식하는 데 도움을 줍니다.

개발되지 않은 강점을 찾기 위해서는 평소에 자주 보이는 행동, 높은 에너지를 보이는 행동, 쉽게 성취하는 행동이 무엇인지를 주의 깊게 관찰해 보는 것이 좋습니다. 유아에게 자신의 강점이 무엇이라고 생각하는지 면담이나 그림 그리기 등을 통해 표현하게 하거나 부모, 교사, 그리고 가족들의 생각을 수렴하여 유아의 강점을 발견하는 것도 좋습니다. 진정한 행복은 자신이 가진 독특한 개성인 대표강점을 찾아 계발하고 일상생활에서 활용할 때 느낄 수 있으므로 꾸준히 강점을 개발하여 활용하도록 노력해야 합니다.

유아의 강점을 발견하자

부모와 교사는 유아의 강점, 유아가 잘하는 일, 즐기는 일, 활력이 넘치는 일이 무엇인지 잘 알고 있어야 하며 생활 속에서 유아가 강점을 잘 활용하도록 격려하는 모습을 보여야 한다. 유아의 강점 증진을 지원하는 부모와 교사의 역할은 다음과 같다(Waters, 2017).

- 유아가 가진 개성, 능력 등 유아의 강점을 일상생활 속에서 쉽게 발견한다.
- 유아가 어떤 활동을 하는 것을 좋아하는지 안다.
- 유아가 무엇을 잘하는지 안다.
- 유아의 활기를 돋우는 것이 무엇인지 안다.
- 유아가 잘하는 것을 쉽게 파악할 수 있다.
- 유아가 강점을 활용할 수 있는 기회를 주기적으로 준다.
- 유아가 잘하는 것을 할 수 있도록 격려한다.
- 유아가 좋아하는 일을 하도록 격려한다.
- 유아에게 자신의 강점을 잘 활용할 수 있다고 이야기해 준다.

유아의 강점을 키우도록 돕는 4가지 방법

1. 유아가 자신의 강점을 스스로 발견하고 인식할 수 있도록 1시간 이상의 충분한 자유놀이 시간을 보장한다.
2. 유아의 노력과 성취해나가는 과정을 높이 평가하고 긍정적으로 피드백한다.
3. 유아가 강점을 활용할 기회를 만들어 주고, 자신의 강점을 다른 사람들에게 소개하고 인정받을 수 있는 환경을 조성한다.
4. 유아가 강점을 활용하면서 느낀 즐거움과 기쁨 등의 긍정정서를 다른 사람들과 공유하여 함께 행복을 느낄 수 있도록 한다.

3. 왜 강점에 주목하는가?

1) 약점에 주목했던 이유

유아를 양육하고 교육하는 과정에서 강점에 주목하지 않은 이유는 무엇일까요? 그 원인은 문제에 초점을 두고 진화한 인간의 특성, 겸손을 강조하는 사회규범 그리고 약점을 개선하는 것이 성장하는 것이라는 믿음에 있습니다. 또한 강점은 생활 속에서 이미 존재하는 능력이자 행동, 사고의 과정이라고 생각했기 때문에 강점으로 알아차리지 못했기 때문입니다(Biswas-Diener, 2010).

강점과 약점을 바라보는 잘못된 시각은 자신의 강점을 인식하는 데 어려움을 줍니다. 클립톤과 넬슨(Clifton & Nelson, 1996)은 약점과 교정에 초점을 두는 현상을 '약점의 함정'이라고 부르며 강점과 약점을 바라보는 패러다임의 전환을 모색해야 한다고 하였습니다.

약점의 교정에 관심을 두는 이유는 다음과 같습니다(권석만, 2011; Biswas-Diener, 2010).

첫째, 약점의 교정과 수정이 긍정적인 역할로 귀결될 것이라는 잘못된 믿음 때문입니다. 즉, 약점의 교정과 수정이 인간의 능력을 증진하고 조직의 특성을 강화하는 데 긍정적인 역할을 할 것이라는 잘못된 믿음(Clifton & Nelson, 1996)은 평균과 정상 범위까지의 성장에는 도움이 되지만 그 이상의 수행은 어렵게 합니다.

둘째, 강점은 선천적이며 자연적으로 길러지는 요인으로 생각하는 잘못된 인식 때문입니다. 강점은 교육을 통하여 길러질 수 있으며 강점을 개발하기 위한 지속적인 노력은 정상과 평균 이상의 성과를 가져오고, 잠재력을 발휘하는 데 중요한 요인이 됩니다.

셋째, 약점과 강점이 서로의 반대말로 잘못 인식되기 때문입니다. 즉, 불행한 유아의 반대말이 행복한 유아라고 인식하는 것처럼, 약점을 보완하면 강점이 될 수 있다는 인식은 강점을 형성하는 과정에서 잘못 받아들여질 수 있습니다.

약점보다 강점에 주목하는 특성은 인간이 가진 심리적 측면에 기인한 것으로 이는 '선택적 주의집중'과 '부정 편향'의 개념으로 설명할 수 있습니다.

① 선택적 주의집중

사람들은 긍정적인 부분보다는 부정적인 부분에 더 관심을 기울입니다. 뇌는 부정적 사고에 더 주의를 기울이고, 관심이 있는 부분에 선택적으로 주의합니다. 이러한 현상을 '무주의 맹시(inattentional blindness)'라는 심리적 용어로 설명할 수 있습니다. 사람은 특정한 대상에 주의를 기울이기 때문에 주의를 기울이지 않는 부분에 대해 기억을 하지 못하는 경향이 있습니다.

선택적 주의집중은 뇌의 진화와 밀접한 관련이 있습니다. 뇌는 지속적으로 들어오는 정보 중 어떤 부분에 주의를 기울이는 것이 좋을지 판단을 하고 정보를 걸러내며 정보의 과부하를 예방합니다. 뇌의 이러한 처리방식은 선택적으로 초점화하여 정보에 반응하게 합니다.

무주의 맹시 실험

1999년 미국의 심리학자 대니얼 사이먼스(Simons)와 크리스토퍼 차브리스(Chabris)는 대학생 36명을 대상으로 선택적 주의집중과 관련된 실험을 하였다. 75초 가량의 농구 경기 영상에는 흰색 셔츠를 입은 A팀 선수 3명과, 검은 셔츠를 입은 B팀 선수 3명이 농구공을 패스하는 장면이 담겨 있다. 실험에 참여한 사람에게 농구공을 주고받는 영상을 보여준 뒤, 농구공을 몇 번 주고받았는지 관찰하라고 한다. 농구공을 주고받는 장면이 30초쯤 지났을 때, 고릴라 복장을 한 사람이 들어와서 가슴을 쿵쿵 치고 퇴장한다. 고릴라의 이러한 행동이 9초 이상 지속되었지만 공을 주고받는 횟수에 주의를 기울인 실험자는 고릴라를 인식하지 못했다.

무주의 맹시 실험

출처: https://youtu.be/kSv6jn2bUNA

② 부정 편향

뇌 구조상 우리는 강점보다는 약점에 주목합니다. 누군가가 당신에게 "유아가 잘 하는 행동과 부족한 행동을 말해 보시오."라고 질문한다면 어떻게 반응할지 생각해 봅시다. 잘하는 행동을 목록화하는 것보다 부족한 행동을 목록화하는 것이 훨씬 쉽다고 생각할 것입니다. 부정 편향은 우리 뇌가 부정성 편향에 훨씬 더 자동적으로 반응하기 때문에 나타납니다. 부정적인 정보에 민감하게 반응하는 것은 환경에 적응하는 인간의 생존전략으로, 맹수의 위협에 경각심을 갖고 질병에 대한 두려움과 염려로 인해 인간의 생존확률을 높이는 데 도움을 줍니다. 이러한 부정 편향으로 인해 긍정적인 행동보다 부정적인 행동을 더 쉽게 발견하기 때문에 유아의 모습을 제대로 파악하지 못합니다.

긍정정서 연구

바버라 프레드릭슨(Fredrickson) 교수는 무엇이 삶의 균형과 행복을 가져다주는지 연구했다. 그녀는 해로운 스트레스 반응을 가져오는 부정정서의 영향을 긍정정서가 상쇄시킨다는 사실을 밝히고 긍정정서를 높이기 위한 노력이 필요하다고 보았다. 긍정정서는 스트레스 상황에서 몸을 평온하게 해주고 지속적으로 주의를 집중하게 돕는 호르몬을 대체해 주는데 이를 '긍정정서의 확장과 구축 효과'라고 부른다. 행복을 위해서는 긍정정서 경험과 부정정서 경험이 적어도 2.9 : 1의 비율을 유지하는 것이 필요한데 이를 '로사다 비율'이라고 한다. 긍정정서를 높이기 위해서는 음미하기, 일기 쓰기, 보물상자 등의 활동을 하며 낙관성, 희망, 감사, 용서 등의 성격강점을 높이는 노력을 추천한다.

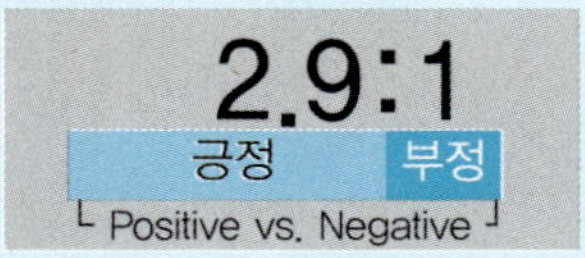

- 음미하기: 일상을 낯설게 보며 전적으로 집중하여 세세한 부분에 대해 인식한다.
- 일기 쓰기: 특별한 여행이나 사건에 대한 기록이나 일상에 대한 기록으로, 삶에 대한 긍정의 순간을 오랫동안 기억할 수 있도록 돕는다.
- 보물상자: 기념품을 상자에 담아 꺼내 보며 물건을 소중하게 간직하는 이유를 생각해 보고 잘 보관한다.

이미지 출처: https://www.pursuit-of-happiness.org/

2) 강점 중심 접근의 효과

행복한 삶을 넘어 정신건강이 최적인 상태를 추구하는 과정을 행복플로리시한 삶이라고 합니다. 플로리시란 '행복하며 풍족한 삶, 더 바라거나 더 올라갈 데가 없고, 더 채울 것 없는 번성한 상태'를 의미합니다. 셀리그만은 『Flourish』라는 책에서 플로리시한 삶을 위해서는 PERMA를 증진하기 위한 노력이 필요하며, 강점은 그 기반이 된다고 하였습니다.

플로리시한 삶을 구성하는 5가지 요소는 긍정정서(Positive emotion), 몰입(Engagement), 관계(Relationships), 의미(Meaning), 성취(Accomplishment)이며, 이를 PERMA라고 부릅니다(Seligman, 2011). 이 요소들은 어떻게 하면 사람들이 플로리시한 삶을 살 수 있는지, 삶이 건강하지 않은 사람들은 어떻게 행복에 이를 수 있는지에 대한 지침과 방향을 제공합니다.

PERMA

P — **긍정정서(Positive emotion)**
기쁨, 희열, 따뜻함, 자신감, 낙관성 등을 말하며 즐거운 삶을 이끄는 요인으로 작용한다.

E — **몰입(Engagement)**
시간 가는 줄 모르는 것, 어떤 활동에 빠져 있는 동안 자각하지 못하는 것, 자발적으로 업무에 헌신하는 것을 말한다.

R — **관계(Relationship)**
타인과 함께 하는 것을 말한다. 말할 수 없이 기뻤던 순간, 자신의 성취에 엄청난 자긍심을 느꼈을 때를 생각해보면 거의 타인과 함께 하는 삶이며, 그런 삶으로 이끈다.

M — **의미(Meaning)**
자신보다 더 중요하다고 믿는 어떤 것에 소속되고 기여하는 것에 기초하며 인생의 의미와 목적을 추구하는 의미 있는 삶을 이끈다.

A — **성취(Accomplishment)**
남을 이기기 위해서나 돈을 벌기 위해서가 아니라 성취 그 자체가 좋아서 추구하는 것을 말한다. 물질 추구만이 아니라 성공, 승리, 정복을 추구하는 것으로 업적에 전념하여 성취하는 삶을 가져온다.

유아기에 강점을 인식하고 적절하게 강점을 활용하는 경험은 긍정적 정서, 몰입, 원만한 인간관계, 자신의 삶에 대한 긍정적인 의미부여, 자아실현에 바탕을 둔 성취를 이루는 데 도움이 됩니다. 플로리시는 강점을 기반으로 하여 이루어지므로 셀리그만이 제시한 5가지 요소에 강점(Strengths)을 추가한 유아의 행복플로리시인 PERMAS는 다음과 같은 특성이 있습니다.

① 긍정정서(Positive emotions)

2~6세는 정서능력이 발달하는 시기로 정서가 분화되고 타인의 정서에 민감해지며 부정정서를 조절하는 능력을 기르는 시기입니다. 긍정정서와 부정정서에 대한 인식을 바탕으로 유아는 정서의 원인, 결과, 행동 신호에 주목하고 타인의 감정을 해석하고 예측하는 능력을 기릅니다(Stein & Levine, 1999).

유아는 정서를 조절하기 위해 불쾌한 장면에서는 눈을 가리거나 소리를 차단하는 기제를 통해 긍정정서를 추구하려고 하며, 충동을 억제하고 주의를 전환하기도 합니다(Gilliom et al., 2002). 또한 유아는 성인의 칭찬을 바탕으로 유능감과 자부심을 느끼며 실패를 경험할 때는 우울, 분노와 같은 부정정서를 경험합니다(Mills, 2005).

행복한 삶을 사는 것은 긍정정서를 늘리고 부정정서를 줄이는 과정을 통하여 이루어질 수 있으며 이는 지속적인 행복을 보장하는 밑거름이 됩니다(문용린, 2014; Seligman, 2011). 긍정정서의 표현 정도가 높은 사람은 스트레스 상황을 극복하려고 적절하게 대처하는 경향이 높으며(Tugade, Fredrickson, & Barrett, 2004) 긍정정서는 사고와 행동 범위를 넓혀주고 우울, 슬픔, 분노 등의 부정적 정서를 회복하도록 돕습니다. 낙관성, 희망, 감사 그리고 용서 등은 긍정정서를 불러일으키는 성격강점으로, 다양한 상황에서 활용하면 유아의 삶을 보다 풍요롭게 만들 수 있습니다.

② 몰입(Engagement)

몰입은 어떤 활동에 집중하는 정신상태로 높은 업무의 효율성을 가져오며 즐거운 감정을 불러일으킵니다(Csikszentmihalyi, 1975; 2004). 몰입은 주위의 모든 잡념과 방해물들을 차단하고 한곳으로 모든 정신을 집중하는 일을 의미합니다. 외부적 요소로 인한 행복이 아닌 스스로가 만들어내는 의식적 사고이므로 몰입은 삶을 윤택하게 만드는 요소입니다. 강점의 활용은 자신이 잘할 수 있는 분야에 집중하게 하므로 몰입과 강점활용이 함께 작용한다면 자신을 성장시킬 수 있는 기회를 도모하는 방안이 될 수 있습니다. 유아는 자기가 관심 있는 분야에 대해 호기심을 가지고 탐구합니다. 이러한 특성 때문에 유아는 만족스러운 결과를 얻을 때까지 자신이 하는 일에 주의를 기울이고 지속적으로 몰입하는 경험을 통해 자신의 강점을 더 견고하게 합니다. 다양한 시도를 통해 유능감이 높아지고 경험이 숙련되면 유아는 열정을 가지고 높은 성취를 위하여 몰입하게 되며 이는 학습에 대한 열정을 바탕으로 스스로 동기를 부여하는 힘을 길러줍니다.

③ 관계(Relationships)

강점은 원만한 대인관계를 유지하는 데 기여합니다. 인간의 긍정적 특질인 성격강점의 대부분이 관계적 삶을 지향하는 데 필요한 덕목이므로 긍정심리학에서 추구하는 삶은 개인의 행복한 삶만을 추구하는 고립된 삶이 아닌 타인과의 관계 속에서 행복을 누리는 관계지향적 삶입니다(Peterson, 2009). 75년에 걸쳐 하버드대생의 삶을 추적조사한 연구에서(Vaillant, 2010) 관계를 중시하는 삶이 가장 가치 있는 것으로 나타났습니다. 즉, 인생에서 가장 중요한 것은 인간관계라는 것입니다. 거울뉴런[3)]은 유아가 다른 사람과 함께 느끼고 유사한 방식으로 반응하는 것을 즐기는 등 원만한 대인관계를 유지하는 데 필요한 공감능력을 발휘하게 합니다.

원만한 인간관계는 영아기부터 거울뉴런을 통하여 다른 사람의 행동과 표정을 이해하며 긍정적으로 관계를 맺으려는 특성으로 나타납니다. 관계성은 양육자와의 관계를 기초로 점차 범위를 확장시킵니다. 유아는 강점을 활용할 때 주위 사람으로부터 받은 긍정적 피드백을 바탕으로 자신감과 자아존중감을 강화시키며 긍정적 지지와 의사소통을 바탕으로 친밀한 관계, 신뢰, 희망, 꿈을 함께 공유합니다.

3) 거울뉴런(mirror neurons): 뇌에 보이는 것을 그대로 신경세포로 전달하여 타인의 표정이나 움직임을 신경세포 연결망을 사용하여 모방하고 이해하며 같은 정서를 느끼게 하는 신경세포로 공감(empathy)을 가능하게 합니다 (Iacoboni, 2009).

④ 의미(Meaning)

의미는 자신이 누구인지에 대한 인식에서 시작하여 개인적 의미에서 사회적 의미로 점차 영역을 확대해 나갑니다. 유아기는 성인에게서 바르게 생각되는 가치 기준을 배우는 시기입니다. 유아는 사회적 관습과 개인적으로 선택해야 하는 문제에서 어떻게 행동하는 것이 가치 있는 일인지를 배웁니다(Berk, 2012). 유아가 강점을 통하여 삶 속에서 의미를 찾는 것은 자신을 가치 있게 여기고 사회적 의미를 발견할 수 있도록 돕습니다. 배움에 유아 자신의 경험이 연결되면 흥미가 지속되기 때문입니다(Willis, 2012).

긍정적 의미 부여를 위해 유아는 자아개념(self-concept)을 발달시키는데, 지속적인 관찰을 통해 '주체적 자신(i-self)'과 '객체적 자신(me-self)'을 형성합니다. '주체적 자신'은 스스로 생각과 행동을 통제할 수 있다는 인식이며 '객체적 자신'은 인식평가 대상으로서의 자기를 나타내는 성격, 태도, 신념을 의미합니다(Berk, 2012). 자아개념에 대한 유아의 긍정적 인식은 감정과 연합됩니다. 자신에 대해 긍정적으로 바라보는 신념을 자아존중감(self-esteem)이라고 하며, 자아존중감은 새로운 기능을 익혀야 하는 유아기에 유아의 주도성을 결정하는 요인입니다. 이처럼 유아기에는 의미 부여 과정을 통해 자신을 긍정적으로 인식하고 흥미를 지속시킵니다.

⑤ 성취(Accomplishment)

유아는 자신의 행동이 비난받으면, 실패에 대한 행동을 수치스러워하고 낙심하며(Kelley, Brownell, & Campbell, 2000) 쉽게 포기해 버립니다. 셀리그만은 실패의 경험이 반복되면 동기를 저하시켜 '학습된 무기력'으로 연결될 수 있다고 하였습니다(Seligman, 1991). 유아기부터 자신의 강점을 인식하면 자신이 잘할 수 있는 능력을 가진 존재라는 긍정적 자기이해와 자아존중감을 높일 수 있습니다.

강점은 일반적으로 성취감을 높이는 요인으로 작용하며, 성취는 노력과 의지의 결과물로 자신이 가지고 있는 강점을 바탕으로 이루어낼 수 있습니다. 성취는 자신이 설정한 목표를 이루는 과정을 통하여 지속적인 삶의 발전을 이끄는 원동력이므로 유아기에 다양한 성공을 경험하도록 지원해야 합니다(권석만, 2011; Lyubomirsky, 2012/2008). 자신이 원하는 일과 잘하는 일이 조화를 이룰 때 유아는 자신감을 바탕으로 지속적인 동기를 형성하며, 성취의 경험은 계속되는 도전감을 불러옵니다(Hooper, 2013).

⑥ 강점(Strengths)

유아기는 부모와 교사 등 성인의 긍정적 피드백으로 자아개념을 발달시키고 자신에 대해 긍정적 인식이 이루어지는 시기입니다(Berk, 2012; Gardner, 2012/2013). 유아의 강점은 다른 사람이 지속적으로 칭찬하는 행동과 긍정적인 피드백을 받은 경험이 무엇인지를 살펴봄으로써 파악할 수 있습니다. 유아의 강점은 겉으로 드러나는 외현적 행동과 성격심리와 같은 내현적 행동 속에서 발견됩니다. 유아의 강점은 뛰어난 성취를 보이는 부분, 현재 발견되는 개인의 고유성, 배움과 성장의 과정에서 길러지고 강조되어야 할 것들을 교육내용으로 봅니다. 또한 '빠른 학습 속도와 성취를 이끄는 동력', '긍정적 정서로 즐기기', '자신의 가치와 의미를 발견하는 지도', '집중과 몰입의 에너지', '친밀한 관계망 형성' 등의 특성이 있습니다.

PERMAS를 증진하기 위한 노력은 유아가 행복을 추구하는 데 도움이 되며, 유아가 강점을 인식하고 활용하는 과정은 유아의 행복플로리시한 삶을 이끄는 데 도움을 줍니다.

4. 유아에게 나타나는 다양한 강점은?

대표강점을 발견할 수 있는 시기에 대해 학자들의 의견은 다르지만 대개 5세 즈음에 대표강점이 두드러지게 나타난다고 합니다. 자아개념을 인식하고, 자신의 의사를 언어나 행동으로 분명하게 표현할 수 있는 능력을 가진 유아에게서는 강점을 쉽게 발견할 수 있습니다. 강점에 대한 정향반응[4]은 부모와 교사가 유아를 칭찬하거나

4) 정향반응(orienting response): 새롭거나 갑작스러운 자극에 본능적으로 보이는 반응

사랑을 표현하고 관심을 갖는 행동을 통해 유아가 자신의 강점에 대해 이해하면서 형성됩니다. 유아는 자신의 강점을 수용하고, 성공과 실패의 경험을 통해 강점을 다듬을 수 있게 됩니다.

인간은 연령이 증가하면서 인지적 · 사회적으로 성숙해집니다. 아동, 청소년 그리고 성인을 대상으로 24가지 성격강점의 분포를 살펴본 연구에서 친절과 사랑은 유아와 성인 모두 높게 나타났습니다(Linley et al., 2007). 그러나 연령에 따라 나타나는 강점에는 차이가 있으며 유아에게서 쉽게 찾을 수 있는 강점과 찾기 힘든 강점이 있습니다.

유아에게 쉽게 찾을 수 있는 강점	사회지능(관계성, 친절, 사회성), 유머, 활력, 호기심
유아에게 찾기 힘든 강점	지혜, 영성, 공정성, 용서

유아기는 인지발달, 사회성발달, 정서발달 그리고 자아발달이 이루어지는 시기입니다. 따라서 또래 관계를 형성하는 관계성, 친절, 사회성과 같은 사회지능, 긍정정서를 바탕으로 재미를 추구하는 유머, 활기차고 에너지가 높은 활력, 궁금한 점을 알고 탐구하려는 호기심이 높습니다. 하지만 인격이 통합될 때 보이는 긍정적 행동인 지혜, 영성, 공정성 등의 고차원적인 성격강점은 유아기에 비교적 덜 나타납니다. 요약하면 유아기에 잘 발견되는 상위강점에는 사회지능, 유머, 활력, 호기심이 있으며, 잘 발견되지 않는 하위강점에는 지혜, 영성, 공정성, 용서가 있습니다.

박과 피터슨(Park & Peterson, 2006)은 3세부터 9세까지의 유아와 아동에게 성격강점 24개가 모두 발견되며 대표강점은 사랑, 친절성, 창의성, 유머, 호기심이라고 하였습니다. 로커 등(Loker, Tan, Mendez & Dedrick, 2012)은 4세는 20개, 8세는 21개의 성격강점이 발견되고 대표강점은 사랑, 친절, 유머, 활력, 사회성, 그리고 창의성이며, 두 연령 모두 감사와 용서는 발견되지 않고, 4세는 겸손과 신중성도 발견되지 않는다고 하였습니다.

강점과 장점, 무엇이 다를까요?

강점은 남보다 우세하거나 더 뛰어난 점이며, 장점은 좋거나 잘하거나 긍정적인 점이다.

생각해 볼 문제(토론거리)

우리는 끊임없이 성장합니다. 유아기, 청년기, 성인기, 노년기의 생애주기를 대표하는 사람을 1명씩 선택하여 그들이 가진 강점을 기록해 봅시다.

유아기	청년기	성인기	노년기

영화 '세 얼간이'들의 행복 찾기

영화 속 인도 사람들의 삶의 목적은 성공이다. 세 얼간이가 사는 사회에서는 성공의 수단이 공학자가 되는 것이다. 우리 속담의 '개천에서 나온 용'이 인도에서는 공학자이며, 집안에서 한 명의 공학자를 배출하기 위해 나머지 가족들은 덜 쓰고, 덜 먹고, 덜 입는 헌신적인 삶을 살아간다. 이러한 모습은 자녀의 SKY대 입학을 위해 자기 삶의 대부분을 포기하고 살아가는 우리나라 보통 부모들과 닮았다.

삶의 목적이 성공한 삶이라면 성공은 왜 해야 하는 것일까? 사람들은 성공한 삶에는 돈과 명예, 풍족하고 편안한 생활이 따른다고 생각한다. 성공한 삶에는 왜 이런 것들이 포함되어 있을까? 가장 근원적인 답을 찾다 보면 사람을 행복하게 해주는 것들이라는 생각이 저변에 깔려 있음을 알게 된다. 그렇다면 이런 것들이 포함된 성공한 삶은 나를 행복하게 하는가?

성공을 보장하는 명문 공대에 입학한 파르한과 라주는 행복해 보이지 않았다. 그 이유는 통찰력과 관계성의 강점을 가진 란초의 등장으로 알 수 있다. 란초는 주변 사람들에게 관심이 많으며 상대방의 능력과 관심을 전체적으로 스캔할 수 있는 능력이 뛰어나다. 란초는 파르한이 사진 촬영에 재능을 가지고 있음을 알고, 파르한이 자신의 강점을 인식하고 활용하도록 계속해서 자극한다. 파르한은 타인을 통해 인정받고 사진을 찍는 일을 직업으로 택하게 되면서 비로소 행복해 보였다.

손에 낀 반지만큼이나 걱정이 많았던 라주도 긍정적 정서와 용기를 북돋우는 'All is well.'의 주문을 자신의 삶에 녹여냄으로써 행복해졌다. 자신이 무엇을 좋아하는지, 잘하는 것이 무엇인지를 제대로 알고 그것을 추구하는 것은 인생에서 매우 중요한 일임을 란초는 알고 있었다. 잘하는 것과 좋아하는 것을 좇는 사람이 '얼간이'인 이 영화 속 세상은 그것이 지구공동체의 현실임을 여과 없이 보여준다. 또한 역설적으로 행복을 찾아가는 '얼간이'가 세상에서 가장 현명한 사람이었음을, 란초였던 '초테'를 찾아가는 과정을 통해 깨닫게 해준다.

영화 속에 잠시 스치며 지나간 파랑새가 틸틸과 미틸의 파랑새를 떠올리게 한다.

행복은 늘 가까이에 있다는 사실을 잊지 말아야겠다. 행복을 좇는 얼간이가 늘어나는 세상을 기대하며……

이미지 출처: https://movie.naver.com/movie/bi/mi/basic.naver?code=73372

Chapter

2 유아의 강점 지식 쌓기

강점은 다중지능이론과 긍정심리학 등 다양한 이론에 바탕을 둡니다. 이러한 이론들이 강점을 바라보는 공통된 견해 중 하나는 강점은 인지 중심적 접근과 더불어 인성, 관계적 측면을 함께 다루어야 한다는 것입니다. 유아의 강점은 긍정심리학, 다중지능이론, 다차원 관점, 뇌과학적 관점의 네 가지 시각으로 살펴볼 수 있습니다.

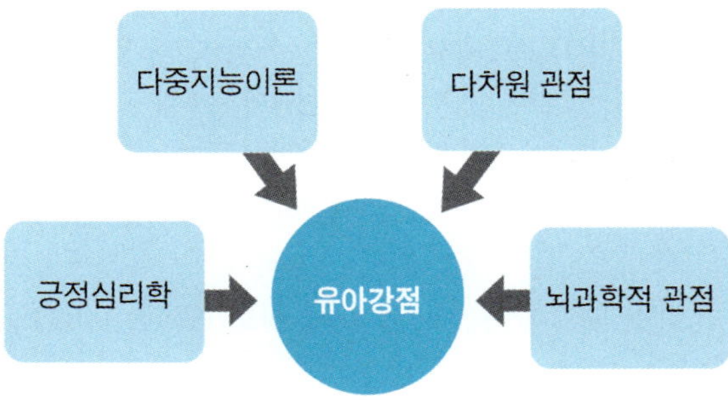

그림 2-1 유아의 강점

1. 긍정심리학으로 강점 살펴보기

긍정심리학이라는 학문 분야를 만든 피터슨과 셀리그만은 행복한 사람들이 지닌 삶의 특성을 분석하며 성격강점 체계를 구성하였습니다. 긍정심리학은 성격강점을 생활 속에 활용하는 사람은 행복한 삶을 이끌 수 있고 지속적인 자아실현을 통해 행복감을 추구한다고 가정합니다. 성격강점을 구성하는 내용들은 동서양에서 중요하게 여기는 가치, 구약성서, 탈무드, 철학, 종교 교리 등을 바탕으로 참된 인간에게서 나타나는 공통된 성향을 추출하여 체계화하였으며 이를 VIA 분류체계(Value In Action)로 정립하였습니다(Peterson, & Seligman, 2004).

VIA 분류체계는 긍정심리학의 이론적인 기틀과 체계를 제공하였으며 성격강점의 용어들을 공유하여 의사소통이 원활해지도록 도와줌으로써 성격강점에 관한 지식과 경험을 축적하는 기틀이 되었습니다.

표 2-1 성격강점 추출 기준

내용	의미
보편성	문화를 초월하여 널리 인식되고 있다.
자아실현의 추구	개인의 자아실현, 만족감을 높이며 행복에 기여한다.
도덕적 가치	성격강점의 결과로 만들어진 가시적인 결과뿐만 아니라 그 자체로 가치가 있다.
다른 사람의 강점을 저해하지 않음	타인의 강점을 본 사람들이 질투하지 않고 감탄하게 만든다.
부정적인 반의어	부정적인 뜻을 가진 명백한 반의어가 있다.
개별 특질	다양한 상황에서 일관되게 나타나는 특성인 일반성과 시간의 변화에도 영향을 받지 않는 안정성을 가지며 개인 차이가 있다.
차별성	다른 성격강점과 개념적이고 경험적으로 구별된다.
전형인 인물	성격강점이 두드러지게 나타나는 사람이 있다.
영재	의식을 하기도 전에 강점을 드러내는 어린이나 청소년이 있다.
선택적 결여	개인에게 특정 성격강점이 전혀 나타나지 않기도 한다.
촉진제도	사회적 훈련이나 과정을 통해 계획적으로 계발할 수 있다.

출처: Peterson(2009). p. 260.

동서양에서 통용되는 6가지 좋은 품성을 유목화한 핵심 덕목과 이를 실천하는 방법인 24가지의 성격강점은 다음과 같습니다(권석만, 2009; Peterson, 2009).

1 지혜와 지식	2 인애	3 용기
• 창의성 • 호기심 • 개방성 • 학구열 • 지혜	• 사랑 • 친절 • 정서지능	• 용감성 • 진실성 • 끈기 • 활력
4 절제	**5 정의**	**6 초월**
• 겸손 • 신중성 • 용서 • 자기조절	• 공정성 • 시민의식 • 리더십	• 감사 • 낙관성 • 심미안 • 유머감각 • 영성

① 지혜와 지식(Wisdom & Knowledge): 지식의 습득·활용과 관련된 인지적 덕목으로 창의성, 호기심, 개방성, 학구열, 지혜의 5가지 강점으로 구성됩니다.

- 창의성: 일을 할 때 새롭고 생산적인 방식으로 생각하는 것
- 호기심: 다양한 주제에 대하여 관심을 가지고 탐색하고 발견하는 과정
- 개방성: 사물과 현상에 대하여 모든 측면을 고려하여 조사하고 판단하는 것으로 새로운 증거에 근거하여 생각을 변화시키는 것
- 학구열: 새로운 지식, 기술, 주제를 배우고 숙달하려는 과정
- 지혜: 통찰이라고 불리기도 하며 다른 사람에게 현명한 조언을 해주거나 상담가의 역할을 해주는 것

② 인애(Humanity): 긍정적 인간관계에 바탕을 둔 대인관계적 덕목으로 사랑, 친절, 정서지능의 3가지 강점으로 구성됩니다.

- 사랑: 타인과 친밀한 관계를 유지하는 데 관심을 두며 상호 호혜성을 바탕으로 나눔과 배려를 실천하고 사람들과 가깝게 지내려는 경향

- 친절: 타인에게 호의를 베풀거나 선한 행동을 하려는 동기가 높으며 다른 사람을 보살피고 돕는 것을 즐기는 것
- 정서지능: 타인의 동기와 감정을 인식하는 능력, 사회적 상황에 적응하는 능력, 사람의 마음을 움직이는 방법을 아는 것

③ **용기**(Courage): 내·외적 난관에 맞서 목표를 성취하고자 하는 의지를 실현하려는 덕목으로 용감성, 진실성, 끈기, 활력의 4가지 강점으로 구성됩니다.

- 용감성: 위협, 어려움, 난관, 고통의 상황 속에서 위축되지 않고 자신의 신념을 바탕으로 옳은 것이 무엇인지를 말하며, 대중적인 호응을 얻지 못하더라도 확신과 신념을 바탕으로 행동하는 것
- 진실성: 거짓이 없는 방법으로 자신을 표현하고 남을 속이지 않으며 자신의 감정과 행동에 책임지는 것
- 끈기: 한번 시작한 것을 끝까지 마무리하고 임무를 완수하는 부분에서 즐거움을 느끼는 것
- 활력: 에너지를 가지고 삶과 일에 접근하는 것으로 열의를 가지고 살아가는 것, 모험하기, 열정적으로 참여하는 것

④ **절제**(Temperature): 욕망과 욕구를 적절하게 조절하여, 지나침으로 인해 발생할 수 있는 문제를 예방하고 우리를 보호해주는 중용적인 덕목으로 겸손, 신중성, 용서, 자기조절의 4가지 강점으로 구성됩니다.

- 겸손: 자신의 업적을 드러내거나 과장된 허세를 부리지 않는 태도, 타인과 비교하여 자신만 특별하다고 생각하지 않으며, 주목받는 것을 즐기지 않는 것
- 신중성: 선택을 할 때 신중하게 결정하는 것, 과도한 위험을 감수하지 않으며 나중에 후회하는 일을 사전에 만들지 않는 것
- 용서: 잘못한 사람을 용서하는 것, 기회를 한 번 더 주며, 앙심을 품지 않는 것
- 자기조절: 자신의 생각과 느낌, 행동을 조절하며 자신을 통제하는 것, 나의 욕구와 정서를 조절하는 능력

⑤ 정의(Justice): 건강한 공동체 생활을 유지하고 시민으로서 갖추어야 하는 사회적 덕목으로 공정성, 시민의식, 리더십의 3가지 강점으로 구성됩니다.

- 공정성: 모든 사람을 공정하게 대하며 타인을 판단할 때 사적인 강점으로 편향되게 대하지 않으며, 모든 사람에게 공평한 기회를 주는 것
- 시민의식: 자신이 속한 집단의 구성원으로서 주어진 임무와 역할을 인식하고 충실하게 수행하는 것
- 리더십: 구성원 간에 원만한 관계를 이끌고 사기를 진작시켜 업무를 추진할 때 집단 활동을 조직하고 활동이 진행되는 과정을 파악하는 능력

⑥ 초월(Transcendence): 다양한 현상과 행위에 의미를 부여하고 우주와의 연결성을 추구하는 초월적이고 영적인 덕목으로 감사, 낙관성, 심미안, 유머감각, 영성의 5가지 강점으로 구성됩니다.

- 감사: 선(善)과 관련하여 자신에게 일어난 좋은 일에서 감사할 요소를 발견하고 감사하는 마음을 표현하는 것
- 낙관성: 미래에 일어날 일에 대하여 기대하고 성취하기 위하여 노력하고, 앞으로 펼쳐질 미래는 긍정적일 것이라고 믿는 것
- 심미안: 미(美)를 감지하고 향유하며 삶의 다양한 영역에서 아름다움, 수월성, 뛰어난 수행을 인식하고 평가하는 능력
- 유머감각: 타인에게 웃음 주기, 웃고 장난치는 것을 즐기며 유쾌한 농담하기를 즐기는 것
- 영성: 우주의 의미에 대한 믿음 가지기, 인생의 궁극적인 목적과 의미에 대하여 신념을 가지고 살아가는 태도

Tip - 문화적 보편성과 문화적 특수성을 가진 성격강점

성격강점을 측정하는 도구가 개발된 2006년부터 각 국가에서 두드러지게 나타나는 강점이 무엇인지를 밝히는 연구가 계속 수행되었다. 성격강점은 문화적인 보편성에 기반을 두고 만들었으므로 문화 간의 유사성을 뜻하는 에틱(etic)과 문화 간의 특수성을 나타내는 에믹(emic)에 대해 살펴보자.

○ 질문1. 전 세계 사람이 가진 성격강점의 특성은 무엇일까?

- 맥그래스(McGrath, 2014)는 웹사이트를 통해 5개국 1,063,921명을 대상으로 각 국가의 성격강점을 살펴보았다. 전 세계적으로 높게 나타난 성격강점은 공정성, 진실성, 개방성, 감사, 친절이었으며 자기조절, 겸손, 용감성, 영성은 낮게 나타났다. 문화적으로 강점의 순위는 유사한 경향을 보였다. 하지만 유럽에서는 학구열과 호기심이 높았으며 아시아는 끈기가 다른 대륙에 비하여 높게 나타났다.
- 박과 피터슨(Park & Peterson, 2006)은 54개국과 미국의 50개 주를 대상으로 성인에게 많이 보이는 성격강점의 순위를 밝히는 연구를 진행했다. 그 결과 친절, 공정성, 감사, 개방성에 대한 인식이 높게 나타났지만 신중함, 겸손, 자기조절은 낮게 나타났다.

○ 질문2. 청소년에게 높게 나타나는 성격강점은 무엇일까?

- 미국, 독일, 호주의 청소년을 대상으로 성격강점의 분포를 살펴본 연구(Toner, Haslam, Robinson, & William, 2012)에서 서양의 청소년들은 자기조절, 호기심 등 자아지향적이고 개인 행복과 관련된 성격강점이 높게 나타났다. 동양의 청소년들은 남을 배려하고 다른 사람이 자신을 어떻게 인식하는지를 중요하게 여기기 때문에 친절, 사랑, 시민의식 등 타인지향적이고 공동체와 관련된 성격강점이 높게 나타났다(Nisbett, 2004/2015).

○ 질문3. 유아와 아동에게 높게 나타나는 성격강점은 무엇일까?

- 자녀의 강점을 부모가 표현한 결과에 따르면, 아동기에는 사랑, 친절, 자기조절, 유머감각, 활력의 순으로 강점이 높게 나타났고, 유아기에는 사랑, 친절, 정서지능, 호기심, 활력의 순으로 강점이 높았다(문용린, 원현주, 백수현, 안선영, 2008; 박리나, 황해익, 2015).

2. 다중지능이론으로 강점 살펴보기

다중지능이론은 인지적 영역만을 강조하여 지능을 산출하는 IQ(intelligence quotient) 측정의 한계에서 벗어나 다차원적인 관점으로 지능을 이해하기 위해 도입되었습니다(Gardner, 1992/2013). 전통적인 입장에서 지능은 단일적인 차원으로 이해되는 영역이었습니다. 인지적인 관점으로 지능에 접근했기 때문에 수학, 과학 등이 뛰어난 유아가 똑똑하다고 판단했습니다. 하지만 다중지능이론은 지능과 재능의 이분법적인 사고에서 벗어나 모든 인간은 다양한 지능을 가지고 있다는 전제에서 출발하므로 '지능의 민주화'와 21세기 교육 패러다임을 전환시키는 데 기여하였습니다.

가드너(Gardner)는 『마음의 틀(Frames of mind)』이라는 저서에서 지능에 대한 새로운 이론을 제시하였습니다. 인간의 지능은 서로 독립적이고 다양하며, 지능은 모두 중요하다는 가정에서 출발하며 인지적 영역만을 측정하고 판단하는 IQ 측정의 한계점에서 벗어나 지능이 다양하게 구성된다는 관점을 강조합니다.

표 2-2 지능지수와 다중지능 비교

구분	지능지수(IQ)	다중지능(MI)
주창자	• Binet	• Gardner
등장 배경	• 정신지체아 판별	• 단일지능 비판
측정내용	• 기억력, 이해력, 추리력, 계산력 등	• 언어적 지능, 논리-수학적 지능, 공간적 지능, 신체-운동적 지능, 음악적 지능, 대인관계 지능, 자기이해 지능, 자연친화적 지능, 실존적 지능 등
특징	• 사회 · 정서적 측면은 측정 불가 • 지능을 서열화하는 문제점이 있음	• 인간 능력의 폭넓은 이해 • 개인 특성을 반영한 능력 개발

다중지능(MI, Multiple Intelligence)은 창의성, 사회적 능력, 예술적 능력, 정서적 이해와 표현 등 다양한 영역의 능력과 동기나 흥미와 같은 정의적 요소, 실제 수행능력과 잠재적 능력을 모두 포함한 포괄적 의미입니다. 가드너의 다중지능은 고전적인 심리측정의 관점에서 나온 지능(IQ)과 달리 특정 문화나 사회 속에서 어떤 상징도구를

활용하여 중요한 문제를 해결하고 업적을 산출하는 능력이며 개인차가 다양하게 나타납니다. 각각의 지능들은 고유한 신경과정을 갖추고 신경망에 의해 수행되는 과정을 통해 다양한 방식으로 서로 영향을 미칩니다.

가드너: "왜 부모들이 자식을 그렇게도 명문대에 보내고 싶어 할까요? 다른 사람의 자식들이 그곳에 있기 때문입니다. 성적 높은 학생들이 모인 학교에 가면 그들과 어울릴 수 있을 거라는 믿음 때문이죠. 물론 그 네트워크를 무시할 수는 없어요. 그렇지만 저는 그렇게 시험 점수로 사람들을 1등부터 꼴찌까지 줄 세우는 것을 반대합니다. 왜냐면 똑똑하다고 칭찬할 만한 능력은 성적이 좋은 경우뿐 아니라 여러 다른 재능들에도 있기 때문입니다. 모든 사람을 하나의 시험으로 평가하는 일은 근본적으로 어느 특정한 능력에만 찬사를 보내고 미화시키는 겁니다. 그렇게 오랜 시간 수학과 언어 능력 중심으로 사람들한테 영광을 얻게 해준 거예요. IQ(지능지수) 검사를 보다 정교하게 보완한 검사 중 하나가 미국 고등학생들이 대학 입시를 위해 치르는 SAT입니다. 한국 시험도 이와 비슷할 거 같은데요. 언어 점수와 수학 점수를 중시하는 일종의 단일지능 위주의 테스트죠. 20세기 산업 패턴에 맞춰진 테스트입니다. 이런 시험으로는 다른 사람들을 이해하고 자기를 바로 보는 능력, 예술적인 자질, 창의력은 평가할 수 없습니다. 실제 우리 생활에서 매우 필요한 능력인데도요."

출처: 경향신문(2014. 01. 27.)

다중지능이론은 사람마다 생김새가 다르듯이 인간은 각자 고유한 강점지능을 가지고 있으므로 자신의 숨어 있던 재능과 잠재력을 발견할 것을 강조합니다. 이를 위해서는 자신의 재능, 적성, 흥미가 무엇인지에 대해 정확히 이해해야 합니다. 자신의 강점에 대한 정확한 이해는 진로를 준비하거나 취업하는 과정에 방향을 제공해 줍니다.

다중지능이론에서 강점은 언어적 지능, 논리-수학적 지능, 공간적 지능, 신체-운동적 지능, 음악적 지능, 대인관계 지능, 자기이해 지능, 자연친화적 지능, 실존적 지능의 9가지 유형으로 구성되어 있습니다. 여기에 독립된 지능의 가능성은 높으나 경험적 증거가 부족하여 보완단계에 있는 실존지능을 0.5개로 본다면 총 8과 $\frac{1}{2}$의 다중지능이 있다고 볼 수 있습니다(Gardner, 2012/2013). 이러한 다중지능은 서로 다른 별개의 능력으로 상호 독립적이지만 2~3개씩 지능이 조합되며, 개인은 고유한 프로파일을 가지고 있다고 볼 수 있습니다.

그림 2-2 가드너의 다중지능이론

① 언어적 지능: 언어를 구사하고 말의 의미와 표현능력에서 탁월함을 발휘하는 것을 의미합니다. 말을 빠르게 배우거나 책을 좋아한다고 해서 언어적 지능이 높아진다고는 할 수 없으나, 독서를 좋아하거나 어렵고 생소한 단어에 관심을 가지는 경우에 언어적 지능이 높다고 볼 수 있습니다. 언어적 지능이 높은 유아가 보이는 특성은 다음과 같습니다.

- 어휘력이 풍부하다는 말을 듣는다.
- 책 읽기를 좋아하며 독서를 많이 한다.
- 유행어를 잘 따라하고 말장난을 즐긴다.
- 자신의 생각을 조리 있게 표현한다.
- 새로운 언어를 쉽게 배운다.

② 논리 - 수학적 지능: 수세기, 숫자인식, 규칙, 순서 짓기, 분류하기 등 상징체계를 잘 익히고 수학계산능력, 문제해결능력이 뛰어난 경우를 의미합니다. 아동

기에 주로 나타나며 가설을 세우고 해당 연구를 수행하는 과정에서 드러나는 능력입니다. 기억력과 집중력이 논리－수학적 지능과 연결되는 것은 아니며, 논리－수학적 지능이 높은 유아의 특성은 다음과 같습니다.

- 다양한 퍼즐게임과 교구를 가지고 노는 것을 좋아한다.
- 음식 가격과 물건 가격을 잘 계산한다.
- 수학과 과학 과목을 좋아한다.
- 사물이나 물건의 작동원리와 방법에 관심을 가진다.
- 논리적인 아이라는 말을 많이 듣는다.

③ 공간적 지능: 현상과 사물을 시각적으로 표현하거나 도형, 그림, 지도, 입체적 설계를 즐기며 낯선 곳에서 길을 찾거나 만들기, 디자인하기, 배려하기 등의 능력이 뛰어난 경우를 의미합니다. 눈에 보이지 않는 공간을 구상하고 구현하며 공간 구성, 배치에 관심이 많습니다. 공간적 지능이 높은 유아의 특성은 다음과 같습니다.

- 그림 그리기, 만들기, 조립하기를 좋아한다.
- 한 번 가 본 길을 잘 기억하고 잘 찾아간다.
- 물건과 풍경의 원근감, 배치, 색깔 등을 잘 살린다.
- 그림이나 이미지로 기억하는 것을 더 잘한다.
- 낙서와 만화 그리기를 즐긴다.

④ 신체 - 운동적 지능: 자신의 신체를 인식하고 이해하는 능력이 뛰어나고 남들이 어려워하는 몸놀림이나 표현을 쉽게 따라 하며 신체를 움직이고 익히는 능력이 뛰어난 경우를 의미합니다. 신체－운동적 지능이 높은 유아의 특성은 다음과 같습니다.

- 평소 몸 움직이기, 신체놀이, 운동을 좋아한다.
- 특정한 운동 동작과 춤을 쉽게 배우고 금방 따라한다.
- 만들기, 조립하기 등 손을 이용하는 활동을 잘한다.
- 평소 신체 균형 감각이 있다는 말을 듣는다.

• 몸동작으로 자신의 생각을 효과적으로 표현한다.

⑤ 음악적 지능: 음악적 상징체계에 민감하고 음의 높낮이, 리듬, 멜로디, 음색 등 음악 관련 요소를 잘 표현하며 창조하는 것을 즐기는 것을 말합니다. 음악적 지능이 높은 유아는 멜로디 기억능력이 우수하고 높은 수준의 리듬감을 가집니다. 음악적 지능이 높은 유아의 특성은 다음과 같습니다.

• 노래를 자주 흥얼거린다.
• 노래 부르기, 악기 연주하기, 음악 듣기 등 음악과 관련된 활동을 좋아한다.
• 노래를 부르거나 악기를 배울 때 쉽게 배운다.
• 악보에 나오는 멜로디, 박자, 음악 기호를 쉽게 파악한다.
• 음악을 들으면 음조와 소리 패턴을 비교적 잘 기억한다.

⑥ 대인관계 지능: 인간친화지능이라고 불리며 다른 사람의 마음, 감정, 기분을 잘 이해하고 다른 사람과 원만한 관계를 유지하는 능력을 말합니다. 대인관계능력이 높은 유아의 특성은 다음과 같습니다.

• 다른 사람들과 원만하게 지낸다.
• 다른 사람의 감정이나 느낌을 잘 이해한다.
• 다른 사람이 어려운 상황에 놓이면 도움을 준다.
• 혼자서 하는 활동보다는 다른 사람과 함께 하는 활동을 더 좋아한다.
• 새로운 사람과 잘 사귄다.

⑦ 자기이해 지능: 자기성찰지능이라고 불리며, 자기애를 바탕으로 감정의 범위와 종류를 조절하는 데 뛰어난 능력을 가진 경우를 의미합니다. 자기이해능력이 높은 유아의 특성은 다음과 같습니다.

• 나의 생각, 기분, 건강상태를 잘 이해한다.
• 내가 잘하는 일과 좋아하는 일이 무엇인지 잘 이해한다.
• 하루를 반성하고 내일을 계획하는 것을 좋아한다.
• 미래를 위한 뚜렷한 목표를 가지고 있다.
• 나의 감정을 적절하게 조절한다.

⑧ 자연친화적 지능: 식물과 동물 등 주변 환경에서 살아 있는 것에 관심을 가지며 자연과 관련된 전문지식과 기술을 발휘하는 능력을 의미합니다. 자연친화적 지능이 높은 유아의 특성은 다음과 같습니다.

- 동물, 식물, 꽃, 새 등 자연물에 관심이 많다.
- 자연과 관련된 전문적 지식을 가지고 있다.
- 자연물 간의 공통점과 차이점을 잘 파악한다.
- 환경을 보호하는 일을 실천한다.
- 동물과 식물을 돌보는 것을 좋아한다.

⑨ 실존적 지능: 인간 존재의 이유, 삶과 죽음의 문제, 희로애락, 인간의 본성 등 철학적이고 실존적인 사고를 할 수 있는 능력을 의미합니다. 다중지능이론의 정립 초기에는 영적 지능(靈的 知能)으로 불렸으며, 인간실존에 대한 탐구능력이 높은 철학자와 영적 지도자들에게 높게 나타나는 지능입니다. 발달상으로는 유아기 이후에 나타나는 지능이며, 실존적 지능이 높은 유아의 특성은 다음과 같습니다.

- 우리는 누구인지, 어디에서 왔는지 궁금해한다.
- 미래에 우리는 어떻게 될 것인지 상상한다.
- 삶, 사랑, 죽음에 대해 탐구한다.
- 나보다 타인을 생각하고, 더 큰 가치를 만들어 가는 방향에 대해 생각한다.

다중지능이론에서 강점지능과 약점지능은 다중지능검사 결과에 따라 측정될 수 있습니다. 다중지능 프로파일 내에서 측정된 9가지 지능 중 상대적으로 높은 점수를 받은 영역을 강점지능, 상대적으로 낮은 점수를 받은 영역을 약점지능이라고 합니다. 다중지능이론에서는 강점지능을 바탕으로 약점지능을 보완할 수 있다고 하였으며, 인간의 긍정적인 요소를 키워서 개발하는 교육 접근을 강조하였습니다.

다중지능검사 결과로 도출된 프로파일상의 강점지능과 약점지능은 모두 고려되어야 하는 요소로, 9가지 지능 중 현저하게 낮은 약점지능은 일상생활의 문제를 발생시킨다고 봅니다. 따라서 강점지능은 최고조로 높이고 약점지능은 평균 수준까지 올리는 '투 트랙(two-tracks)' 전략이 필요합니다(문용린, 서울대학교 도덕심리연구소, 2013). 지능은 단독으로 작용하기는 하지만 '1활동 다(多)지능'으로 여러 지능이 조합을 이루어 작용하기 때문에 강점지능을 생활 속의 다양한 차원에서 활용할 수 있습니다.

Tip - 프로젝트 스펙트럼

유아의 다중지능 프로파일을 고려한 접근방법으로 유아가 가진 강점지능을 높이기 위해 도입된 교육 접근이다. 지능은 고정된 것이 아니라 자극적인 매체와 풍부한 환경이 제공될 때 강화될 수 있다. 스펙트럼은 유아의 성장에 대한 이해, 유아의 강점에 대한 인식, 유아의 학습을 위한 최적의 교육 분위기 조성을 통하여 증진될 수 있다.

출처: http://www.pz.harvard.edu/projects/project-spectrum

다음은 가드너가 제시한 다중지능의 각 영역을 대표하는 인물들을 예로 제시하였습니다. 내 주변에서 각각의 다중지능이 높은 대표 인물을 찾아 기록해봅시다.

다중지능 영역	대표적인 인물	내가 찾은 대표 인물
언어적 지능	세종대왕, 셰익스피어	
논리-수학적 지능	아인슈타인, 빌 게이츠	
공간적 지능	김정호, 피카소	
신체-운동적 지능	손흥민, 타이거 우즈	
음악적 지능	조수미, 모차르트	
대인관계 지능	유재석, 링컨	
자기이해 지능	성철스님, 프로이트	
자연친화적 지능	허준, 파브르	
실존적 지능	예수, 석가모니	

생각해 볼 문제(토론거리)

다음은 다중지능검사를 받은 "행복이"의 다중지능 프로파일입니다. 그래프를 보고 '행복이'의 강점지능과 약점지능이 무엇인지 찾고 증진방안을 생각해 봅시다.

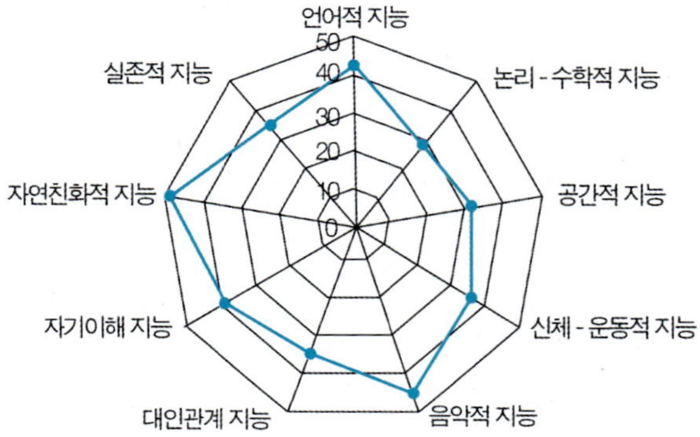

지능 유형	점수	행복이의 강점지능은 무엇일까요?
언어적 지능	43	
논리-수학적 지능	28	
공간적 지능	30	행복이의 약점지능은 무엇일까요?
신체-운동적 지능	35	
음악적 지능	46	
대인관계 지능	36	행복이의 강점 증진 방법은 무엇일까요?
자기이해 지능	39	
자연친화적 지능	48	
실존적 지능	35	

3. 다차원적 관점으로 강점 살펴보기

다차원적 관점은 학습강점을 비롯하여 다른 사람과의 관계적 측면과 인성적 측면을 포괄하는 관점입니다. 다차원 관점을 제시한 대표적인 학자로 후퍼(Hooper)와 폭스(Fox)가 있으며, 강점의 내용을 살펴보면 다음과 같습니다.

1) 후퍼의 강점

교육학자인 후퍼(2013)는 아동기의 특성, 긍정심리학의 성격강점, 교육 내용적 측면을 고려하여 20개의 대표강점을 추출하였습니다. 다차원적 관점에서의 강점은 개인강점, 학습강점, 사회적 강점의 3가지 영역으로 구성되며 구체적인 내용은 다음과 같습니다.

① 개인강점: 동기부여의 잠재적 원천이며 유아가 세상과 관계 맺는 방식에 영향을 미치는 강점으로 삶에 대한 활력/열정, 명랑성/유머, 용감성, 인내심/회복력, 자기주도력/개선능력, 침착성/자기통제력, 희망/낙관성으로 구성되어 있습니다.

강점	내용
삶에 대한 활력/열정	에너지와 흥분을 가져다주고 사람들과 활동하는 것을 좋아하며 호기심이 많다.
명랑성/유머	생활 속에서 다양한 재미를 찾아내어 다른 사람과 나눌 수 있다.
용감성	새롭고 도전적인 상황에 접근할 때 용감성을 보여준다.
인내심/회복력	상황이 어려워질 때 진정한 끈기와 인내를 보인다.
자기주도력/개선능력	스스로 동기를 부여하고 성과를 개선하는 방법을 열심히 찾는다.
침착성/자기통제력	장기적인 이익을 위해 감정을 조절할 수 있다.
희망/낙관성	미래를 가능성이 가득 찬 것으로 본다.

② 학습강점: 유아의 마음을 이끌고 흥미를 지속시켜 유아가 활동에 즐겁게 참여하도록 도울 뿐만 아니라 성취감과 만족감을 높여주는 강점으로 호기심, 창의성, 음악성, 모험심, 언어로 구성되어 있습니다.

호기심	자연세계, 인간세계에 호기심을 보이며 사물과 사물의 작동법에 관심을 가진다.
창의성	상상력을 이용하여 새롭고 다양한 가능성을 찾는다.
음악성	리듬과 멜로디에 끌린다.
모험심	움직이는 것과 신체적인 도전을 좋아한다.
언어	말의 소리, 리듬에 민감하며, 의사소통하는 것을 즐긴다.

③ 사회적 강점: 유대감을 길러 유아의 삶을 플로리시하게 해주는 가치관과 신념에 대한 강점입니다. 사랑/사교성, 친절/관용, 정직/진정성, 공정성/정의감, 감사, 사회적 지능, 의사소통능력/경청하는 능력, 리더십/영감으로 구성되어 있습니다.

사랑/사교성	다른 사람과 깊은 관계를 맺는다.
친절/관용	다른 사람들의 요구에 관심을 기울인다.
정직/진정성	용기가 필요한 일을 할 때 자신의 가치관을 따른다.
공정성/정의감	쉬운 일보다는 바람직한 일을 지지한다.
감사	다른 사람의 도움에 고마워한다.
사회적 지능	다른 사람의 감정 신호를 빠르게 알아차린다.
의사소통능력/경청하는 능력	언어와 생각을 통해 다른 사람과 관계를 잘 맺는다.
리더십/영감	다른 사람에게 동기를 부여하고 그들의 행동을 이끈다.

2) 폭스의 강점

출처: https://jeniferfox.com

강점 계발 분야를 학습강점, 관계강점, 활동강점의 3가지로 구분한 폭스(2008)는 이러한 강점을 머리, 가슴, 발에 비유하였습니다. 학습강점은 행동을 조절하는 생각과 판단에 관한 영역이고, 관계강점은 대인관계 및 상황을 고려하는 영역이며, 활동강점은 실행하는 과정에서 요구되는 영역을 의미합니다.

① 학습강점: 사람마다 학습방식에 차이가 있음을 인식하고 유아가 배우고 싶어 하는 방식과 가장 잘 배울 수 있는 형태를 의미하는 강점입니다. 시각적, 논리-수학적, 신체-운동적, 청각적, 사회-대인관계, 언어적으로 구성되어 있습니다.

시각적	방 정리 및 공간배치, 물건 구성에 대한 인식 및 시각적 도해의 활용을 선호한다.
논리 - 수학적	수학공식, 실험 설계, 논리적 토론과 추리하기, 퍼즐 맞추기, 일정한 체계(패턴과 토론)를 선호한다.
신체 - 운동적	소근육·대근육 활동하기, 운동, 춤추기, 현장학습 계획과 참여를 즐긴다.
청각적	리듬패턴 만들기, 악기연주, 노래 부르기를 즐기며 소리에 대하여 민감하게 반응한다.
사회 - 대인관계	자기이해 증진을 위한 목표 수립, 친구관계의 유지, 소속감, 다른 사람을 돕는 행동을 선호한다.
언어적	토론하고 대화하는 것을 즐긴다.

② 관계강점: 신뢰, 용서, 충성, 고려, 감사, 융통성 등의 덕과 관련된 자질을 바탕으로 효과적이고 가치 있는 관계를 형성하는 과정에서 발휘되는 강점입니다. 감독자, 양육자, 정직한 사람, 감사하는 사람, 협상자, 코치로 구성되어 있습니다.

감독자	주도적인 역할을 하는 것을 선호하며 집단에서 리더로서 리더십을 발휘할 때 자신감과 만족감을 느낀다.
양육자	다른 사람을 돌볼 때 기분이 좋아지며 고민을 상담할 때 자신이 가치가 있음을 느낀다.
정직한 사람	진실만을 이야기하며 진정한 관계를 맺는 것이 중요하다고 생각한다.
감사하는 사람	감사하며 사는 것을 즐기고 특별한 날을 기억하며 감사하는 태도 덕분에 원만한 관계를 유지할 수 있다.
협상자	의견을 조율하고 협상하는 것을 즐기며 심각한 갈등 상황에 빠지지 않는다.
코치	다른 사람에게 자신감을 심어주고 해결방향을 제시해준다.

③ 활동강점: 동작이나 작용을 나타내는 것으로 재능을 발휘할 때 사용되며, 구체적이고 명확하며 다른 강점과 결합하여 사용되는 강점입니다. 조사자, 조직자, 말로 표현하는 사람, 창조자, 협력자, 탐험가로 구성되어 있습니다.

조사자	문제를 분석하고 원인을 파악하며, 복잡한 문제를 해결하고자 한다.
조직자	정리정돈, 조직화를 즐기며 물건을 분류하고 수집하는 것을 좋아한다.
말로 표현하는 사람	자세하게 설명하고 아이디어에 대해 이야기를 나누며 다른 사람과 이야기하는 것을 즐긴다.
창조자	새로운 것을 만들거나 창조적이고 혁신적인 해결책을 제시하는 것을 즐기며 독창적인 것을 추구한다.
협력자	팀 작업을 즐기며 여러 사람이 참여하는 과제에서 함께 문제를 푸는 것을 좋아하며 다른 사람과 함께 하는 일을 선호한다.
탐험가	새로운 것을 발견하고 새로운 가능성을 탐구하는 것을 즐긴다.

행복교육

행복교육(positive education)은 긍정심리학에 바탕을 둔 교육으로 셀리그만(Seligman)이 학교에서 가르치는 것과 부모가 자녀에게 원하는 것의 차이를 줄이기 위해 긍정심리학의 주요 개념을 교육에 접목한 접근이다. 행복교육은 유아의 정신건강과 행복을 높여 성취를 높이는 교육으로 유아의 행복, 건강, 자신감 증진에 관심을 갖는다. 성취, 훈련, 학업에 집중하는 경향이 있는 부모 및 경쟁분위기 속에서 건강한 정신건강을 유지할 수 있도록 지원하는 교육적 접근이다.

출처: https://positivepsychology.com/positive-education-happy-students/

4. 뇌과학적 관점으로 강점 살펴보기

1) 유아의 뇌 이해하기

유아의 뇌는 크게 뇌간, 변연계, 대뇌피질의 3부분으로 나눌 수 있습니다. 가장 깊은 곳에 위치한 뇌간은 생존을 위한 무의식을 조절합니다. 뇌간은 '본능의 뇌'라고 불리기도 하며 맥박, 호흡, 체온, 소화 등 생명을 유지하고 신체기능을 유지하는 기능을 합니다.

변연계는 '감정의 뇌'라고 불리며 정서유발, 정서기억의 기능을 수행하고 학습과 기억에 관여합니다. 변연계는 감정을 다루는 편도체와 단기기억을 장기기억으로 바꿔주는 해마, 신체를 정상적으로 유지하고 수면, 섭식, 수분 섭취 등을 조절하는 시상하부로 구성되어 있습니다.

대뇌피질은 두뇌 무게의 80%를 차지하며 사고, 기억, 언어, 근육운동을 담당합니다. 이러한 뇌의 영역들은 서로 상호작용을 하며 끊임없이 변화합니다. 희로애락의 감정이 강해지면 대뇌피질의 이성과 판단, 기억과 연상 능력에 혼란이 일어나며 마음이 행복하면 이성적 기능도 잘 수행합니다. 반면 불안하고 우울하면 입맛과 의욕이 떨어지고, 혈압이 오릅니다.

유아의 뇌발달을 위해 생후 24개월까지는 오감 자극과 기초발달, 정서교육으로 다양한 감각경험을 할 수 있도록 지원해야 합니다. 이후 25개월에서 48개월 사이는 좌뇌와 우뇌가 통합되고 뇌량이 성숙해지므로 통합적인 안목으로 다양한 경험을 할 수 있도록 자연을 많이 체험하는 교육이 필요합니다. 5~6세가 되면 생각하고 판단하는 능력을 중심으로 지원해야 합니다.

다음은 뇌의 구조와 즐거움의 중추를 나타낸 그림입니다. 각 부위의 특성을 함께 살펴보면 유아를 이해하는 데 도움이 될 것입니다.

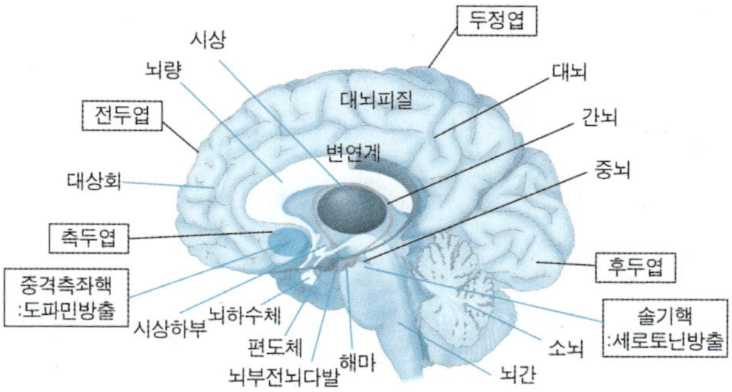

그림 2-3 **뇌의 구조와 즐거움의 중추**

출처: Gazzaniga, Heatherton & Halpern(2009). p. 68 수정 · 보완하였음.

표 2-3 **뇌 부위별 특성**

부위	특성
사고력과 창의력을 담당하는 뇌, 전두엽	• 전두엽은 뇌의 맨 앞부분에 있으며 사고와 판단, 기억과 집중력, 실행과 창의력 같은 고차원적 기능을 담당한다. • 전두엽은 영유아기부터 사춘기까지 지속적으로 발달하며 20세 무렵에 성장세가 안정기에 접어든다. 요즘 문제가 되는 ADHD(주의력 결핍 및 과잉 행동 장애)는 이곳에 문제가 있는 경우 발생한다. • 전두엽은 생후 8개월 무렵 활동이 크게 증가하며 정서발달이 같이 진행되면서 발달한다. 따라서 스킨십과 감정적 교류는 전두엽을 발달시키는 기반이 된다. • 전두엽은 익숙한 과제보다 새롭고 도전적인 과제를 더 좋아하므로 발달을 촉진시키려면 평소 호기심을 유발하는 상호작용과 놀이가 필요하다.
청각·언어·통찰력을 담당하는 뇌, 측두엽	• 측두엽은 소리를 듣고, 언어를 이해하고 해석하며, 다양한 청각 자극과 오감 자극을 통합한다. 직관력과 통찰력, 신비한 영적 체험 등과도 관련이 있다. 생후 3~4개월에 청각 발달과 연관된 측두엽에서 시냅스 증가와 수초화가 매우 활발하게 이루어지면서 생후 12개월까지 지속된다. 출생 후 12개월 동안의 청각 발달은 언어 발달의 기반이 되는 시기이므로 아이의 청각 자극에 특히 신경 써야 한다.
공간감각과 수학적 추상력의 뇌, 두정엽	• 두정엽은 몸의 감각을 감지하고, 공간을 이해하며 수학적 추상력을 담당한다. • 두정엽의 앞부분은 체감각피질 영역으로 이곳은 피부의 촉각과 통각, 압력, 온도, 몸의 위치 등에 대한 정보를 받아들인다. 따라서 피부 감각을 잘 느끼지 못하거나, 공간에서 위치 감각이 부족하다면 두정엽의 발달에 문제가 있는 것이다. • 초등학교 고학년 때 특히 발달한다.
시각과 도형·공간기억력의 뇌, 후두엽	• 뒷부분에 위치한 후두엽은 주로 시각 처리를 하며 공간기억력을 담당한다. 생후 3~4개월 무렵부터 12개월까지 특히 활발하게 발달한다. 후두엽을 발달시키려면 아이에게 적절한 시각 자극을 주는 것이 매우 중요하다. 평소에 말과 함께 그림이나 그래프 같은 정보의 심상을 이용하여 기억하는 것이 후두엽의 발달에 효과적이다.

출처: 대한민국 정책브리핑(2020.02.07).

2) 교육신경학과 유아의 강점

유아기는 뇌가 활발하게 발달하는 시기로, 특정 기능을 담당하는 신경회로가 발달합니다. 시냅스는 환경의 자극을 받아 발생하고 집단으로 조직화되어 점점 더 조밀한 네트워크를 형성합니다.

뇌는 실패나 어려운 과제, 적은 보상 등의 경험으로는 동기를 형성하지 않지만 성공한 경험이나 칭찬과 격려, 좋은 보상을 경험하면 동기를 형성합니다. 유아가 문제를 해결하는 과정에서 성공할 때마다 뇌 안의 변연계가 활성화되어 뇌의 고등 영역에 위치한 신경성형 전령물질을 분비시킵니다. 그러면 그 뇌 영역에 연결된 신경세포들이 돌기와 시냅스의 성장과 안정화에 필요한 단백질을 더 많이 생산하며 해결책을 찾습니다. 이렇게 해결책을 찾은 것을 기뻐하고 문제를 해결하는 데 성공적으로 이용된 뇌 안의 연결패턴은 더 강화되고 개선됩니다(Hüther & Hauser, 2012/2016).

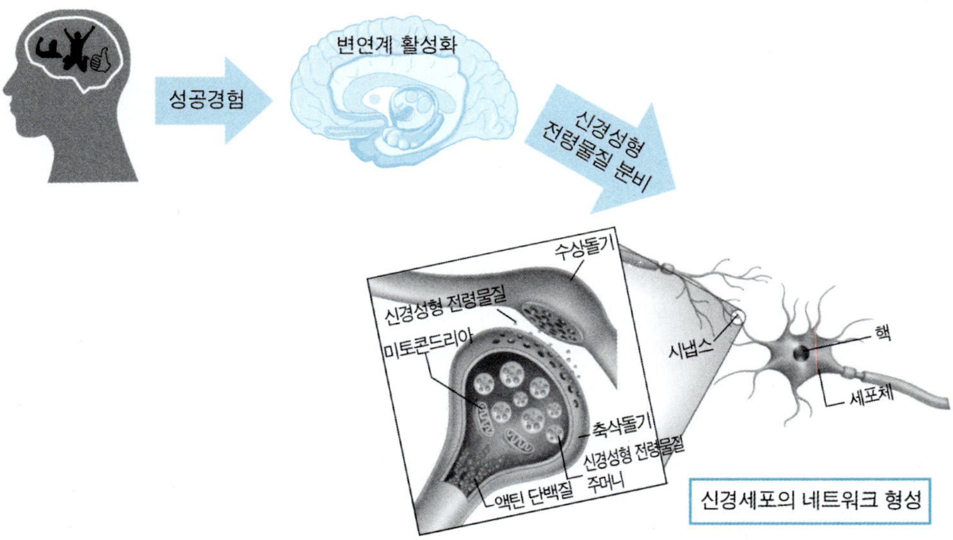

그림 2-4 성공한 경험에 따른 신경세포의 네트워크 형성

최근에는 최첨단 공학기술의 발전으로 PET(양전자 방출 단층촬영술)와 fMRI(기능성 자기 공명 영상) 같은 기계들이 개발되어 행복감과 같은 긍정정서와 뇌회로의 관련성이 밝혀지고 있습니다. 또한 뇌 활동 영역의 위치를 찾고 심리적 상태나 질병의 상태를 추론하고 예측할 수 있게 되면서 다양한 교수학습 상황에서 뇌가 어떻게 작용하고 기능하는지에 대한 역동적인 모습을 확인할 수 있게 되었습니다.

교육신경학(Educational Neurology)은 우리 몸의 뇌를 비롯한 신경계가 외부의 자극과 정보를 통해 고차원적인 사고 과정을 거쳐 행동 반응을 일으키는 것과 관련된 신경과학과 인지과학의 연구를 교육에 연계시키는 학문입니다(조주연, 강문선, 2016). 즉, 신경과학의 이론을 교육에 통합하고 교육에서 인지과학을 개혁하여, 교육이론과 실제를 개선하기 위해 뇌와 마음과 행위의 관계를 통합적인 관점으로 살펴봅니다(Ferrari, 2011).

플로박(Flobakk, 2011)은 학습에 대한 행동주의적 접근 방식이 어떻게 개인의 행동을 고려하는지, 개별 구성주의가 개인의 마음과 행동에 어떻게 초점을 맞추는지를 설명하기 위해 뇌-마음-행동 모델을 만들었습니다. 그의 모델은 관찰이 가능한 뇌, 인지모델인 마음, 과학적으로 관찰 가능한 행동으로 구성된 개인적 요인과 환경을 포함한 상황적 변수들로 구성된 사회적 요인이 서로 영향을 주고 있음을 다음과 같이 보여줍니다.

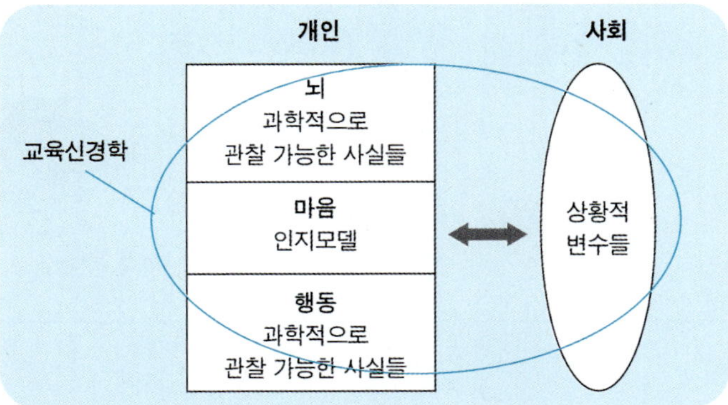

그림 2-5 교육신경학의 주요 요인들의 관계

출처: Flobakk(2011). p. 19 수정 · 보완하였음.

Tip - '뇌'를 알아야 아이가 보인다

편도체는 영아기의 기본 정서발달과 주양육자와의 애착에 관계해요. 영아가 느끼는 애착은 정서발달의 토대가 되며, 이를 통해 자아존중감, 자기 통제와 사회적 기술을 키우고 자신의 감정을 배우고 타인의 감정도 읽을 수 있게 된답니다. 양육자와 안전한 관계를 형성하는 것은 편도체의 정상적인 발달에 꼭 필요해요. 24개월에는 자아가 생기고 36개월이 넘으면 차츰 또래 친구와 관계를 맺으며 사회성도 발달해요.

해마는 단기기억을 담당하는데 제대로 기능하지 않으면 방금 전 일어난 일도 기억하지 못해요. 해마를 반복해서 적절히 자극하면 단기기억을 장기기억으로 보내는 능력이 강화된답니다. 특히 수면은 '쉬는 수면'과 '연습하는 수면'이 있는데, 해마는 연습하는 수면의 기간에 활성화되어 낮에 의미가 있었던 단기기억의 파편들을 체계적으로 조직화해 장기기억으로 넘겨요. 하지만 해마는 스트레스에 매우 취약해서 유아의 수준을 넘는 조기교육과 스트레스는 오히려 기억력을 저하시킬 수 있답니다.

출처: 대한민국 정책브리핑(2020.02.07).

3) 행복호르몬, 도파민과 세로토닌

유아는 자기가 잘하는 것에 대한 믿음을 바탕으로 자신이 누구이며 무엇을 할 수 있는지 인식하게 되면 행복감을 느낍니다. 이러한 행복감은 중뇌의 변연계를 자극하고 활성화시켜 신경성형 전령물질을 더 많이 내보냅니다. 즐거운 감정, 성취감, 짜릿한 쾌감을 만들어내는 신경전달 물질은 도파민(dopamine)이며(김붕년, 2021) 대뇌 전두엽 오른쪽 부위 깊은 곳에 위치한 중격측좌핵[1](nucleus accumbens) 속에 들어 있습니다. 뇌의 전반과 호르몬의 생산을 조절하고 안정 기능을 담당하여 감정을 조절해 주는 세로토닌(serotonin)[2]은 뇌간의 망상체 내에 위치한 솔기핵에서 분비됩니다(김붕년, 2021; Burgdorf & Panksepp, 2006)(p. 57 그림 2-3).

중격측좌핵을 자극하면 강한 자극을 느끼지만 오래 지속되지는 않습니다(이을상, 2016; Gazzaniga, Heatherton, & Halpern, 2009). 즉, 특정한 경험을 통해 느낀 행복감은 오래 지속되지 않으므로 행복감을 유지하기 위해서는 또 다른 즐거움을 주는 경험을 해야 합니다(Lyubomirsky, Sheldon, & Schkade, 2005).

진정한 행복에 이르기 위해서는 신경세포의 돌기와 접속하여 새로운 시냅스가 생겨야 합니다. 도파민과 세로토닌은 서로 영향을 주고받아 긍정정서와 활력을 느끼게 하며 새로운 시냅스 연결망을 만들어 뇌 구조를 새롭게 형성하는 데 결정적인 역할을 합니다(Burnett, 2016/2018)(p. 58 그림 2-4).

유아가 강점을 활용하여 성공을 경험하게 되면 성취감을 느끼고 계속 강점을 활용하기 위해 동기를 형성합니다. 이러한 과정에서 느끼는 즐거움과 기쁨은 도파민과 세로토닌의 형성에 자극을 주므로 유아의 행복플로리시한 삶을 영위하는 데 도움이 됩니다(신현정, 황해익, 2020).

유아는 친구들과 함께 다양한 놀이를 하면서 자신의 특별한 재능을 발휘하여 인정을 받고 기쁨을 느끼게 되면 그 재능을 더 잘 키워나갑니다. 특정 뇌의 영역을 계속해서 자주 사용하면 해당 영역이 발달하여 효율성이 증가하므로 유아가 자신의 재능

1) 중격측좌핵(NAcc): 중격의지핵 또는 측좌핵으로도 불립니다.
2) 세로토닌(serotonin): 행복의 물질이라 불리며 뇌줄기(brainstem)의 솔기핵(raphe nucleus)에서 생성되어 중추신경계 및 신체 각 부위에 광범위하게 영향을 미칩니다(이을상, 2016).

이 다른 사람에게 인정받는다고 느끼도록 환경을 제공하는 것이 중요합니다. 이는 뇌가 긍정적인 피드백을 받고 신경세포를 활성화시켜 행복감을 느끼고 다시 자신의 재능을 활용하게 되어 지속적인 발달로 이어지게 합니다(Hüther & Hauser, 2012/2016). 이러한 과정은 강점을 활용하여 느끼게 되는 기쁨과 성취감이 그 강점을 다시 계속 활용하고 싶게 만들고 반복·증진하게 되는 것과 관련이 있습니다.

유아에게 주도적으로 자기 자신과 자신의 능력을 알아갈 기회가 주어져야 유아가 문제를 해결하고 도전하며 자신의 경험을 통해 메타능력을 습득하고 뇌 안에 그와 관련된 신경세포 네트워크가 형성되어 안정화됩니다(양옥승, 2011).

4) 긍정정서의 공유, 거울뉴런

유아가 자신의 능력을 제대로 습득하기 위해서는 직접 보고 따르고 싶은 정서적 유대감을 느낄 수 있는 대상이 필요합니다. 이는 뇌 속의 거울뉴런이 다른 사람의 얼굴 표정과 행동방식을 관찰하여 신경회로를 활성화시켜 학습하고 공감(empathy)할 수 있게 해주기 때문입니다. 거울뉴런은 신호를 보내는 사람과 신호를 받는 사람 사이의 간격을 채워 서로를 이해하도록 돕고, 공감적 조율이 이루어질 가능성을 높여줍니다. 공감 반응과 함께 그와 관련된 신경세포 연결망은 이미 형성되기 시작하여 그 동작이나 행동을 따라 합니다(Gregory & Kaufeldt, 2012/2019; Souza, 2014). 유아의 거울뉴런은 친구들을 통해 배움과 공감을 형성하므로 친구들이 강점리터러시를 발휘하는 것을 보고 유아 자신도 경험하고 공감함으로써 교육적 효과를 넓혀갈 수 있습니다.

유아는 자신이 한 것에 대해 칭찬, 격려, 그리고 관심 등의 긍정적인 피드백을 받지 못하면 좌절감을 느끼고 처음에 뇌에서 긍정적이었던 자극이 부정적인 감정과 결합하여 수동적으로 바뀝니다. 이러한 수동적인 경험은 자라면서 구속받는다는 등의 생각과 부자연스러운 느낌을 형성하고 내적 갈등을 일으켜 다시 유아의 뇌에 영향을 미칩니다. 유아의 부정적 관계 형성은 전뇌 신경세포를 불안정하게 만들어 신경세포가 네트워크를 제대로 형성하지 못해 학습에 어려움을 느끼고 전뇌가 기능할 때와 메타능력[3]을 습득할 때 방해를 받습니다(Hüther & Hauser, 2012/2016).

유아가 자신의 감정과 다른 사람의 감정을 알고 자신의 감정을 조절하는 능력은 유아의 경험과 배움에 중요한 영향을 미칩니다. 정서 기능은 뇌와 신체가 상호작용하는 기능 중의 하나로 뇌 기능 속에 들어오는 자극에 대해 제일 먼저 평가를 하고 후속되는 인지적 평가에 영향을 줍니다. 또한 신체 기능과 반응에 영향을 쉽게 주고 편도체의 기능을 통해 인지에 영향을 주므로 사고보다 더 많은 뇌의 체계와 관련되어 있습니다(정종진, 2016; Gardner, 2006/2007; Gerdes, 2011). 따라서 유아가 긍정정서를 공유할 수 있도록 부모와 교사는 정서적 유대감을 높이는 데 힘써야 합니다.

Tip - 뇌 발달과 강점리터러시의 관계

유아의 뇌가 발달할 때 신경 네트워크가 만들어지는 건 유아의 경험과 관련이 깊어. 같은 경험을 반복하면 뇌에 새겨진 흔적이 정착되니까 뇌의 기능을 유지할 수 있지.

내가 잘하는 건 자꾸 하고 싶어지니까 강점을 계속 활용하면 뇌가 자연스럽게 발달한다는 건가?

맞아!
내가 잘하는 걸 하면 즐겁고 행복하잖아.
그래서 또 하게 되고. 강점을 계속 활용하면 뇌의 발달을 자연스럽게 도우니 아이들에게 자기의 강점을 인식하고 활용하는 능력을 가르치는 건 좋은 교육방법이 될 수 있어.

3) 메타능력에는 자극을 제어하거나 좌절감을 견디고 행동을 계획하는 능력, 자신이 하는 일의 결과를 예측하고 다른 사람의 입장이 되어 공감하는 능력, 책임을 지고 어떤 일에 관심을 기울이는 능력 등이 있습니다(Hüther & Hauser, 2012/2016).

참고자료

- EBS, 아이의 사생활 - 제4부 다중지능

출처: https://youtu.be/9LwRNOBEcKY

- 뇌 움직임이 다르다! 긍정적인 사람 vs 부정적인 사람 - (2017.1.25_608회 방송)_행복한 사람들의 비밀 - 긍정의 힘, 감사의 마음

출처: https://www.youtube.com/watch?v=UagOzzJ5NCM

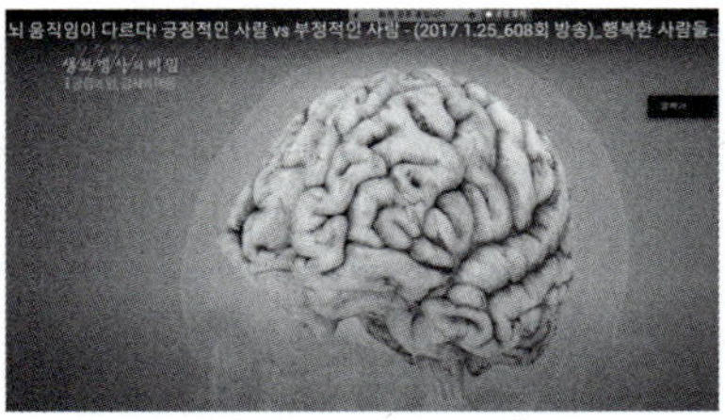

- '뇌'를 알아야 아이가 보인다 -김영훈 가톨릭대학교 의정부성모병원 소아청소년과 교수

출처: 대한민국 정책브리핑(www.korea.kr)
https://www.korea.kr/news/cultureColumnView.do?newsId=148868964&call_from=naver_news

뒤센미소와 팬암미소의 차이

사람의 미세한 표정에 대해 연구하는 캘리포니아 대학 교수 폴 에크먼(Paul Ekman)은 인간의 웃음을 연구하며 긍정정서가 반영된 진짜미소인 '뒤센(Duchenne)의 미소'를 개념화하였다. 즐거움, 만족, 평온 등의 긍정정서를 느끼면 광대뼈, 눈꼬리 근처의 근육이 작용하여 환한 미소를 짓게 된다. 반면 진짜 기쁨과 행복으로 나타나지 않은 가짜미소를 팬암(Pan Am)미소라고 한다. 미국의 항공사 팬암 항공에서 근무하는 승무원이 인위적인 미소를 빗댄 것으로 이 미소는 눈가 근육의 움직임이 없이 입꼬리만 올라가는 특성이 있다.

하커(Harker)와 켈트너(Keltner)는 대학졸업 사진에서 뒤센미소와 팬암미소를 짓고 있는 졸업생의 30년 후의 모습을 추적 조사하였다. 뒤센미소를 짓고 있는 집단이 가짜미소인 팬암미소를 지은 집단보다 소득수준, 생존율, 결혼만족도가 높았고 병원에 간 횟수, 이혼율은 낮았다.

출처: 경북매일(2019.01.13). https://www.kbmaeil.com/news/articleView.html?idxno=803135 수정 보완.

Chapter

3 유아의 강점 알아보기

1. 면담 질문으로 알아보기

부모와 교사는 놀이와 일상생활에서 유아의 강점을 발견할 수 있습니다. 유아의 반응을 적극적으로 이끌어내기 위해 구체적인 질문에서 추상적인 질문으로 면담을 실시할 수 있습니다. 편안한 환경과 충분한 시간을 제공하여 유아가 자신의 생각을 자유롭게 표현할 수 있도록 합니다.

자신이 잘하는 것에 대해 이야기를 나누며 강점을 발견한다면 유아의 강점을 보다 구체화할 수 있습니다. 유아가 자신의 강점을 인식하지 못한 경우에는 3번 이상 강점에 대해 이야기를 나누는 것이 좋습니다. 평소 유아가 즐겨 놀이하는 장소, 놀이 주제가 무엇인지를 관찰한 뒤 면담할 것을 추천하며 사진, 영상자료 등을 보면서 면담을 하는 것도 강점을 심층적으로 이해하는 데 도움이 됩니다.

강점은 높은 성과, 활기, 잦은 활용도를 보입니다. 부모와 교사가 평소에 인식하고 있던 강점과 유아의 면담 결과가 일치한다면 발견한 강점에 대한 신뢰도가 높을 것입니다. 면담은 유아의 생각을 심층적으로 이해하는 적합한 방법이기 때문입니다.

<table>
<tr><th colspan="2">나의 강점에 대해 이야기를 나눠요</th></tr>
<tr><td colspan="2">월 일 이름:</td></tr>
<tr><th colspan="2">면담 질문 목록</th></tr>
<tr><td colspan="2">1. 너는 어떤 것을 잘하니?</td></tr>
<tr><td>집</td><td></td></tr>
<tr><td>유아교육기관</td><td></td></tr>
<tr><td colspan="2">2. 평소 좋아하는 놀이가 있니?
- 어떤 놀이를 하니?
- 어떤 역할을 주로 하니?
- 어떤 놀잇감을 활용하니?
- 혼자 놀이하는 것이 좋니? 함께 놀이하는 것이 좋니?</td></tr>
<tr><td colspan="2">3. 강점을 활용하면 어떤 느낌이 드니? 힘이 솟는 것 같니?</td></tr>
<tr><td colspan="2">4. 부모님, 선생님, 친구도 너의 강점에 대해 칭찬해 주시니?</td></tr>
</table>

2. 그림으로 알아보기

유아가 생각하는 강점 행동을 살펴보는 것은 성인의 잣대로 유아기의 고유한 특성을 판단하는 오류를 줄일 수 있습니다(Lansdown, 2004). 유아기는 자신의 생각을 시각적으로 표상하여 의미와 가치를 표현할 수 있는 시기입니다. 유아는 자신이 그린 그림에 대해 설명할 때 자신의 생각, 감정, 이미지 등을 심층적으로 표현합니다(황해익, 김미진, 탁정화, 2012).

그림으로 강점을 알아보기 위해서는 유아에게 '내가 잘하는 행동'을 3가지 선택하여 그림으로 표현하게 한 뒤, 그림의 상황에 대해 이야기를 나누며 강점을 파악할 수 있습니다. 이때 강점 행동을 할 때 유아가 느꼈던 행복감의 정도를 얼굴 표정으로 평정(1~5점)하면 각 강점 행동을 했던 상황에서 유아가 느꼈던 행복감의 정도를 알아볼 수 있습니다(활동 3-1, p. 70).

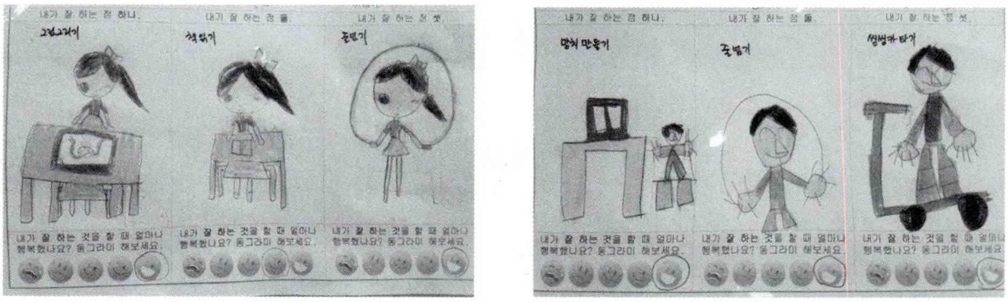

그림 3-1 그림으로 알아본 유아의 강점

유아가 인식하는 강점 유형

유아는 줄넘기, 달리기, 도구를 활용한 운동, 발레 등의 신체활동, 그림 그리기, 만들기 등의 미술과 노래부르기, 악기연주 등의 음악 활동을 자신이 가진 강점이라고 표현한다. 또한 청소, 정리정돈, 손씻기, 양치질, 씻기, 밥 먹기, 배변 처리 등 일상생활 속 기본생활습관을 강점으로 인식한다. 유아는 진짜 재미있게 놀이하는 것도 생활 속의 강점으로 인식한다. 유아의 시선에서 강점을 이해하려고 노력하는 과정은 강점에 대한 깊이 있는 이해를 도울 수 있다.

구분	유아가 인식한 강점
활력	잘 웃기, 미소, 웃기기, 활동에 적극적 참여
심미감	예쁜 것 좋아하기, 예쁘게 꾸미기, 아름다움 느끼기
배려	동생 보살피기, 돕기, 심부름하기, 양보하기
관계성	사이좋게 지내기
신체운동	달리기, 줄넘기, 축구, 발레, 태권도
미술	그림 그리기, 종이접기, 만들기
음악	악기연주, 노래 부르기, 춤추기
논리수학	블록놀이, 교구 게임, 수 세기, 퍼즐 맞추기
자연탐구	동·식물 돌보기, 곤충 관찰하기, 실외활동과 산책
언어	글쓰기, 책 읽기, 이야기하기, 편지쓰기
신체건강	밥 먹기, 옷 입기, 손씻기, 양치, 씻기, 배변 처리하기, 잠자기
놀이	진짜 재미있게 놀기
예절	인사하기, 높임말 사용하기
정리정돈	청소 및 정리정돈, 분리수거
기타	혼자 있기, 혼자서 잠자기

유아의 강점과 행복감의 관계

유아는 바깥놀이, 진짜 재미있게 놀기, 게임용 교구로 놀이하기 등 자발성이 두드러진 활동에서 높은 행복감을 느낀다. 손씻기, 양치질, 옷 입기 등 일상생활에서 혼자 스스로 할 수 있는 경험에서도 행복감을 느낀다. 하지만 글쓰기, 숫자 공부 등 학습과 관련된 상황에서는 상대적으로 행복감이 낮은데, 하고 싶은 학습과 다른 사람이 시켜서 하는 학습 간의 차이를 유아들이 인식하고 있기 때문이다. 이처럼 유아의 삶 모든 부분에서 강점을 발견할 수 있으며 강점을 인식하고 활용하는 경험으로 유아는 행복을 느낀다.

연령에 따른 강점의 차이

5세 유아는 달리기, 줄넘기, 태권도, 악기연주, 발레, 노래 부르기와 같은 신체운동과 예술 경험을 자신의 강점으로 인식하는 경향이 높다. 4세 유아는 그림 그리기, 돕기 · 심부름, 진짜 재미있게 놀기, 활동에 적극적으로 참여하는 것을 강점으로 인식하는 경향이 높으며, 손씻기, 양치, 씻기, 배변처리 등 기본생활습관과 같이 일상적인 행동을 자신의 강점으로 인식한다.

성별에 따른 강점의 차이

남아는 달리기, 줄넘기, 태권도 등 운동을 강점으로 인식하는 비율이 상대적으로 높으며 청소 및 정리정돈, 손씻기, 양치, 씻기, 밥먹기 등 일상생활에 필요한 능력을 자신의 강점으로 인식하기도 한다. 또한 블록놀이, 교구게임 놀이와 게임 속에서 자신의 강점을 인식한다.
여아의 경우 달리기, 줄넘기, 발레 등 신체운동을 강점으로 인식한다는 점에서는 남아와 유사하다. 그림 그리기, 노래 부르기, 악기연주 등의 음악이나 미술 관련 강점, 발레와 같이 여성이 중심이 되는 신체운동을 자신의 강점으로 인식한다. 또한 다른 사람과 원만한 관계를 유지하거나 책보기, 동생 보살피기, 인사하기 등 원만한 관계를 유지하고 정적인 특성을 가진 활동을 강점으로 인식한다.

출처: 탁정화(2016b). 수정 · 보완하였음.

활동

3-1 내가 잘하는 점

<table>
<tr><th colspan="3">내가 잘하는 점을 그려봐요</th></tr>
<tr><td colspan="3">월 일 이름:</td></tr>
<tr><th>내가 잘하는 점 하나</th><th>내가 잘하는 점 둘</th><th>내가 잘하는 점 셋</th></tr>
<tr><td></td><td></td><td></td></tr>
<tr><td>내가 잘하는 것을 할 때 얼마나 행복했나요? 동그라미를 치세요.</td><td>내가 잘하는 것을 할 때 얼마나 행복했나요? 동그라미를 치세요.</td><td>내가 잘하는 것을 할 때 얼마나 행복했나요? 동그라미를 치세요.</td></tr>
</table>

3. 일상생활에서 알아보기

하루 일과 중 시간에 따라 유아의 강점을 생각해 보는 경험은 유아가 가진 강점이 무엇인지 쉽게 인식할 수 있도록 돕습니다. 강점을 인식하고 활용하는 경험은 특별한 날에 이루어지는 것이 아닙니다. 유아의 강점은 하루 일과 중에 자주 나타나고 발견됩니다.

일상재구성법은 어제 하루를 회상한 뒤 시간 순서에 따라 유아의 강점 행동과 정서 경험을 평가하여 보고하는 방법입니다. 어제 하루에 경험했던 일에서 유아의 강점을 찾기 때문에 생생한 경험에서 강점을 발견할 수 있습니다(Kahneman et al., 2004). 하루 동안 시간대별로 강점을 발견하기 때문에 잦은 강점활용 빈도, 긍정정서 등을 확인할 수 있습니다. 일상재구성법은 자기관찰(self-monitoring)이나 행동관찰(behavioral observation) 등에서 나타나는 '사회적 바람직성[1]'과 '초점환상[2](focus illusion)'을 피할 수 있는 관찰 방법이기도 합니다.

유아교사가 인식하는 유아의 강점특성

유아교사는 정리정돈, 언어능력, 친절, 신체건강, 예절, 시민의식 등 유아의 행동을 강점이라고 인식하는 경향이 있다. 즉, 유아가 자기 물건, 장난감, 식기를 정리하거나 어려운 상황에 있는 친구를 도와주기, 물건이나 장난감을 나누어 쓰는 행동을 강점으로 쉽게 인식한다. 반대로, 유아교사는 용서, 진실성, 유머, 심미감 등의 행동은 유아의 잘하는 행동으로 인식하는 경향이 낮고, 다른 사람에게 자신의 잘못에 대해 용서를 구하는 것, 진실하게 행동하는 것, 웃음을 유발하는 유머 등을 강점이라고 인식하는 정도도 낮은 편이다. 따라서 유아의 다양한 행동에서 강점을 발견할 수 있도록 긍정적인 행동을 찾는 것이 좋다.

유아의 강점과 행복감의 관계

강점을 발휘하면 행복해진다고 한다. 행복감과 관련이 높은 유아의 강점으로는 생명존중, 놀이, 창의성, 활력, 몰입, 미술능력, 호기심이 있다. 하지만 진실성, 과학탐구, 청결, 리더십, 정리정돈은 행복감과 상대적으로 관련성이 낮다. 유아의 강점은 행복한 삶을 유지하는 데 도움이 되므로 강점의 인식과 활용을 적극적으로 지원해야 한다.

1) 사회적 바람직성은 설문조사에서 응답자가 실제로 생각하는 것을 응답하는 것이 아니라 사회적으로 바람직한 방향으로 응답하려는 성향을 말합니다.
2) 초점환상은 하루 일과 중 반복되는 상황에 익숙해져 그 상황이 가진 효과를 간과하는 것을 뜻합니다.

활동

3-2 일상재구성법으로 유아강점 발견하기 - 부모용

1단계: 하루 일과 기록				2단계: 유아의 강점 특성 기록							
시작 시간	종료 시간	하루 일과 구성	부모가 관찰한 유아의 강점 행동을 기록해주세요.	유아 행동	장소	함께한 대상	강점 행동 특성(0-6점)				
							활기 넘침	자율적 동기	높은 활용 빈도	만족감	성취
예) 17:00	17:30	집에서 놀기	『틀려도 괜찮아』 책을 엄마와 동생에게 2회 읽어줌	책 읽기	집	2 (엄마, 동생)	5	5	6	6	6

활동 **3-3**

일상재구성법으로 유아강점 발견하기 - 교사용

1단계: 하루 일과 기록				2단계: 유아의 강점 특성 기록								
시작 시간	종료 시간	하루 일과 구성	교사가 관찰한 유아의 강점 행동을 기록해주세요.	유아 행동	장소	함께한 대상	강점 행동 특성(0-6점)				
							활기 넘침	자율적 동기	높은 활용 빈도	만족감	성취
예) 9:00	9:10	등원	친구, 선생님께 반갑게 인사하고 어제 있었던 일을 친구들과 이야기 나눔	인사	교실	친구 5명	5	5	6	6	5

기록 방법		
1단계	시작 시간과 종료 시간, 하루 일과에 근거하여 관찰한 유아의 강점 행동 기록하기	하루 일과를 기록하는 단계입니다. 오늘 어떤 일이 있었는지 영화처럼 일련의 연속된 장면으로 생각해 보십시오. 그리고 나서 유아들과 함께 보낸 하루 일과에 대한 기본정보를 일기를 쓰듯이 재구성합니다. ⇨ **'시작 시간'** 과 **'종료 시간'** 은 대략적인 시간을 기록합니다. 일반적으로 에피소드는 15분에서 2시간 이내에 일어난 일을 말하며 함께 있는 사람의 변화, 장소의 이동, 한 가지 활동이 끝나고 다른 활동이 시작된 경우를 모두 포함합니다. ⇨ **'하루 일과'** 는 유아와 보낸 시간을 기록합니다(부모-유아의 기상부터 취침 시간까지, 교사-유아의 등원부터 하원까지). 일반적으로 하루 일과 구성 시, 함께한 활동의 내용을 간략하게 기록합니다. ⇨ **'관찰한 유아의 강점 행동'** 은 하루 일과를 보내면서 유아들이 뛰어난 점, 우수한 부분, 칭찬했던 일이 무엇인지를 상세하게 기록합니다. ⇨ 동일 시간 동안 유아의 강점이 2개 이상 관찰된 경우에는 유아의 강점 행동을 작성한 뒤 2단계의 강점 행동 장소, 함께한 대상, 행동 특성을 기록합니다.
2단계	각 강점 에피소드별 유아행동, 장소, 함께한 대상, 기분, 강점 행동 특성을 '일상재구성법 평정기준'에 근거하여 평정하기	기록한 유아의 강점 행동 특성을 알아보는 단계입니다. 1단계에서 기록한 유아의 강점 행동을 바탕으로 각 강점 에피소드별 유아행동, 장소, 함께한 대상, 기분, 강점 행동 특성을 '일상재구성법 평정기준'에 따라 평정합니다. ⇨ **'유아행동'**, **'장소'**, **'함께한 대상'** 은 **각 강점 에피소드**를 일상재구성법 평정기준에 따라 기록하면 됩니다. 유아의 행동은 자세하게 서술하고 함께 한 대상은 관찰 유아를 제외한 인원을 숫자로 기록합니다. ⇨ **'강점 행동 특성'** 은 유아의 강점 행동이라고 지각하였을 때 나타난 행동의 특성은 어떠하였는지를 평정하는 것으로 0~6점으로 평정합니다.

예시

1단계: 하루 일과 기록				2단계: 유아의 강점 특성 기록							
시간	종료 시간	하루 일과 구성	관찰한 유아의 강점 행동을 기록해주세요.	유아 행동	장소	함께한 대상	강점 행동 특성(0-6점)				
							활기 넘침	자율적 동기	높은 활용 빈도	만족감	성취
8:30	9:00	등원	가방, 물통 등 물건을 스스로 정리	정리	교실	1	5	4	4	4	5
			반갑게 친구들에게 먼저 인사	인사	교실	3	6	6	4	6	6
9:00	10:00	자유 놀이	블록으로 집 만들기를 하며 집중함	블록 만들기	블록놀이 공간	3	6	6	6	6	6
10:00	10:20		친구가 모르는 글자를 읽어줌	글자 읽기	언어놀이 공간	2	6	6	6	6	6

Tip - 유아의 강점 행동 유형 - 자기 초점, 타인 초점

유아의 강점 행동은 자기 목적적인 경험을 추구하는 '개인적 측면'과 긍정적 인간관계에 기반을 두는 '관계적 측면'으로 구분된다. 일상재구성법을 작성하면 유아의 강점이 자기 초점인지 타인 초점인지 등에 대한 정도를 파악하는 데 도움이 된다. 자기지향적 강점과 타인지향적 강점은 조화롭게 반영되는 것이 좋다.

자기 초점, 개인 중심 행동유형	타인 초점, 관계 중심 행동유형
 끈기, 활력, 자기조절, 회복탄력성, 창의성, 호기심, 몰입, 신체운동, 수학능력, 미술능력 등	 시민의식, 친절, 사회지능, 리더십, 용서, 예절 등

• 자기 초점 - 개인 중심 강점 행동

유아의 강점 행동 중 혼자 있을 때 높게 나타나는 것은 끈기, 활력, 자기조절, 회복탄력성, 창의성, 호기심, 몰입, 신체운동, 수학능력, 미술능력, 음악능력, 언어능력, 생명존중, 신체건강, 청결, 정리정돈, 절약, 안전 등이 있다. 끈기, 활력, 자기조절, 회복탄력성과 관련된 강점은 자기 초점적 특성과 관련이 있으며 창의성, 호기심, 몰입, 신체운동, 수학능력 등과 같은 지성적 측면과 청결, 정리정돈 등도 개인이 추구하는 강점이다.

• 타인 초점 - 관계 중심 강점 행동

또래와 함께 있을 때 높게 나타나는 것은 시민의식, 친절, 사회지능, 리더십, 용서이며 예절은 부모나 교사와 함께 있을 때 높게 나타난다. 시민의식, 친절, 사회지능, 리더십, 용서는 원만한 대인관계와 긍정 조직, 긍정 사회와 연결되는 개념으로 관계지향적이다. 특히 예절은 부모와 교사 등 어른과의 관계 속에서 자주 발견되는 강점이다.

출처: 탁정화(2016a). p. 192 수정·보완하였음.

4. 관찰 도구로 알아보기

부모나 교사는 유아를 관찰하고 유아강점척도를 활용하여 유아의 대표강점을 알아볼 수 있으며, 유아가 자신의 강점을 얼마나 인식하고 활용하고 있는지 확인하기 위하여 유아강점리터러시척도를 활용할 수 있습니다.

1) 유아강점척도

유아강점척도(The Early Childhood Strengths Scale)는 탁정화와 황해익(2019)이 우리나라 4~5세 유아의 발달 수준에 적합하도록 개발하였으며, 유아의 성격, 학습, 생활 측면에서 긍정적 가치를 가진 강점 행동을 측정하는 검사도구입니다. 유아교육기관에서 유아발달의 특성과 행동에 대한 전문적인 지식을 가진 유아교사가 유아 행동을 평가하는 교사용 평정척도이므로 측정의 신뢰성을 확보할 수 있습니다.

유아강점척도는 성격강점(자아존중감, 자기조절, 활력 및 긍정성, 탄력성, 심미감, 관계성), 학습강점(창의성, 학습동기, 운동, 미술, 음악, 논리수학, 자연탐구, 언어), 생활강점(신체건강, 놀이, 예절, 정리정돈 및 절약, 안전)의 3영역에 19개의 요인, 106문항으로 구성되어 있습니다. 1주일 이상의 관찰을 통한 결과에 기반하여 평정하며 각 문항은 5점 Likert 척도입니다. 측정의 객관도를 위해 최고점 평가수행을 기준으로 평정하며, 그 행동의 근거를 1점은 1~20%, 2점은 21~40%, 3점은 41~60%, 4점은 61~80%, 5점은 81~100%로 제시합니다. 각 영역의 점수가 높을수록 그 영역의 강점이 높은 것으로 해석합니다.

활동

3-4 우리 유아의 강점은?

우리 유아의 강점은 무엇일까요? 아래 내용을 토대로 유아의 강점을 찾아봅시다.

유아강점 관찰지침

다음은 유아의 강점을 알아보기 위한 문항입니다. 본 척도는 유아교육기관에서 이루어지는 일상적인 일과활동을 자연스럽게 관찰하는 과정에서 유아가 가진 강점을 보고하는 것을 원칙으로 합니다. 따라서 교사는 유아의 하루 일과를 주의 깊게 관찰하고 관찰 기간 동안 보이는 행동을 솔직하게 평가해야 합니다. 관찰자는 각 문항을 읽고 해당 유아의 행동을 가장 잘 나타내는 수준이나 유아의 행동과 가장 유사하다고 판단되는 정도에 ✔표시하는 방법으로 기록합니다.

1. 사전에 모든 문항을 충분히 숙지합니다.
2. 유아 행동을 주의 깊게 관찰합니다.
3. 관찰기록의 평정은 일주일 이상의 관찰 결과에 기반합니다.
4. 점수를 평정할 때는 최고점에 대한 기준을 바탕으로 1~5점으로 평정합니다.

□ 문항 평정 시 최고점에 대한 기준에 의거하여 평정을 합니다.

5점: 최고점에 대한 행동을 유아가 81~100% 정도 하는 경우
4점: 최고점에 대한 행동을 유아가 61~80% 정도 하는 경우
3점: 최고점에 대한 행동을 유아가 41~60% 정도 하는 경우
2점: 최고점에 대한 행동을 유아가 21~40% 정도 하는 경우
1점: 최고점에 대한 행동을 유아가 1~20% 정도 하는 경우

5. 관찰의 용이성을 위해 관찰기간 동안 수시로 관찰결과를 기록합니다.
6. 판단이 불가능할 경우에는 즉시 기록하기보다는 확인이 필요한 부분에 대해 추가 관찰을 통하여 평정합니다.

기 관 명		관 찰 자	
학 급 명		관찰기간	~
유아명(성별)	(남 / 여)	생년월일	년 월 일

문항 내용			최고점 행동기준				
			매우 그렇지 않다	약간 그렇지 않다	보통이다	약간 그렇다	매우 그렇다
			1~20%	21~40%	41~60%	61~80%	81~100%
자아 존중감	1	자신을 소중한 사람이라고 인식한다.	①	②	③	④	⑤
	2	자신은 어떤 일이든 잘할 수 있는 능력이 있다고 믿는다.	①	②	③	④	⑤
	3	자신감 있게 행동한다.	①	②	③	④	⑤
	4	자신의 기분과 감정을 분명하게 인식한다.	①	②	③	④	⑤
	5	자신이 좋아하는 것과 싫어하는 것이 무엇인지를 안다.	①	②	③	④	⑤
자기조절	1	스스로 자신의 감정과 행동을 조절한다.	①	②	③	④	⑤
	2	상황에 따라 하고 싶은 일이 있어도 참을 수 있다.	①	②	③	④	⑤
	3	주어진 활동은 정해진 시간까지 완성하려고 노력한다.	①	②	③	④	⑤
	4	상황에 적절한 방식으로 자신의 감정을 표현한다.	①	②	③	④	⑤
	5	하고 싶은 일을 계획하여 실행한다.	①	②	③	④	⑤
활력 및 긍정성	1	함께 있으면 활력이 전해진다.	①	②	③	④	⑤
	2	주위에서 긍정적 에너지가 많은 아이라고 말한다.	①	②	③	④	⑤
	3	재미있는 행동과 우스갯소리로 즐거운 분위기를 만든다.	①	②	③	④	⑤
	4	생활 속에서 재미있는 요소를 찾아서 함께 나눈다.	①	②	③	④	⑤
	5	부정적인 상황에서도 긍정적인 부분을 찾고자 한다.	①	②	③	④	⑤
	6	지금은 어렵더라도 미래에는 잘 될 것이라고 생각한다.	①	②	③	④	⑤
탄력성	1	한번 시작한 일은 반드시 마무리한다.	①	②	③	④	⑤
	2	마무리하기 위해 어려움을 참는다.	①	②	③	④	⑤
	3	목표를 이루기 위해 꾸준히 노력한다.	①	②	③	④	⑤
	4	나쁜 상황이 발생하더라도 금세 하던 일을 계속한다.	①	②	③	④	⑤

<table>
<tr><th colspan="3" rowspan="2">문항 내용</th><th colspan="5">최고점 행동기준</th></tr>
<tr><th>매우 그렇지 않다</th><th>약간 그렇지 않다</th><th>보통 이다</th><th>약간 그렇다</th><th>매우 그렇다</th></tr>
<tr><th colspan="3"></th><th>1~20%</th><th>21~40%</th><th>41~60%</th><th>61~80%</th><th>81~100%</th></tr>
<tr><td rowspan="5">심미감</td><td>1</td><td>다른 사람이 무심코 지나치는 대상에서 아름다움을 발견한다.</td><td>①</td><td>②</td><td>③</td><td>④</td><td>⑤</td></tr>
<tr><td>2</td><td>일상생활에서 아름다움을 발견하였을 경우 “아름답다”, “곱다”, “예쁘다”라고 표현한다.</td><td>①</td><td>②</td><td>③</td><td>④</td><td>⑤</td></tr>
<tr><td>3</td><td>상상과 이미지의 언어(예: 물감이 하늘로 날아갔어요. 자동차가 춤을 춰요 등)를 사용한다.</td><td>①</td><td>②</td><td>③</td><td>④</td><td>⑤</td></tr>
<tr><td>4</td><td>자연에서 아름다움을 느낀다.</td><td>①</td><td>②</td><td>③</td><td>④</td><td>⑤</td></tr>
<tr><td>5</td><td>아름다운 것(예: 작품, 예술전시물 등)을 보면 감동받는다.</td><td>①</td><td>②</td><td>③</td><td>④</td><td>⑤</td></tr>
<tr><td rowspan="12">관계성</td><td>1</td><td>친구가 다급한 상황(예: 화장실이 급한 경우, 도우미 양보 등)에 처했을 경우 양보한다.</td><td>①</td><td>②</td><td>③</td><td>④</td><td>⑤</td></tr>
<tr><td>2</td><td>부탁을 받지 않아도 부모님이나 교사를 도와준다.</td><td>①</td><td>②</td><td>③</td><td>④</td><td>⑤</td></tr>
<tr><td>3</td><td>다른 사람과 사이좋게 지낸다.</td><td>①</td><td>②</td><td>③</td><td>④</td><td>⑤</td></tr>
<tr><td>4</td><td>새로운 상황에 잘 적응하여 원만한 관계를 맺는다.</td><td>①</td><td>②</td><td>③</td><td>④</td><td>⑤</td></tr>
<tr><td>5</td><td>다른 사람의 기분을 잘 인식하고 공감한다.</td><td>①</td><td>②</td><td>③</td><td>④</td><td>⑤</td></tr>
<tr><td>6</td><td>친구들이 잘 따른다.</td><td>①</td><td>②</td><td>③</td><td>④</td><td>⑤</td></tr>
<tr><td>7</td><td>그룹 활동을 하다가 문제가 생기면 적극적으로 해결하려고 한다.</td><td>①</td><td>②</td><td>③</td><td>④</td><td>⑤</td></tr>
<tr><td>8</td><td>그룹 활동을 할 때 조화로운 관계를 유지한다.</td><td>①</td><td>②</td><td>③</td><td>④</td><td>⑤</td></tr>
<tr><td>9</td><td>갈등 상황이 발생했을 경우 중재 역할을 한다.</td><td>①</td><td>②</td><td>③</td><td>④</td><td>⑤</td></tr>
<tr><td>10</td><td>그룹 활동을 할 때 자신이 맡은 역할을 충실히 수행한다.</td><td>①</td><td>②</td><td>③</td><td>④</td><td>⑤</td></tr>
<tr><td>11</td><td>자신이 원하는 대로 하기보다는 함께 규칙을 만들고 지킨다.</td><td>①</td><td>②</td><td>③</td><td>④</td><td>⑤</td></tr>
<tr><td>12</td><td>문제를 해결하기 위하여 다른 사람과 의견을 교환한다.</td><td>①</td><td>②</td><td>③</td><td>④</td><td>⑤</td></tr>
<tr><td rowspan="3">창의성</td><td>1</td><td>어떤 일을 할 때 색다른 방법을 찾고자 한다.</td><td>①</td><td>②</td><td>③</td><td>④</td><td>⑤</td></tr>
<tr><td>2</td><td>기발하고 재미있는 생각을 한다.</td><td>①</td><td>②</td><td>③</td><td>④</td><td>⑤</td></tr>
<tr><td>3</td><td>상상력이 뛰어나다는 말을 듣는 편이다.</td><td>①</td><td>②</td><td>③</td><td>④</td><td>⑤</td></tr>
</table>

문항 내용			최고점 행동기준				
			매우 그렇지 않다	약간 그렇지 않다	보통이다	약간 그렇다	매우 그렇다
			1~20%	21~40%	41~60%	61~80%	81~100%
	4	새롭고 특이한 생각을 말할 때 즐거워한다.	①	②	③	④	⑤
	5	다른 유아들이 하지 않는 독특한 생각을 한다.	①	②	③	④	⑤
학습동기	1	새로운 사물을 보면 지나치지 않고 관찰한다.	①	②	③	④	⑤
	2	호기심이 가는 대상을 발견했을 때 즐거워한다.	①	②	③	④	⑤
	3	새로운 것에 두려워하기보다는 호기심을 가진다.	①	②	③	④	⑤
	4	일상의 사소한 일에도 흥미를 느낀다.	①	②	③	④	⑤
	5	새로운 것을 배울 때 기뻐한다.	①	②	③	④	⑤
	6	무언가를 배우면 자세히 알고 싶어 한다.	①	②	③	④	⑤
	7	궁금증을 해결하기 위해 끝까지 찾아서 알려고 한다.	①	②	③	④	⑤
	8	자신이 관심 있는 분야에 대해 자신 있게 말한다.	①	②	③	④	⑤
운동성	1	다양한 자세와 움직임에서 신체균형을 유지한다.	①	②	③	④	⑤
	2	달리기, 두 발 모아 뛰기, 뛰어넘기 등을 잘한다.	①	②	③	④	⑤
	3	도구(예: 줄넘기, 훌라후프, 공 등)를 활용한 신체 운동을 즐긴다.	①	②	③	④	⑤
	4	특정한 운동 동작과 춤을 쉽게 익히고 따라한다.	①	②	③	④	⑤
	5	자신의 생각과 느낌을 신체를 이용하여 표현한다.	①	②	③	④	⑤
미술	1	그림이나 이미지로 기억을 잘한다.	①	②	③	④	⑤
	2	다양한 재료와 도구를 활용하여 다양한 형태를 만든다.	①	②	③	④	⑤
	3	종이접기, 붙이기, 꾸미기와 같은 작업을 좋아한다.	①	②	③	④	⑤
	4	색을 다양하게 사용하고 다양한 색을 만들어내는 것을 즐긴다.	①	②	③	④	⑤
	5	그림 그리기와 디자인하기를 좋아한다.	①	②	③	④	⑤
음악	1	노래를 자주 흥얼거리거나 부른다.	①	②	③	④	⑤
	2	음악관련 활동(예: 노래 부르기, 악기연주, 음악 감상 등)을 좋아한다.	①	②	③	④	⑤
	3	노래를 부르거나 악기를 배울 때 쉽게 배운다.	①	②	③	④	⑤

문항 내용			최고점 행동기준				
			매우 그렇지 않다	약간 그렇지 않다	보통이다	약간 그렇다	매우 그렇다
			1~20%	21~40%	41~60%	61~80%	81~100%
	4	악기(예: 리듬악기, 피아노, 리코더, 멜로디언 등) 다루기를 즐긴다.	①	②	③	④	⑤
	5	음악을 듣고 자신의 생각과 느낌을 다양하게 표현한다.	①	②	③	④	⑤
논리수학	1	수세기와 수연산 능력이 뛰어나다.	①	②	③	④	⑤
	2	사물의 공통점과 차이점을 분류할 수 있다.	①	②	③	④	⑤
	3	사물의 특성을 살펴보고 반복되는 패턴을 발견한다.	①	②	③	④	⑤
	4	위치와 방향을 잘 구분한다.	①	②	③	④	⑤
	5	도형에 대한 기초개념을 바탕으로 다양한 모양을 구별한다.	①	②	③	④	⑤
자연탐구	1	살아 있는 것(예: 동물, 식물, 꽃, 새 등)에 관심이 있다.	①	②	③	④	⑤
	2	생명을 소중하게 여긴다.	①	②	③	④	⑤
	3	동물과 식물을 기르고 돌보는 것을 좋아한다.	①	②	③	④	⑤
	4	산책과 바깥놀이를 즐기며 자연과 함께 할 때 즐거워한다.	①	②	③	④	⑤
언어	1	생활 속 다양한 글자와 책에 관심을 가지고 읽는다.	①	②	③	④	⑤
	2	어휘력이 풍부하여 평소 다양한 단어로 이야기한다.	①	②	③	④	⑤
	3	이야기를 짓거나 동시를 창작한다.	①	②	③	④	⑤
	4	자신의 생각, 느낌, 경험을 말로 조리 있게 표현한다.	①	②	③	④	⑤
	5	토론, 발표, 대화하는 것을 좋아한다.	①	②	③	④	⑤
신체건강	1	몸이 건강하여 질병에 걸리지 않는다.	①	②	③	④	⑤
	2	자신의 신체리듬을 고려하여 활동한다.	①	②	③	④	⑤
	3	계절과 날씨를 고려하여 옷을 입는다.	①	②	③	④	⑤
	4	몸에 좋은 음식을 선택하여 먹는다.	①	②	③	④	⑤
	5	몸의 청결을 유지하려는 습관이 있다.	①	②	③	④	⑤
놀이	1	놀이 방법을 다양하게 만들어낸다.	①	②	③	④	⑤
	2	놀이 결과보다 놀이 과정에 즐거움을 느낀다.	①	②	③	④	⑤

<table>
<tr><th colspan="3" rowspan="3">문항 내용</th><th colspan="5">최고점 행동기준</th></tr>
<tr><th>매우 그렇지 않다</th><th>약간 그렇지 않다</th><th>보통 이다</th><th>약간 그렇다</th><th>매우 그렇다</th></tr>
<tr><th>1~20%</th><th>21~40%</th><th>41~60%</th><th>61~80%</th><th>81~100%</th></tr>
<tr><td rowspan="2"></td><td>3</td><td>하나의 놀이를 다른 놀이로 쉽게 확장한다.</td><td>①</td><td>②</td><td>③</td><td>④</td><td>⑤</td></tr>
<tr><td>4</td><td>놀잇감을 다양한 용도로 활용한다.</td><td>①</td><td>②</td><td>③</td><td>④</td><td>⑤</td></tr>
<tr><td rowspan="5">예절</td><td>1</td><td>상황에 맞게 인사한다.</td><td>①</td><td>②</td><td>③</td><td>④</td><td>⑤</td></tr>
<tr><td>2</td><td>어른께 높임말을 쓴다.</td><td>①</td><td>②</td><td>③</td><td>④</td><td>⑤</td></tr>
<tr><td>3</td><td>조부모와 어른을 공경한다.</td><td>①</td><td>②</td><td>③</td><td>④</td><td>⑤</td></tr>
<tr><td>4</td><td>공공장소에서의 예절을 알고 이를 지킨다.</td><td>①</td><td>②</td><td>③</td><td>④</td><td>⑤</td></tr>
<tr><td>5</td><td>식사 예절을 알고 이를 지킨다.</td><td>①</td><td>②</td><td>③</td><td>④</td><td>⑤</td></tr>
<tr><td rowspan="8">정리정돈 및 절약</td><td>1</td><td>자신의 물건을 스스로 정리한다.</td><td>①</td><td>②</td><td>③</td><td>④</td><td>⑤</td></tr>
<tr><td>2</td><td>정리시간에 적극적으로 참여한다.</td><td>①</td><td>②</td><td>③</td><td>④</td><td>⑤</td></tr>
<tr><td>3</td><td>자신이 먹은 음식을 잘 정리한다.</td><td>①</td><td>②</td><td>③</td><td>④</td><td>⑤</td></tr>
<tr><td>4</td><td>쓰레기를 분리해서 버린다.</td><td>①</td><td>②</td><td>③</td><td>④</td><td>⑤</td></tr>
<tr><td>5</td><td>자신의 물건을 소중히 여긴다.</td><td>①</td><td>②</td><td>③</td><td>④</td><td>⑤</td></tr>
<tr><td>6</td><td>자신의 물건을 아껴 쓴다.</td><td>①</td><td>②</td><td>③</td><td>④</td><td>⑤</td></tr>
<tr><td>7</td><td>함께 사용하는 물건을 아껴 쓴다.</td><td>①</td><td>②</td><td>③</td><td>④</td><td>⑤</td></tr>
<tr><td>8</td><td>자신의 물건을 잃어버리지 않는다.</td><td>①</td><td>②</td><td>③</td><td>④</td><td>⑤</td></tr>
<tr><td rowspan="5">안전</td><td>1</td><td>장난감을 안전하게 사용한다.</td><td>①</td><td>②</td><td>③</td><td>④</td><td>⑤</td></tr>
<tr><td>2</td><td>위험한 장소에서 조심스럽게 행동한다.</td><td>①</td><td>②</td><td>③</td><td>④</td><td>⑤</td></tr>
<tr><td>3</td><td>위험한 상황을 발견하면 교사에게 즉시 알린다.</td><td>①</td><td>②</td><td>③</td><td>④</td><td>⑤</td></tr>
<tr><td>4</td><td>교통안전 규칙을 지킨다.</td><td>①</td><td>②</td><td>③</td><td>④</td><td>⑤</td></tr>
<tr><td>5</td><td>생활 속에서 발생할 수 있는 다양한 위험 상황을 알고 적절하게 대처한다.</td><td>①</td><td>②</td><td>③</td><td>④</td><td>⑤</td></tr>
</table>

유아강점척도 채점양식					
• 유아강점척도의 점수 산출 방법은 다음과 같습니다. 첫째, 하위영역별 문항을 더하여 총합을 산출합니다. 둘째, 총합을 문항수로 나누어 평균을 구합니다. 셋째, 19가지 유아강점의 평균값을 바탕으로 순위를 기록해 봅니다. 넷째, 평균값이 높은 5가지 강점을 선택하여 유아의 대표강점에 기록해 봅니다.					
하위영역	문항수	총합	평균 = 총합÷문항수	순위	대표강점
자아존중감	5				
자기조절	5				
활력 및 긍정성	6				
탄력성	4				
심미감	5				
관계성	12				
창의성	5				
학습동기	8				
운동성	5				
미술	5				
음악	5				
논리수학	5				
자연탐구	4				
언어	5				
신체건강	5				
놀이	4				
예절	5				
정리정돈 및 절약	8				
안전	5				

대표강점 찾기: 19가지 유아강점 중 평균값이 높은 5가지 강점을 기록하세요.				
1순위	2순위	3순위	4순위	5순위
앞서 제시된 5가지 유아강점은 현재 유아에게 발견되는 대표강점입니다. 대표강점은 “나다움”을 지켜주는 강점으로 일상생활 속에서 유아가 대표강점을 발휘할 때 커다란 만족감과 진정한 행복을 느낄 수 있습니다.				

하위영역	유아의 대표강점 해석 방법
자아존중감	자기이해를 바탕으로 자신을 긍정적으로 인식하고 자기애가 강합니다.
자기조절	자신의 감정과 행동에 대한 통제를 바탕으로 감정과 행동을 조절하는 능력이 뛰어납니다.
활력 및 긍정성	열의, 긍정적 에너지, 적극성을 바탕으로 즐거움을 추구하고 삶을 긍정적으로 인식하려는 경향이 강합니다.
탄력성	끈기, 인내, 도전을 바탕으로 어려운 상황을 극복하고자 노력하는 마음의 힘이 강합니다.
심미감	다양한 영역에서 아름다움을 느끼고 미를 향유하여 생활 속에서 아름다움을 추구하려는 경향이 강합니다.
관계성	친절, 배려, 나눔을 통하여 다른 사람과 원만한 관계를 유지하며 공동의 목표를 달성하고 충실히 역할을 수행하는 능력이 뛰어납니다.
창의성	새롭고 다양한 생각을 바탕으로 새로운 것을 발견하고자 하는 능력이 뛰어납니다.
학습동기	호기심과 배우고자 하는 높은 동기를 바탕으로 지식을 배우려는 경향이 높습니다.
운동성	신체운동활동을 선호하고 신체운동능력과 몸을 이용하여 표현하는 능력이 뛰어납니다.
미술	그림 그리기, 꾸미기, 종이접기 등의 활동을 선호하고 시각적으로 표현하는 능력이 뛰어납니다.
음악	노래 부르기, 악기연주, 리듬패턴 등의 음악활동을 좋아하고 음악적 요소로 표현하는 능력이 뛰어납니다.
논리수학	수활동을 좋아하고 수세기, 수연산, 분류, 패턴 찾기 등의 논리수학적 능력이 뛰어납니다.
자연탐구	생명체에 대한 전문적 지식을 가지고 있으며 동·식물을 돌보고 과학적으로 탐구하는 능력이 뛰어납니다.
언어	일상생활에서 언어사용을 즐기고 말하기, 듣기, 읽기, 쓰기를 통한 의사소통능력이 뛰어납니다.
신체건강	계절에 맞는 옷 입기, 건강한 식습관, 청결, 신체리듬 등을 통하여 건강을 유지하고 증진하려는 정도가 강합니다.
놀이	다양한 주제와 놀잇감으로 놀이과정에서 유희성을 추구하며 즐겁게 노는 능력이 뛰어납니다.
예절	생활 속 다양한 영역에서 예와 효가 바탕이 되는 말씨와 몸가짐을 실천합니다.
정리정돈 및 절약	주변을 깨끗하게 정리하는 습관이 있으며 자신의 물건과 함께 사용하는 물건을 아끼고 소중히 여기는 삶을 실천합니다.
안전	위험한 상황에서 조심하고 편안한 상태를 유지하려는 경향이 강합니다.

출처: 탁정화(2016a). p. 373-376.

유아의 대표강점 점수를 기록한 뒤, 유아강점의 상대적 위치를 찾아봅시다.

하위영역	유아의 대표강점 점수를 기록하세요	유아의 강점 위치 발견하기				
		평균 50%	상위 27%	대표강점 수준을 체크해 주세요.		
				50% 이하	50~27%	27% 이상
자아존중감		3.98	4.42			
자기조절		3.84	4.40			
활력 및 긍정성		3.72	4.22			
탄력성		3.82	4.43			
심미감		3.71	4.10			
관계성		3.74	4.34			
창의성		3.51	3.88			
학습동기		3.91	4.39			
운동성		3.87	4.30			
미술		3.90	4.36			
음악		3.71	4.18			
논리수학		3.81	4.27			
자연탐구		4.02	4.54			
언어		3.67	4.25			
신체건강		4.02	4.52			
놀이		3.97	4.47			
예절		4.17	4.70			
정리정돈 및 절약		3.97	4.55			
안전		4.06	4.40			

참고: '평균'과 '상위' 점수는 유아의 대표강점 수준을 파악할 때 참고하세요.

2) 유아강점리터러시척도

유아강점리터러시척도(황해익, 신현정, 탁정화, 2020)는 우리나라의 5세 유아가 자신의 강점을 어느 정도 인식하고 있으며, 다양한 상황에서 강점을 얼마나 활용하고 있는지에 대한 강점리터러시를 측정하는 검사도구입니다.

유아교사가 측정하는 도구는 유아의 강점인식 10문항과 유아의 강점활용 10문항으로 2개의 요인, 총 20문항으로 구성되어 있습니다. 문항 내용으로는 '유아는 자신이 하는 일에서 강점을 쉽게 인식하는 편이다.', '유아는 자율적 동기를 통해 강점을 인식한다.', '유아는 자신이 잘하는 일에 대부분의 시간을 보낸다.', '유아는 다양한 상황에서 자신의 강점을 활용할 수 있다.' 등이 있으며, 1주일 이상의 관찰 결과를 통해 평정합니다. 각 문항은 5점 Likert 척도로, 측정의 객관도를 위해 최고점 평가수행을 기준으로 그 행동의 근거를 1점은 1~20%, 2점은 21~40%, 3점은 41~60%, 4점은 61~80%, 5점은 81~100%로 제시합니다. 각 영역의 점수가 높을수록 그 영역의 인식과 활용이 높다고 해석합니다.

유아는 놀이 속에서 자신의 강점을 스스로 찾아내기도 합니다. 잘하는 놀이를 계속 반복하며 다양한 방법으로 강점을 활용하여 이를 음미하며 강점리터러시를 증진시킵니다.

활동

3-5 우리 유아의 강점리터러시는?

우리 유아는 자신의 강점을 얼마나 인식하고 얼마나 활용하고 있나요? 아래 내용을 토대로 유아의 강점리터러시 수준을 체크해 봅시다.

강점리터러시 관찰지침

다음은 유아의 강점리터러시를 알아보기 위한 문항입니다. 본 척도는 유아교육기관에서 이루어지는 일상적인 일과활동을 자연스럽게 관찰하는 과정에서 유아가 자신의 강점을 인식하고 활용하는 것을 보고하는 것을 원칙으로 합니다. 따라서 교사는 유아의 하루 일과를 주의 깊게 관찰하고 관찰 기간 동안 대표강점과 관련된 행동을 솔직하게 평가해야 합니다.

각 문항을 읽고 해당 유아의 행동을 가장 잘 나타내는 수준이나 유아의 행동과 가장 유사하다고 판단되는 정도에 ✔표시하는 방법으로 기록합니다. 본 척도는 유아의 대표강점 1가지에 대해 측정합니다. 따라서 대표강점이 5개인 유아는 각각의 대표강점에 대해 1번에서 20번까지의 문항을 반복측정하면 됩니다.

1. 사전에 모든 문항을 충분히 숙지합니다.
2. 확인하려는 대표강점 1가지와 관련된 유아 행동을 주의 깊게 관찰합니다.
3. 관찰기록의 평정은 일주일 이상의 관찰 결과에 기반합니다.
4. 점수를 평정할 때는 최고점에 대한 기준을 바탕으로 1~5점으로 평정합니다.

□ 문항 평정 시 최고점에 대한 기준에 의거하여 평정을 합니다.

5점: 최고점에 대한 행동을 유아가 81~100% 정도 하는 경우
4점: 최고점에 대한 행동을 유아가 61~80% 정도 하는 경우
3점: 최고점에 대한 행동을 유아가 41~60% 정도 하는 경우
2점: 최고점에 대한 행동을 유아가 21~40% 정도 하는 경우
1점: 최고점에 대한 행동을 유아가 1~20% 정도 하는 경우

5. 관찰의 용이성을 위해 관찰기간 동안 수시로 관찰결과를 기록합니다.
6. 판단이 불가능할 경우에는 즉시 기록하기보다는 확인이 필요한 부분에 대해 추가 관찰을 통하여 평정합니다.

기 관 명		관 찰 자	
학 급 명		관찰기간	~
유아명(성별)	(남 / 여)	생년월일	년 월 일

유아가 가지고 있는 대표강점 1가지를 떠올리고 아래의 질문에 응답해보세요.

문항 내용		강점인식도 및 강점활용도				
		매우 그렇지 않다	약간 그렇지 않다	보통이다	약간 그렇다	매우 그렇다
		0~20%	21~40%	41~60%	61~80%	81~100%
1	유아는 자신이 하는 일에서 강점을 쉽게 인식하는 편이다.	①	②	③	④	⑤
2	유아는 다양한 상황에서 자신의 강점을 인식할 수 있다.	①	②	③	④	⑤
3	유아는 높은 성취를 보이는 자신의 행동을 안다.	①	②	③	④	⑤
4	유아는 자신의 강점을 인식하는 일이 익숙하다.	①	②	③	④	⑤
5	유아는 자신의 강점을 다양한 방법으로 인식할 수 있다.	①	②	③	④	⑤
6	유아는 자율적 동기를 통해 강점을 인식한다.	①	②	③	④	⑤
7	유아는 자신의 강점에 대해 높은 인식빈도를 보인다.	①	②	③	④	⑤
8	유아는 자신의 강점을 빨리 알아차린다.	①	②	③	④	⑤
9	유아는 자신이 잘하는 일에 대부분의 시간을 보내려고 한다.	①	②	③	④	⑤
10	유아는 특정한 활동에서 스스로 목표나 동기를 부여한다.	①	②	③	④	⑤
11	유아는 자신이 하는 일에 강점을 쉽게 활용하는 편이다.	①	②	③	④	⑤
12	유아는 다양한 상황 속에서 자신의 강점을 활용할 수 있다.	①	②	③	④	⑤
13	유아는 높은 성취를 보이는 자신의 행동을 활용한다.	①	②	③	④	⑤
14	유아는 자신의 강점을 활용하는 것에 익숙하다.	①	②	③	④	⑤
15	유아는 자신의 강점을 다양한 방법으로 활용할 수 있다.	①	②	③	④	⑤
16	유아는 자율적 동기를 통해 강점을 활용한다.	①	②	③	④	⑤
17	유아는 자신의 강점에 대해 높은 활용빈도를 보인다.	①	②	③	④	⑤
18	유아는 자신의 강점을 빨리 습득한다.	①	②	③	④	⑤
19	유아는 자신이 잘하는 것에 대부분의 시간을 보낸다.	①	②	③	④	⑤
20	유아는 특정한 활동에서 설정한 목표의 진전 정도를 확인한다.	①	②	③	④	⑤

출처: 황해익, 신현정, 탁정화(2020). p. 42.

유아강점리터러시척도 채점양식

• 유아강점리터러시척도의 점수 산출방법은 다음과 같습니다.
첫째, 점수를 평정할 때는 최고점에 대한 기준을 바탕으로 각 문항을 1-5점으로 평정합니다.
둘째, 하위영역별 문항을 더하여 총합을 산출합니다.
셋째, 점수가 높을수록 강점인식 또는 강점활용이 높다는 것을 의미합니다.

구분 하위영역	문항수	영역별 점수
강점인식 (1~10번)	10	
강점활용 (11~20번)	10	
결과 해석	유아의 대표강점에 대한 강점리터러시 이해도 수준에 체크해 주세요. ☐ 이해1 ☐ 이해2 ☐ 이해3	

유아의 강점리터러시 이해도 해석

<table>
<tr><td rowspan="4">강점
활용</td><td rowspan="2">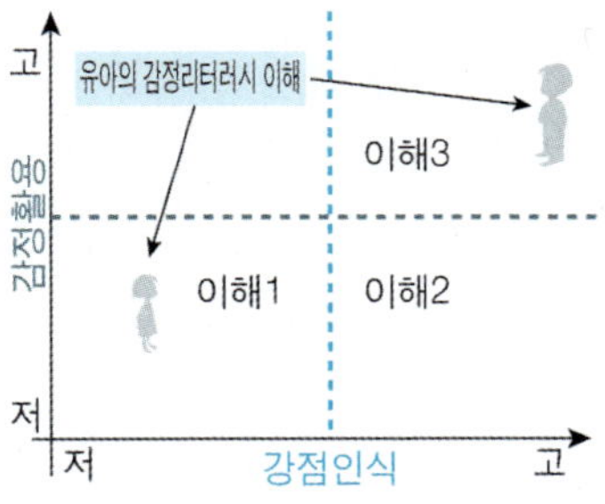
</td><td>이해3</td></tr>
<tr><td>강점인식(38점 이상 ~ 50점 이하)
강점활용(39점 이상 ~ 50점 이하)

강점을 인식하며 일상생활이나 놀이에 강점을 자연스럽게 활용하고 목적을 위해 강점을 활용할 수 있다.</td></tr>
<tr><td>이해1</td><td>이해2</td></tr>
<tr><td>강점인식(10점 이상 ~ 37점 이하)
강점활용(10점 이상 ~ 38점 이하)

강점을 인식하지 못하거나 낮은 수준으로 인식하며 강점을 활용하지 못하거나 일상생활이나 놀이에 강점을 활용하는 데 어려움이 있다.</td><td>강점인식(38점 이상 ~ 50점 이하)
강점활용(10점 이상 ~ 38점 이하)

강점을 인식하나 강점을 활용하지 못하거나 일상생활이나 놀이에 강점을 활용하는 데 어려움이 있다.</td></tr>
<tr><td></td><td colspan="2">강점인식</td></tr>
</table>

출처: 신현정(2021).

3) 유아행복플로리시척도

유아행복플로리시척도(황해익, 신현정, 탁정화, 2022)는 우리나라 5세 유아의 행복한 상태가 얼마나 지속되는지에 대한 행복플로리시를 측정하는 검사도구입니다. 유아교사가 측정하는 도구로 유아의 PERMAS인 긍정정서(positive emotion) 4문항, 몰입(engagement) 4문항, 관계(relationship) 5문항, 의미(meaning) 4문항, 성취(accomplishment) 4문항, 강점(strengths) 4문항으로 6영역의 총 25문항으로 구성되어 있습니다.

PERMAS의 개념

P	E	R	M	A	S
긍정정서	몰입	관계	의미	성취	강점

- 긍정정서: 기쁨, 긍정성, 만족감 등의 정서를 경험하는 정도
- 몰입: 놀이, 활동에 흥미와 관심을 느끼고 집중과 탈시간성을 경험하는 정도
- 관계: 상호지지를 바탕으로 도움을 주고 지지하며 사랑의 감정을 느끼고 관계에 만족하는 정도
- 의미: 삶의 가치를 발견하고 의미를 찾으려는 정도
- 성취: 목표를 성취하기 위해 노력하여 이루고자 하는 정도
- 강점: 에너지를 높이고 최고의 수행을 이끄는 사고, 감정, 행동의 정도

문항 내용으로 '유아는 화나고 슬플 때보다 기쁘고 즐거운 기분으로 보내는 날이 더 많다.', '유아는 놀이나 활동을 즐길 때 시간 가는 줄 모른다.', '유아는 다른 사람의 감정에 민감하게 반응한다.', '유아는 자신의 삶이 중요하다는 것을 안다.', '유아는 문제를 해결하기 위해 포기하지 않고 계속 노력한다.', '유아는 잘하는 것을 할 때 행동과 말에 에너지와 열의가 보인다.' 등이 있습니다. 각 문항은 5점 Likert 척도로 '전혀 아니다(1점)'부터 '매우 그렇다(5점)'까지 평정하며 점수가 높을수록 유아의 행복플로리시가 높은 것으로 해석합니다.

활동
3-6 우리 유아의 행복플로리시는?

우리 유아는 행복한가요? 아래 내용을 토대로 유아의 행복플로리시 수준을 체크해 봅시다.

유아행복플로리시 관찰지침

다음은 유아의 행복플로리시를 알아보기 위한 문항입니다. 본 척도는 유아교육기관에서 이루어지는 일상적인 일과활동을 자연스럽게 관찰하는 과정에서 관찰된 유아의 행복플로리시를 보고하는 것을 원칙으로 합니다. 따라서 교사는 유아의 하루 일과를 주의 깊게 관찰하고 관찰 기간 동안 보이는 행복플로리시와 관련된 행동을 솔직하게 평가해야 합니다.
각 문항을 읽고 해당 유아의 행동을 가장 잘 나타내는 수준이나 유아의 행동과 가장 유사하다고 판단되는 정도에 ✔표시하는 방법으로 기록합니다.

1. 사전에 모든 문항을 충분히 숙지합니다.
2. 확인하려는 유아 행동을 주의 깊게 관찰합니다.
3. 관찰기록의 평정은 일주일 이상의 관찰 결과에 기반합니다.
4. 점수를 평정할 때는 최고점에 대한 기준을 바탕으로 1~5점으로 평정합니다.

☐ 문항 평정 시 최고점에 대한 기준에 의거하여 평정을 합니다.

5점: 최고점에 대한 행동을 유아가 81~100% 정도 하는 경우
4점: 최고점에 대한 행동을 유아가 61~80% 정도 하는 경우
3점: 최고점에 대한 행동을 유아가 41~60% 정도 하는 경우
2점: 최고점에 대한 행동을 유아가 21~40% 정도 하는 경우
1점: 최고점에 대한 행동을 유아가 1~20% 정도 하는 경우

5. 관찰의 용이성을 위해 관찰기간 동안 수시로 관찰결과를 기록합니다.
6. 판단이 불가능할 경우에는 즉시 기록하기보다는 확인이 필요한 부분에 대해 추가 관찰을 통하여 평정합니다.

기 관 명		관 찰 자	
학 급 명		관찰기간	~
유아명(성별)	(남 / 여)	생년월일	년 월 일

영역		문항 내용	전혀 아니다	아니다	보통이다	그렇다	매우 그렇다
긍정정서	1	유아는 화나고 슬플 때보다 기쁘고 즐거운 기분으로 보내는 날이 더 많다.	①	②	③	④	⑤
	2	유아는 다른 사람들과 함께 활동할 때 기뻐한다.	①	②	③	④	⑤
	3	유아는 호기심이 많고 활발하다.	①	②	③	④	⑤
	4	유아는 즐거울 때 기분이 좋다고 표현한다.	①	②	③	④	⑤
몰입	5	유아는 놀이나 활동을 즐길 때 시간 가는 줄 모른다.	①	②	③	④	⑤
	6	유아는 관심 있는 일에 푹 빠져든다.	①	②	③	④	⑤
	7	유아는 하고 있는 일에 대해 지루해하지 않는다.	①	②	③	④	⑤
	8	유아는 하고 있는 일에 빠져들어 그 일과 무관한 것은 잠시 잊는다.	①	②	③	④	⑤
관계	9	유아는 다른 사람과 자신의 생각을 공유한다.	①	②	③	④	⑤
	10	유아는 다른 사람의 감정에 민감하게 반응한다.	①	②	③	④	⑤
	11	유아는 기꺼이 다른 사람을 돕는다.	①	②	③	④	⑤
	12	유아는 다른 사람의 도움과 친절에 고마워한다.	①	②	③	④	⑤
	13	유아는 다른 사람과 신뢰로운 관계를 형성한다.	①	②	③	④	⑤
의미	14	유아는 자신의 삶이 중요하다는 것을 안다.	①	②	③	④	⑤
	15	유아는 자신에 대해 자부심과 자신감을 가진다.	①	②	③	④	⑤
	16	유아는 배우고 성장하는 과정을 소중하게 여긴다.	①	②	③	④	⑤
	17	유아는 자기가 하는 일이 다른 사람에게 영향을 미친다는 것을 안다.	①	②	③	④	⑤
성취	18	유아는 문제를 해결하기 위해 포기하지 않고 계속 노력한다.	①	②	③	④	⑤
	19	유아는 목표를 달성하기 위해 인내한다.	①	②	③	④	⑤
	20	유아는 어려운 문제에 좌절하지 않고 해결하려고 노력한다.	①	②	③	④	⑤
	21	유아는 자신의 능력 이상의 문제가 주어지더라도 적극적으로 해결하려고 한다.	①	②	③	④	⑤
강점	22	유아는 잘하는 것을 할 때 행동과 말에 에너지와 열의를 보인다.	①	②	③	④	⑤
	23	유아는 잘하는 것을 할 때 포기하지 않고 끝까지 숙달하려고 한다.	①	②	③	④	⑤

영역		문항 내용	전혀 아니다	아니다	보통이다	그렇다	매우 그렇다
	24	유아는 잘하는 것에 관심이 많고 참여하는 것을 즐긴다.	①	②	③	④	⑤
	25	유아는 자신의 성장과정에 대해 만족해한다.	①	②	③	④	⑤

출처: 황해익, 신현정, 탁정화(2021). p. 218.

유아행복플로리시척도 채점양식

• 유아행복플로리시척도의 점수 산출방법은 다음과 같습니다.

첫째, 점수를 평정할 때는 최고점에 대한 기준을 바탕으로 각 문항을 1~5점으로 평정합니다.

둘째, 하위영역별 문항을 더하여 총합을 산출합니다.

셋째, 총합을 문항수로 나누어 평균을 구합니다.

넷째, 하위영역별 평균점수를 더하면 총점이 됩니다.

다섯째, 총점이 높을수록 행복플로리시가 높다는 것을 의미합니다.

하위영역 \ 구분	문항수	영역별 평균 점수
긍정정서 (1~4번)	4	
몰입 (5~8번)	4	
관계 (9~13번)	5	
의미 (14~17번)	4	
성취 (18~21번)	4	
강점 (22~25번)	4	
총점		

행복플로리시 평균점수를 그래프로 그려본 뒤, 유아의 행복플로리시한 삶을 유지하는 데 가장 높은 작용을 하는 구성요인이 무엇인지 살펴보아요.

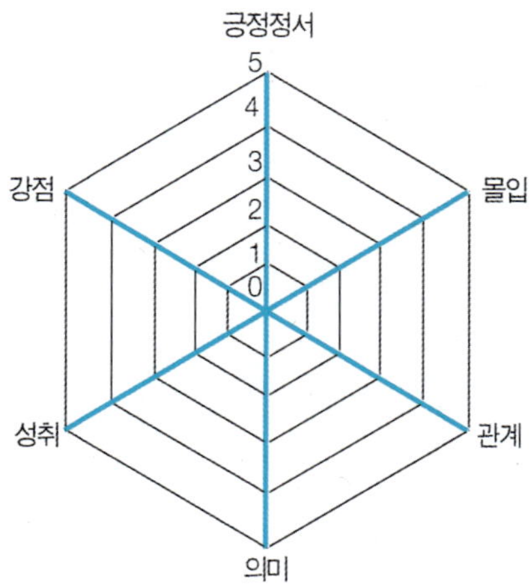

4) 자기보고식 유아행복감척도

자기보고식 유아행복감척도는 추상적인 사고가 어려운 유아의 행복감을 교사가 유아에게 직접 질문하여 평정하는 척도입니다. 커민스와 라우(Cummins & Lau, 2005)가 개발한 'Personal Wellbeing Index: Pre-School(PWI-PS)'을 도남희, 배윤진, 김지예(2014)와 신현정(2021)이 수정 · 보완한 것입니다. 유아교사는 '○ ○이는 행복할 때 어떤 얼굴이니?'와 같이 유아에게 질문하며 제시된 얼굴 표정을 구분할 수 있는지와 전체적인 행복감을 먼저 확인합니다. 그림을 보며 '매우 슬픔(입꼬리가 아래로 가장 많이 내려간 얼굴)'에서부터 '조금 슬픔', '슬프지도 행복하지도 않음', '조금 행복', '매우 행복(입꼬리가 가장 많이 올라간 얼굴)'까지 수평선에 나열된 5개의 얼굴을 살펴본 뒤, 문항에 대한 유아의 반응을 기록합니다. 2개 영역으로 총 5문항이며 각 문항은 5점 Likert 척도로 하위영역별 점수를 합산한 총점이 높을수록 유아의 전반적인 행복감이 높음을 의미합니다.

표 3-1 자기보고식 유아행복감척도 문항구성

영역	문항 내용		문항 수
1단계	오늘 ○○이의 기분은 어때요?		1
2단계	○○이는 ~에 대해 얼마나 행복하니?	내가 잘하는 것(강점)을 알고 있다.	1
		내가 잘하는 것(강점)을 할 수 있다.	1
		친구들과 놀 때 내가 잘하는 것을 활용한다.	1
		내 주변 사람들(친구, 선생님 등)이 내가 잘하는 것을 안다.	1

출처: 신현정(2021). p. 148.

참고자료

강점스위치 기술

긍정심리학을 유아 양육에 적용한 워터스(Waters) 박사는 '강점스위치(strength switch)켜기'라는 기술을 소개하며 유아강점을 증진하는 효과적인 양육기술을 제시하였다. 강점스위치는 생활 속에서 강점에 주목하는 하나의 습관이자 양육기술이다. 강점스위치는 약점에서 강점으로 주의를 돌리기 위해 강점스위치를 누르는 방법이다. 강점스위치를 사용하는 구체적인 방법은 다음과 같다.

1. 부정적 관점에 사로잡히는 느낌이 들 때 나의 행동을 멈춘다.
   부모의 양육과정에서 유아가 스트레스를 일으키는 상황일 때 유아와의 관계를 악화시키는 문제가 무엇인지를 생각하며, 작은 사건부터 적용해 나갈 것을 추천한다. 선물을 사달라고 조르거나 떼를 쓰는 행동들부터 시작해도 좋다.

2. 현재 상황에서 유아가 발휘한 강점이 무엇인지를 생각한다.
   반드시 부모가 주목하지 못한 유아의 강점이 현 상황에 있을 것이다. 사건에 대해 인식을 한 뒤, 각 상황 속에서 유아가 발휘한 강점이 무엇인지 받아들인다. 부모와 유아의 관계는 혼자서 구축하는 것이 아닌 역동적인 과정이므로, 유아의 생각과 사고를 받아들인다. 그리고 유아의 사고 속에서 나타난 강점이 무엇인지를 생각한다.

3. 침착함을 유지하며 유아의 강점을 받아들인다.
   숨을 쉬거나 시선을 다른 곳으로 돌리며 유아의 강점을 받아들인다. 우리 아이가 이러한 생각으로 행동을 했구나, 유아가 지닌 강점이 어떤 점에서 좋은지 등을 생각해 보며 부모의 인식을 전환시키려고 노력한다.

4. 스위치를 상상하면서 '강점스위치를 켜자'라고 외친다.
   유아가 가진 강점이 잘 발휘되는 상황을 상상하며, 나의 강점을 누를 수 있도록 강점스위치를 켠다. 주의를 환기하는 데 도움이 된다.

5. 유아의 강점을 구체적으로 표현한다.
   유아의 강점에 대해 구체적으로 이야기 나눌수록 유아의 강점활용 동기는 높아질 것이다.

출처: Waters(2019). p. 45.

영화 '지상의 별처럼'이 전하는 평가의 의미

평가가 이루어지는 과정은 두렵고 심리적으로 위축되며 높은 스트레스를 유발한다. 누구에게나 평가는 어려움을 겪는 고통의 과정이다.

이 영화에서 이샨은 "왜 이렇게 못해", "무슨 생각을 하는 거니?", "똑바로 해" 등과 같은 교사의 비난과 또래의 놀림 때문에 심리적으로 위축되어 있다. 또한 부족한 자신의 모습 때문에 기숙사 학교로 전학을 간 이후에는 말을 하지 않고 수업시간에 참여하지 않는 등의 "자신감이 완전히 산산조각이 난", "결점을 감추는" 행동적 모습을 보인다. 모든 일에 의욕이 없는 학습무기력 증상을 보이며 친구들과도 쉽게 사귀지 못한다. 하지만 이샨이 그림을 잘 그린다는 강점에 주목하여 창의적으로 생각하고 자신을 표현할 수 있는 기회를 제공하는 과정에서 이샨은 자신의 뛰어난 능력을 발휘하게 되고 친구들의 부러움을 받는다. 그림 그리기 대회에서 우승하는 경험을 통하여 이산은 자신이 잘하는 것을 발견하고 그것을 통해 주변 사람들의 칭찬과 격려를 받게 된다. 잘하는 것에 대해 주변의 인정과 칭찬을 받는 경험과 뛰어남을 확인하는 과정 속에서 이샨은 자신의 소중한 가치를 발견하게 된다.

"세상은 네가 만드는 것. 그건 보는 사람의 눈에 달린 것. 네 마음을 자유롭게 해.
날개를 펴고 색깔을 마음껏 입히고 이제 네 꿈을 마음껏 펼쳐봐."

"모든 아이들은 자신만의 능력과 꿈이 있어요."

이 영화에서 보여주는 것처럼 평가는 못하는 것을 지적하여 심리적으로 위축되는 분위기를 만드는 것이 아니라 잘하는 부분, 강점을 확인하는 것이어야 한다. 유아에게 긍정적인 피드백을 해주는 과정에서 자신의 가치를 긍정적으로 인식하고 학습 과정에 동기를 유발할 수 있도록 도와주는 것이다. 즉, 현재 수준의 강·약점을 나누는 평가에서 벗어나 미래 자신의 꿈을 꾸도록 돕고 성장할 수 있는 평가체계로의 전환이 요구된다고 하겠다.

이미지 출처: https://movie.naver.com/movie/bi/mi/basic.naver?code=51172

PART

2

미래역량, 유아의 강점리터러시

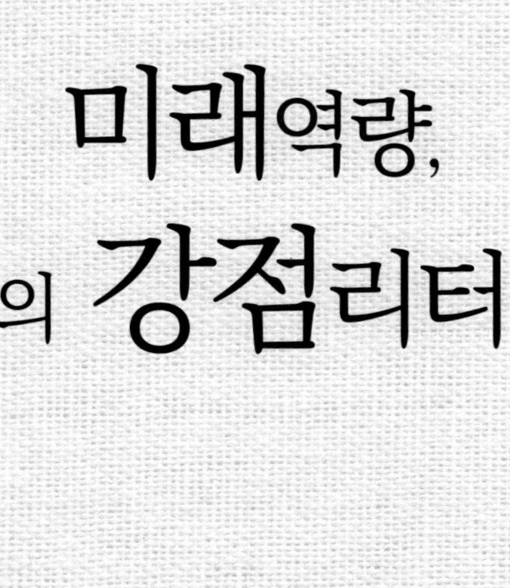

Chapter

1 강점과 약점, 어디에 주목할까?

1. 유아 평가 이해하기

유아 평가는 유아의 발달 정도, 능력과 특성, 개인의 잠재력 차이 등을 살펴보기 위해 실시되어 왔으며, 평가 결과는 교육에 반영되어 유아의 행복과 개별 유아의 발달을 최적화하려는 목적으로 활용되고 있습니다(황해익, 2022).

유아 평가는 궁극적으로 유아의 전인발달을 도모하기 위해 일상생활이나 놀이에서 유아의 행동을 관찰하여 수집한 자료들로 성장과 발달에 대한 정보를 얻고, 이러한 정보를 토대로 부모와 교사는 유아에게 맞는 적절한 교육을 위해 노력해왔습니다.

유아 평가는 이미 성취한 결과에 대한 평가보다는 유아의 특성과 변화의 정도 등을 경험하고 성장해나가는 과정을 평가하는 것이 바람직합니다. 표면적으로 동일하게 보이는 능력이라도 그 능력에 대한 가능성은 유아마다 다르므로 유아가 어떻게 성취해나가는지를 평가하는 것이 좋습니다.

기존의 유아 평가는 장점과 단점으로 나누어 단점이 무엇인지에 초점을 두고 이를 보완하는 형태로 이루어져 왔습니다. 이러한 평가는 부모와 교사의 관점에서 이루어지므로 유아가 수동적이고 소극적인 존재로 인식되었음을 보여줍니다. 이는 유아가 능동적이고 적극적인 주체로서 세상과 소통하고 원하는 선택을 하며 주도적으로 살아가는 데 걸림돌이 되어 왔습니다. 유아가 전인발달과 건강하고 행복한 삶을 살아가도록 도와주기 위해서는 유아를 평가하고 이해하는 태도와 시선이 달라져야 합니다.

2. 강점으로 접근하기

인간은 누구에게나 강점과 약점이 있습니다. 유아의 행동을 이해할 때, 강점에 주목하는지, 약점에 주목하는지에 따라서 유아를 지원하고 상호작용하는 방향이 달라집니다.

행복하고 자신감이 넘치는 유아로 성장하기 위해서는 유아의 강점에 주목한 교육이 이루어져야 합니다. 유아가 가진 강점이 무엇인지 분명하게 인식하고 활용하는 것은 중요합니다. 유아는 고유한 잠재력을 가지고 있지만 모두 잠재력을 발휘하고 성공을 경험하는 것은 아닙니다. 자신이 가진 능력이 무엇인지를 정확하게 인식하고 발전시키고 꽃피우기 위해서는 어려움과 난관을 극복하려는 노력이 필요합니다.

1) 유아강점기반평가의 개념 살펴보기

유아강점기반평가는 대안적 평가방법의 하나로 유아의 잘하는 부분인 강점에 중점을 두되 강점을 활용하여 약점을 보완하는 균형 잡힌 시각으로 평가를 실시하는 방법입니다.

유아강점기반평가는 기존의 평가가 유아의 문제점, 약점, 결함에 초점을 두었다는 문제의식에서 출발하였으며 유아의 약점보다는 강점에 기반을 두고 접근합니다. 따라서 유아에 대한 정보 수집과 진단 및 측정으로 유아 평가를 끝내는 것이 아니라 유아에 대한 심층적인 이해와 지원 과정이 평가 절차에 포함되어 있습니다. 또한 유아를 평가의 주체로 보고 평가 과정에 참여하게 하여 상호 간의 협력을 추구하는 확장된 평가방법입니다.

유아강점기반평가는 다른 유아들과 비교하기 위한 점수 산출의 과정이 아닌 개인적 차원의 평가라는 특성이 있습니다.

유아강점기반평가는 유아의 일상생활과 놀이를 관찰하여 평가하는 과정에서 유아가 가진 강점이 무엇인지를 찾는 '강점인식평가'와 유아가 가진 강점에 대한 명확한 인식을 바탕으로 놀이나 활동에 강점을 얼마나 활용하는지를 살펴보는 '강점리터러시평가'로 구분됩니다. 이를 구체적으로 살펴보면 다음과 같습니다.

표 1-1 강점인식평가와 강점리터러시평가

강점인식평가	강점리터러시평가
• 강점인식 • 타당화된 강점 관련 표준화 도구를 활용하여 개인이 가진 대표강점을 측정하거나 관찰, 면담, 행동분석 등을 통하여 강점을 발견하는 과정으로 구성된다. • 탁정화와 황해익(2019)이 개발한 '유아강점척도(p. 76)'를 활용할 수 있다.	• 강점인식+강점활용=강점리터러시평가 • 자신의 강점에 대한 인식을 토대로 일상생활에서 강점을 활용하고 강점을 증진할 수 있도록 교육적 지원을 할 경우 행복감, 만족감, 역할수행, 몰입 등이 어떻게 달라졌는지를 확인하는 평가이다. • 황해익, 신현정 그리고 탁정화(2020)가 개발한 '유아강점리터러시척도(p. 86)'를 활용할 수 있다.

유아를 평가하고 교육하기 위해서는 강점과 약점에 대한 인식을 분명히 해야 하며, 약점을 평균 수준으로 높이기 위해 애를 쓰기보다는 강점을 활용하면서 약점을 보완하고 강점을 더 강화시킬 수 있도록 이끌어주어야 합니다.

Tip - 유아강점기반평가는 왜 중요한가요?

유아강점기반평가는 성장평가, 수행평가, 면담평가, 관찰평가, 종합평가 등 다면적으로 평가할 수 있다. 타당화된 평가도구를 활용하여 유아가 자신의 수준을 확인하고 진단하는 과정뿐만 아니라 자기성찰, 성취감, 삶에 대한 만족도 등의 내용을 적절하게 구성해 보는 경험을 통해 자기보고식 성장과정을 모색할 수도 있다.

2) 강점 중심 교육하기

유아가 자신의 강점에 대해 인식하면 긍정적인 태도와 강점을 활용하려는 동기가 생겨 건강한 자아개념이 형성되고 삶을 행복하게 살아갈 수 있습니다.

셀리그만(2011)에 의하면, 일상생활에 강점을 활용하면 진정한 행복을 느낄 수 있다고 합니다. 따라서 유아기부터 자신이 가진 독특한 개인적 특질인 강점을 찾아내어 이를 계발할 수 있도록 교육적 지원을 할 필요가 있습니다. 유아의 약점과 부족한 점을 개선하기보다는 자기 안의 잘하는 점에 초점을 두어야 합니다. 국가수준의 교육과정인 개정 누리과정도 유아의 부족한 점을 지적하기보다 유아가 잘하는 것을 찾아보고 즐기는 교육을 강조하고 있습니다(교육부, 보건복지부, 2019).

강점에 기반한 교육은 개별 유아가 지닌 고유한 특성과 성장 가능성을 발견하고 부모와 유아, 교사와 유아 간의 원만한 관계를 형성하고 유지하는 데 도움이 됩니다. 강점을 발견하고 인식하며, 활용하는 것은 자연스러운 순환과정을 통해 강점이 점점 강화되므로 유아강점기반평가를 통해 유아가 자신의 강점을 기르도록 도와 강점의 잠재력을 극대화시킬 수 있습니다.

3) 강점 중심 교육 효과 알아보기

유아강점기반평가는 유아가 좋아하는 것, 유아가 잘하는 것, 잘할 수 있는 것 또는 유아에게 필요한 것 등 유아에 대한 정보를 바탕으로 개별 유아가 가진 특별한 요구에 따라 접근하는 평가방법입니다.

황해익(2022)은 강점기반평가를 통해 유아, 부모, 교사, 유아교육기관의 긍정적인 특성을 강화하고 개별적인 특성을 존중할 수 있으며 다음과 같은 효과가 있다고 제시하였습니다.

첫째, 유아의 입장에서는 연령에 맞는 발달 특성과 개별 유아가 가진 강점을 파악하며 유아 스스로 자신의 능력에 대해 긍정적으로 인식하여 자아존중감, 만족감, 몰입을 느끼며 놀이에 참여하고 전인적인 발달을 도모할 수 있습니다.

둘째, 부모의 입장에서는 자녀의 강점에 대한 정보를 얻고 긍정적인 이해를 바탕으로 사랑과 신뢰를 가지고 자녀를 위해 교육적 지원을 함으로써 화목하고 행복한 가정을 이룰 수 있습니다.

셋째, 교사의 입장에서는 학급운영, 수업, 유아와의 의사소통 과정에서 존중과 배려를 통해 행복한 관계를 맺고, 대인관계, 직업에서 느끼는 성취감과 직무만족감, 교사효능감을 통해 교사의 행복플로리시가 증진됩니다.

넷째, 유아교육기관의 입장에서는 유아의 강점리터러시 프로그램을 개발하고 운영함으로써 유아의 행복을 위한 교육을 실천하고 인성을 함양하는 교육의 장이 됩니다.

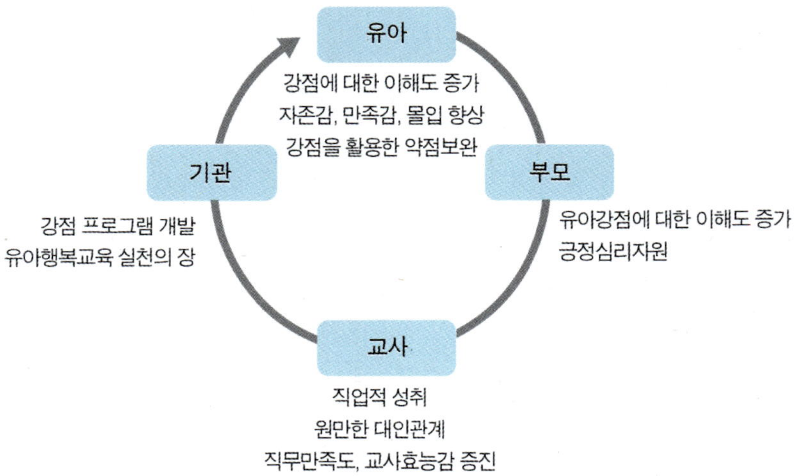

그림 1-1 강점 중심 교육의 평가

4) 강점 증진하기

유아강점기반평가는 유아가 자신의 성공 경험을 떠올려 그 성공이 무엇에서 비롯되었는지, 자신의 강점이 무엇이며, 진정으로 원하는 것이 무엇인지 살펴 자신의 행복을 찾아가는 과정입니다. 또한 유아가 지닌 강점을 인식하고 활용하는 총체적인 과정으로 유아의 강점리터러시를 높이는 최적의 방법입니다. 강점리터러시의 증진은 긍정적이고 도전적인 분위기 속에서 유아의 능동적이고 자발적인 참여를 통해 실시되어야 합니다.

유아강점기반평가는 유아가 가진 강점을 발견하고 증진하는 방향으로 이루어지며, 이를 통해 유아는 만족, 기쁨, 즐거움, 행복과 같은 긍정적 정서를 느끼고 자신의 성장과 발전과정을 스스로 인식하는 경험을 합니다. 그리고 대상 선정하기, 강점인식과 발견하기, 대표강점을 활용한 놀이나 활동 고안 및 실시하기, 변화 살펴보기와 공유하기의 4단계를 거쳐 실시됩니다(황해익, 최혜진, 남미경, 정혜영, 2015).

강점을 증진하기 위한 구체적 절차는 〈그림 1－2〉와 같습니다.

1단계 대상 선정하기	평가계획을 바탕으로 대상을 선정한다. 특정한 개인뿐만 아니라 모두를 대상으로 강점기반평가를 실시할 수 있다.
2단계 강점인식과 발견하기	대상을 선정한 다음 다양한 평가도구를 이용하여 대상의 강점을 확인하고, 대상의 강점인식 수준을 파악한다.
3단계 대표강점을 활용한 놀이나 활동 고안 및 실시하기	강점들을 가장 잘 활용할 수 있되, 보완되어야 할 대상의 약점을 고려하여 개별화된 강점활동을 계획하고 실시한다.
4단계 변화 살펴보기와 공유하기	개별화된 강점활동을 진행하는 과정에서 대상의 변화를 살펴보고, 결과를 공유한다.

그림 1-2 강점 증진하기의 절차

출처: 황해익(2022). p. 283 수정 · 보완하였음.

강점 증진하기 진행 방법을 구체적으로 살펴보면 다음과 같습니다.

① 1단계: 대상 선정하기

개인 또는 모두를 대상으로 할 수 있습니다. 평소에 문제행동을 보이는 유아, 소극적인 유아, 무기력한 유아, 그리고 적극적인 유아, 문제가 없는 유아에게도 실시할 수 있습니다.

유아를 자세히 이해하기 위해서는 가정환경과 같은 유아의 기본배경에 대한 정보를 수집하는 것이 도움이 됩니다.

② 2단계: 강점인식과 발견하기

이 단계에서는 대상의 강점과 약점을 모두 파악하고 먼저 강점을 위주로 관찰합니다. 유아의 경우, 강점은 학습적으로 우수한 부분, 관계적인 면에서 뛰어난 부분, 태도 면에서 보이는 강점 등을 통해 찾을 수 있습니다. 이때 일정한 기간을 계획하여 (보통 7일 이상) 일상생활을 하는 모습과 놀이를 관찰하여 평가합니다. 유아교육기관의 경우에는 부모나 주양육자와 면담 등을 활용할 수 있고, 강점과 약점을 파악하기 위해 각종 검사나 척도를 사용할 수 있습니다.

유아의 강점을 더 잘 파악하기 위해서는 1부에서 안내한 내용들을 자세하게 읽어볼 필요가 있습니다.

Tip - 관찰과 면담

○ 관찰

유아의 강점을 파악하기 위해서는 유아가 좋아하는 것이 무엇인지, 어떤 놀이에 몰입하는지를 관찰해야 한다. 자연스러운 일상생활 속에서 그동안 인식하지 못했던 유아의 행동들을 민감하게 관찰하는 안목이 필요하다. 산책, 체험학습, 문제 상황, 행복한 상황, 색다른 경험 등에서 유아가 어려움을 극복하는 모습 또는 다양한 놀이에 즐겁게 참여하고 집중하는 행동들을 통해 유아의 강점을 발견할 수 있다.

○ 면담

유아에게 자신이 무엇을 잘하는지, 무엇을 할 때 행복한지 등을 직접 물어보는 과정을 통하여 강점을 파악할 수 있다. 유아의 사진 또는 유아가 직접 만들거나 그린 것 등의 결과물을 활용하여 대화를 이어가면 유아가 자신의 경험에 대해 쉽게 표상하고 이해할 수 있다.

③ 3단계: 대표강점을 활용한 놀이나 활동 고안 및 실시하기

이 단계에서는 유아의 강점을 증진하기 위한 놀이나 프로그램을 계획하여 실시합니다. 유아의 강점에 따라 특정한 놀이나 활동을 제안할 수 있고, 새로운 프로그램을 만들어 경험하게 할 수 있습니다.

이때 유아의 약점을 개선하기 위한 놀이나 활동이 아닌, 강점을 기반으로 약점을 보완해줄 수 있는 놀이나 활동을 경험하게 합니다. 특히 유아와 함께 의논하여 흥미와 관심에 따라 원하는 놀이에 맞추어 지원하는 방향으로 진행하면 동기를 자극하여 유아의 적극적인 참여를 유도할 수 있고, 자발성과 주도성이 높아져 자아존중감을 향상시키는 데 도움이 됩니다.

Tip - 대표강점을 활용한 놀이의 예

○ 논리수학 강점을 가진 유아의 놀이를 살펴보세요.

논리수학 강점을 증진하려고 학습과 관련지어 놀이하지 않아도 돼요.
유아가 좋아하는 장난감으로 원하는 구조물을 만들면서 움직임의 원리, 균형, 길이와 무게, 공간의 활용 등 많은 논리수학적 사고와 눈과 손의 협응을 통해 강점을 키워나갈 수 있답니다.

④ 4단계: 변화 살펴보기와 공유하기

유아강점기반평가를 통한 변화는 유아, 교사, 부모, 유아교육기관의 측면에서 살펴볼 수 있습니다. 유아강점기반평가를 실시하는 과정을 통해 유아는 자신의 강점이 무엇인지 인식하고 강점을 증진시킬 수 있고 부모, 교사, 친구들과의 긍정적인 상호작용을 통하여 자아존중감을 높일 수 있습니다. 교사는 직업적 성취를 이루고 유아 발달과 행동 특성을 긍정적으로 이해하는 안목을 높일 수 있습니다. 부모는 가정연계를 통해 유아에게 긍정적이고 적극적으로 지원할 수 있습니다. 또한 유아교육기관에서는 유아의 행복을 지원할 수 있는 프로그램을 실현할 수 있게 됩니다.

Tip - 변화 살펴보기의 예

○ 자연탐구 강점을 가진 유아의 변화를 살펴보세요.

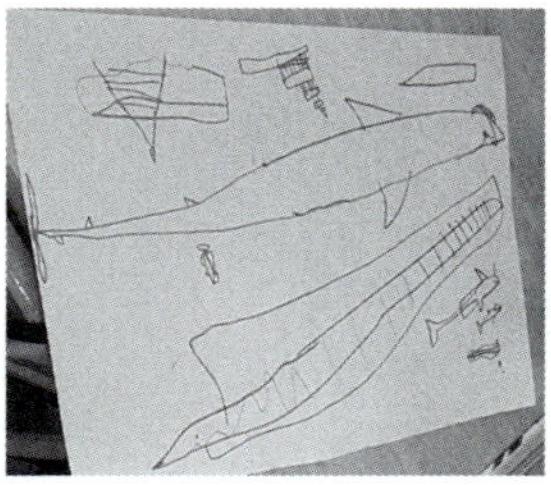

잠깐!
친구의 강점을 처음 발견했을 때 그린 그림(왼쪽)과
유아강점기반교육 이후에 그린 그림(오른쪽)을 비교해 보세요.
와우! 강점을 키우기 전과 후의 차이가 엄청난데?

유아강점기반교육은 유아가 자신의 긍정적인 성품, 행동 양식, 성격 강점, 재능을 파악하고 이를 일상생활 속에서 발휘하여 행복한 삶을 살아가도록 돕습니다. 즉 유아가 즐거운 삶과 몰입하는 삶 그리고 의미 있는 삶을 살아가도록 피드백 해주고 행복의 요소를 찾아주는 과정입니다.

참고자료

• 랜선 전시회
정신건강 위인과 함께 나의 성격강점 찾기

출처: https://youtu.be/XhZJKzVXtnU

• 세바시 137회 삶을 바꾸는 질문, 이제 나의 강점을 묻다 - 박정효 헤고스랩

출처: https://www.youtube.com/watch?v=-clM6nYN_7Y

• 더 행복하려면 강점에 집중하라

출처: https://youtu.be/D4nt5aaNprs

• 마틴 셀리그만: 긍정심리학을 말하다

출처: https://youtu.be/zBV0SNOOyzc

Chapter

2 유아의 다양한 강점들

"유아의 강점이 무엇인가요?"라고 누군가가 물어본다면 명확하게 대답하기 어렵습니다. 하지만 "유아의 약점이 무엇인가요?"라고 물어본다면 쉽게 대답할 수 있을 것입니다. 대부분의 부모와 교사는 유아의 강점보다는 약점을 더 많이 인식합니다. 이것은 '부정편향'을 하는 인식의 특성 때문입니다. 부정적인 약점에 초점을 두는 것은 적응을 잘하기 위한 생존전략과 연결되며, 역사적으로 볼 때 약점을 잘 해결하는 사람이 더 잘 살아남았습니다. 하지만 지금은 사회변화로 인해 달라졌습니다. 교육 분야에서는 약점보다는 강점을 활용할 때 더 좋은 결과를 얻으며, 더 행복해질 수 있습니다. 강점은 높은 성과를 내고, 인성을 키우며, 무기력과 우울증에서 빠져나오도록 돕습니다. 또한 불가능을 가능으로 바꾸어주고 성취를 이끄는 데 도움을 줍니다.

우리나라 유아의 강점을 성격강점, 학습강점, 생활강점의 3가지로 구분하고 19가지 하위 구성요인으로 제시한 탁정화와 황해익(2019)의 유아강점을 중심으로 살펴보고 강점을 증진해 봅시다.

표 2-1 유아의 강점 구분

구분	개념	유아강점 하위 구성요인
성격 강점	세상과 관계 맺는 과정에서 유아기에 나타나는 긍정적 특성과 품성 관련 강점	자아존중감, 자기조절, 활력 및 긍정성, 탄력성, 심미감, 관계성
학습 강점	새로운 지식과 기술을 배우고 학습하는 과정에서 나타나는 유아의 성향과 능력 관련 강점	창의성, 학습동기, 운동, 음악, 미술, 논리수학, 자연탐구, 언어
생활 강점	유아가 일상생활을 유지하고 자립적으로 살아가는 데 기반이 되는 강점	신체건강, 놀이, 예절, 정리정돈 및 절약, 안전

1. 성격강점

성격강점은 개인의 고유한 특성과 유대감을 기르는 데 도움이 되는 관계지향적 특성을 포함한 영역입니다. 이는 후퍼(2013)의 개인강점과 사회적 강점, 폭스(2008)의 관계강점 등의 개념과 유사합니다. 또한, 가드너의 다중지능이론 중 자기이해지능, 대인관계지능과 밀접한 관련이 있습니다.

성격강점은 자아존중감, 자기조절, 활력 및 긍정성, 탄력성, 심미감, 관계성의 7가지 하위영역으로 구성되며, 이를 구체적으로 살펴보면 다음과 같습니다.

1) 자신을 사랑하는, 자아존중감

'자아존중감'은 자신에 대한 긍정적인 이해를 바탕으로 자신이 유능한 존재라고 인식하는 개념입니다. 즉 '나'를 존중하고 내가 원하는 것과 하고 싶은 것과 같은 내면의 목소리에 귀를 기울이는 능력입니다. 건강한 자아존중감은 자신만 긍정하는 협의의 개념이 아니라 나, 가족, 친구 등 긍정적 대인관계를 만드는 데 기반이 됩니다. 따라서 자아존중감은 배려, 존중, 협력, 나눔 등의 인성을 증진하고 자신이 가진 유능성을 발견하도록 돕는 긍정심리자원입니다.

자아존중감을 확인할 수 있는 내용은 다음과 같습니다.

	자아존중감이 높은 유아의 특성
1	자신을 소중한 사람이라고 인식한다.
2	자신은 어떤 일이든 잘할 수 있는 능력이 있다고 믿는다.
3	자신감 있게 행동한다.
4	자신의 기분과 감정을 분명하게 인식한다.
5	자신이 좋아하는 것과 싫어하는 것이 무엇인지를 안다.

	자아존중감을 증진하는 방법
1	나의 모습을 그림으로 그려본다.
2	내가 잘하는 점을 찾아서 칭찬한다.
3	나의 있는 모습 그대로를 격려한다.
4	노력을 통하여 개선된 점을 성장일기에 써본다.
5	내가 좋아하는 것 책을 만들어본다.

자아존중감을 증진하는 활동

거울을 보고 나의 모습을 그림으로 그려봅시다.

내가 잘하는 점을 표현해 보고 칭찬해 주세요.	내가 잘하고 싶은 점을 표현해 보고 상상해 보세요.
1	1
2	2
3	3

2) 나를 컨트롤 하라, 자기조절

'자기조절'은 자신의 감정과 행동을 인식하고 내적 통제를 기반으로 조절하는 능력입니다. 자신의 감정과 행동을 조절하고 상황에 적합한 방식으로 정서를 표현하는 것은 셀리그만(2011)의 '자기통제력', 후퍼(2013)의 '침착성/자기통제력'과 유사합니다. 자기조절은 자신의 감정을 조절하고, 이를 바탕으로 행동을 조절하는 것까지 포함합니다. 즉, 유아의 자기조절은 정서조절(정서인식, 정서억제, 대처하기)과 인지조절(계획하기, 평가하기)로 구성됩니다. 자기조절은 지시나 명령이 아닌 내적 기준에 따라 자발적으로 이루어지는 행동이므로 유혹에 저항하며 과제를 완수하고자 인내하는 감정과 행동을 아우르는 개인에 초점을 둔 개념입니다.

자기조절을 확인할 수 있는 내용은 다음과 같습니다.

	자기조절이 높은 유아의 특성
1	스스로 자신의 감정과 행동을 조절한다.
2	상황에 따라 하고 싶은 일이 있어도 참을 수 있다.
3	주어진 활동은 정해진 시간까지 완성하려고 노력한다.
4	상황에 적절한 방식으로 자신의 감정을 표현한다.
5	하고 싶은 일을 계획하여 실행한다.

	자기조절을 증진하는 방법
1	종이접기, 운동 등 배우고 싶은 주제를 선정하여 매일 꾸준히 한다.
2	화가 날 때 10까지 숫자를 세고 감정을 조절한다.
3	스마트폰, 컴퓨터 등 전자기기를 사용하는 시간을 정하고 사용한다.
4	가족, 친구에게 하루에 1번 양보한다.
5	내가 해야 하는 과제를 먼저 끝마친 뒤 하고 싶은 일을 한다.

자기조절을 증진하는 활동

주어진 활동을 정해진 시간까지 완성하려고 노력하는 것이 중요합니다. 종이접기, 운동 등 배우고 싶은 주제를 선정하여 매일 꾸준히 한 달 동안 실천해 봅시다.

행복 챌린지	내가 도전하고 싶은 것은 ___줄넘기___이다.					
1	2	3	4	5	6	끝까지 화이팅!
줄 돌리기 연습하기	줄을 천천히 돌리기	줄을 빨기 돌리기	박자에 맞춰 점프하기	안 되도 다시 도전하기	줄 넘기 성공한 것 생각하기	
7	8	9	10	11	12	잘하고 있어요
줄을 더 빨리 돌리기 연습하기	더 빨리 점프하기 연습하기	5번 연속으로 줄넘기 도전하기	10번 연속으로 줄넘기 도전하기	15번 연속으로 줄넘기 도전하기	노력하는 나를 칭찬하기	

행복 챌린지	내가 도전하고 싶은 것은 ______________________이다.					
1	2	3	4	5	6	끝까지 화이팅!
7	8	9	10	11	12	잘하고 있어요
13	14	15	16	17	18	꾸준히 노력해요
19	20	21	22	23	24	포기하지 않아요
25	26	27	28	29	30	완성!

3) 그래서 좋아, 활력 및 긍정성

'활력 및 긍정성'은 긍정적 에너지, 적극성, 낙관성, 유머를 바탕으로 삶의 재미를 추구하는 강점입니다. 이는 성격강점의 활력, 유머, 낙관성이 통합된 영역이며 후퍼(2013)의 '명랑성/유머, 낙관성' 그리고 Clifton Strengths Finder(Lopez, 2011)의 '미래지향성, 긍정성'과 유사합니다.

활력 및 긍정성은 행복감을 증진하는 데 중요한 강점입니다. 활력 증진하기, 유머를 생활 속에서 활용하기, 낙관성 기르기 등은 활력 및 긍정성 강점을 증진하는 데 활용되기도 합니다. 즉 적극적이고 활기가 넘치며 생활 속에서 즐거움을 찾는 경향인 '활력 및 긍정성'은 부정적인 생각을 능동적이고 적극적인 관점으로 변화시키며, 유아가 자신이 가진 최고의 역량을 발휘하는 데 긍정적으로 기여하는 행복감과 밀접한 관련이 있습니다.

활력 및 긍정성을 확인할 수 있는 내용은 다음과 같습니다.

활력 및 긍정성이 높은 유아의 특성	
1	함께 있으면 활력이 전해진다.
2	주위에서 긍정적 에너지가 많은 아이라고 말한다.
3	재미있는 행동과 우스갯소리로 즐거운 분위기를 만든다.
4	생활 속에서 재미있는 요소를 찾아서 함께 나눈다.
5	부정적인 상황에서도 긍정적인 부분을 찾고자 한다.
6	지금은 어렵더라도 미래에는 잘 될 것이라고 생각한다.

활력 및 긍정성을 증진하는 방법	
1	매일 1시간 이상 진짜 재미있게 놀이한다.
2	친구, 부모, 교사가 나에게 말하면 기분 좋게 큰 소리로 웃어준다.
3	심부름을 즐거운 마음으로 한다.
4	하루 종일 불평하지 않고 '잘 될 거야.'라고 말한다.
5	실수나 실패를 했더라도 좋은 점, 배웠던 점이 무엇인지 알아본다.

활력 및 긍정성을 증진하는 활동

매일 1시간 이상 재미있게 유아가 놀이할 수 있도록 지원해 보는 활동입니다. 놀이 속에는 활력과 긍정적인 언어들이 많이 있습니다. 1주일 동안 놀이하는 모습을 관찰한 뒤, 놀이 속에 나타난 유아의 언어를 기록합니다. 기록한 놀이 속 언어에 대해 유아와 이야기를 나누어 봅니다.

놀이 내용	놀이하는 사진	활력, 긍정적인 유아의 언어

구분	긍정적 언어	부정적 언어
유아의 언어	한번 해볼까?	어차피 안 돼.
	어떻게 하면 결과가 좋아질까?	그것밖에 못해.
	다음번에는 잘 될 거야.	되는 일이 없네.
	기분이 좋아.	최악이야.
	괜찮아, 그럴 수 있어.	맨날 실패해.

4) 칠전팔기, 탄력성

'탄력성'은 끈기, 인내, 도전을 바탕으로 실패를 포함한 어려운 상황을 극복하려는 노력과 관련된 강점입니다. 탄력성은 성격강점에는 포함되지 않는 개념으로, 후퍼(2013)가 제시한 '인내심/회복력'과 유사합니다. 유아는 일상생활에서 새로운 것을 배울 때, 실패 상황을 긍정적으로 대처하는 귀인개념을 가지고 있어 실패해도 목표를 성취하려고 도전을 반복합니다. 이렇게 실패의 경험은 모든 사람이 겪습니다. 탄력성이 높은 유아는 한번 시작한 일은 어려워도 포기하지 않고 끝까지 해내며 지루하거나 좌절해도 계속하려고 합니다.

탄력성을 발휘할 때의 유아는 행복감이 낮게 관찰될 수 있습니다. 탄력성이 작용하는 매커니즘은 부정적 상황에서 발현되기 때문에 낮은 행복감이 나타나는 것입니다. 탄력성은 부정적인 상황을 극복할 때 작동하는 마음의 근력으로, 심리적 성장을 도모하는 데 유용합니다. 따라서 탄력성은 유아가 난관에 부딪히거나 역경에 처했을 때 적절한 대처능력과 연결시켜 유아의 강점으로 이해할 필요가 있습니다(Sheldon & King, 2001). 목표를 달성하겠다는 노력과 이를 견디는 탄력성은 스트레스 상황을 성장의 기회로 전환할 수 있는 능력입니다.

탄력성을 확인할 수 있는 내용은 다음과 같습니다.

	탄력성이 높은 유아의 특성
1	한번 시작한 일은 반드시 마무리한다.
2	마무리하기 위해 어려움을 참는다.
3	목표를 이루기 위해 꾸준히 노력한다.
4	넘어져도 금세 일어나 하던 일을 계속한다.

	탄력성을 증진하는 방법
1	줄넘기, 달리기, 공 던지기 등 목표를 세워 매일 10분 이상 운동을 한다.
2	식물을 정성껏 길러본다.
3	두꺼운 동화책을 끝까지 읽어본다.
4	끈기의 모범이 되는 사람을 찾고 닮고자 노력한다.
5	끝까지 색칠하거나 만든다.

탄력성을 증진하는 활동

위인전을 유아와 함께 읽어보고 위인이 겪은 어려움과 성공하기 위해 어떤 일들을 했는지 함께 찾아봅시다.

위인	위인이 겪은 어려움	성공하기 위해 노력한 점
 **링컨**	가난한 집에서 태어났고, 사업 실패로 거액의 빚을 졌으며, 선거에 출마해서 자주 낙선했다. 어렸을 때 어머님과 형제가 일찍 돌아가시는 슬픔을 겪었다.	실패와 역경, 슬픔을 겪었지만 링컨은 늘 낙천적이고 유머가 넘쳤다. '성공은 철저한 준비와 노력, 실패에서 배우는 교훈의 결과다.'라고 긍정적으로 생각했다. 그는 노예해방을 이루고 남북전쟁에서도 미국을 하나로 지켜내는 데 성공했다.

5) 세상을 보는 아름다운 눈, 심미감

'심미감'은 다양한 영역에서 아름다움을 느끼고 미를 향유하는 강점입니다. 성격강점의 '감상력'과 유사하며 사소한 풍경이나 생활 속에서 미적 요소를 발견하고 다양한 예술작품을 감상하고 아름다움을 표현하는 것을 좋아하는 특징이 있습니다. 심미감은 감정 중심의 사고 행위를 강조하여 이성 중심의 사고 행위로부터 유아가 사고의 균형성을 유지하도록 돕습니다.

특히, 유아의 심미감은 이성과 논리적 사고가 조화를 이루는 미적 인간을 양성하는 근간이 됩니다. 자연이나 생활 속에서 아름다움을 발견하고 미적 감성을 키우는 심미감은 이성이 비대해지고 감성이 성장하지 않는 '인성적 결함의 문제'를 극복하는 데 도움이 되는 강점입니다(임부연 외, 2007).

심미감을 확인할 수 있는 내용은 다음과 같습니다.

심미감이 높은 유아의 특성	
1	다른 사람이 무심코 지나치는 대상에서 아름다움을 발견한다.
2	일상생활에서 아름다움을 발견할 경우, '아름답다', '곱다', '예쁘다'라고 표현한다.
3	상상과 이미지의 언어(물감이 하늘로 날아갔어요, 자동차가 춤을 춰요 등)를 사용한다.
4	자연에서 아름다움을 느낀다.
5	아름다운 것(작품, 예술전시물 등)을 보면 감동한다.

심미감을 증진하는 방법	
1	꽃이나 나무에서 나는 향기를 맡아본다.
2	아름다운 사진이나 그림을 찾아 스크랩북을 만든다.
3	명화를 보고 느낀 점을 단어로 표현한다.
4	자연물을 재료로 활용한 미술작품을 찾아본다.
5	미술관, 공연장 등을 직접 방문하여 작품을 감상한다.

심미감을 증진하는 활동

무심코 지나치는 우리 주변에는 아름다운 대상이 많이 있습니다. 다음의 사진을 보고 어떤 아름다움이 있다고 생각하는지 이야기를 나누어 봅시다. 아름다운 것을 발견했을 때 언어로 표현해봅시다.

드가의 '무대 위의 무희'

클림트의 '키스'

신사임당의 '초충도'

빈센트 반 고흐의 '한 켤레의 신발'

아름다움을 표현한 유아의 언어를 기록해 주세요

○ 심미감을 증진하기 위한 교수법

구분	내용
주제미학	생활주제에 대한 심미적 가치 이해하기
매체미학	아름답고 감동 있는 다양한 교수자료 활용하기
언어미학	흥미와 몰입을 높여주는 이야기와 내러티브 활용하기
신체미학	학습자의 몸을 최대한 많이 움직이고 활용하여 지식을 놀이처럼 즐기고 표현하기
예술융합	음악, 춤, 그림, 조형, 문학, 동극, 사진, 영화, 연극, 건축 등 다양한 예술을 통합하여 수업에서 아름다움과 예술성질 강조하기

출처: 임부연 외(2018).

○ 아름다운 언어 한글

60개국 세종학당 학생 1,228명을 대상으로 아름다운 한글이 무엇인지를 물었다. 응답자 중 13% 155명이 '사랑'이 가장 아름다운 말이라고 하였으며 "사랑은 발음했을 때 소리가 우아해요.", "사람과 비슷하고 사람은 사랑해야죠."라고 답했다. 한글 속에 나타난 아름다운 언어를 찾아보고 이야기를 나누어 보는 것도 심미감을 높이는 데 도움을 줄 것이다.

출처: https://www.chosun.com/site/data/html_dir/2019/10/09/2019100900301.html

○ '아름답다'를 나타내는 언어

아나하다	곱고 아리땁다
선연하다	실제로 보는 것같이 생생하다
아결하다	단아하며 깨끗하다
갸륵하다	착하고 장하다
곱다	빛깔이 밝고 맑다
아리땁다	마음이나 몸가짐이 맵시 있어 마음에 들다
어여쁘다	'예쁘다'와 같은 말. 조금 예스러운 느낌이 들도록 쓴다.

6) 지구공동체를 위한, 관계성

'관계성'은 친절, 배려, 나눔을 통하여 다른 사람과 원만한 관계를 맺는 데 필요한 능력이 탁월할 뿐만 아니라 집단의 구성원으로 역할을 충실하게 수행하고 공동의 목표를 이루는 데 요구되는 능력을 의미합니다. 나와 너의 안과 밖, 시간과 공간이 연결되어 있음(Ben-Shahar, 2007/2007)을 전제로 하는 관계성은 타인지향적 특성이 있는 강점입니다.

관계성이 높은 유아는 고립되고 소외된 존재가 아닌 원만한 대인관계능력을 바탕으로, 나와 너로 구분하지 않고 우리라는 연결된 개념으로 사회연결망을 구축하려는 경향이 강합니다. 관계성은 행복한 삶을 유지하는 핵심이므로(Diener, 2012/2013), 교사, 가족, 친구, 자연 등 다양한 대상과 관계 맺음을 즐기는 경향이 있습니다. 관계성이 높은 유아는 긍정적 관계를 형성하며, 친사회적 행동지표가 높습니다.

관계성을 확인할 수 있는 내용은 다음과 같습니다.

관계성이 높은 유아의 특성	
1	친구가 다급한 상황(화장실이 급한 경우, 도우미 양보 등)에 처했을 경우 양보한다.
2	부탁을 받지 않아도 부모님이나 교사를 도와준다.
3	다른 사람과 사이좋게 지낸다.
4	새로운 상황에 잘 적응하여 원만한 관계를 맺는다.
5	다른 사람의 기분을 잘 인식하고 공감한다.
6	친구들이 잘 따른다.
7	집단 활동을 하다가 문제가 생기면 적극적으로 해결하려고 한다.
8	집단 활동을 할 때 조화로운 관계를 유지한다.
9	갈등 상황이 발생했을 경우 중재역할을 한다.
10	집단 활동을 할 때 자신이 맡은 역할을 충실히 수행한다.
11	자신이 원하는 대로 하기보다는 함께 규칙을 만들고 지킨다.
12	문제를 해결하기 위하여 다른 사람과 의견을 교환한다.

	관계성을 증진하는 방법
1	자신의 순서를 양보해야 하는 상황에 대해 알아본다.
2	처음 보는 사람이나 우리 반에 새로 온 친구에게 말을 걸어본다.
3	놀이 상황에 참여하지 못하거나 혼자 있는 아이가 있으면 항상 먼저 가서 "함께 놀자.", "나랑 같이 하자."라고 말한다.
4	다른 사람의 얼굴 표정과 행동을 보고 그 사람이 느끼는 감정이 어떠한지 이야기 나눈다.
5	부모님과 교사에게 도움이 필요한 경우 시키지 않아도 자발적으로 돕겠다고 표현한다.
6	함께 활동을 하다가 문제가 발생하면 포기하기보다는 어떻게 하면 문제를 해결할 수 있는지를 궁리하고 문제를 해결하는 과정에 적극적으로 참여한다.
7	집단 활동을 할 때 자신의 의견만을 내세우기보다는 하나로 뜻을 모아 문제를 해결하는 과정에 참여한다.
8	집단 활동을 하는 동안 구성원들끼리 의견이 맞지 않거나 싸우는 경우 서로의 관점에 대해 들어보려고 하며 의견을 조율하여 갈등 상황을 조절한다.
9	함께 생활하기 위해서는 규칙을 지켜야 할 필요가 있음을 알고 함께 규칙을 만들어본다.
10	함께하는 활동 속에서 문제를 해결하기 위해서 다른 사람의 다양한 의견을 듣고 입장을 이해하기 위하여 서로의 의견을 교환하는 기회를 가진다.
11	서로 대립되는 주장을 하는 경우 자신의 주장이 항상 옳다고 하기보다는 다른 사람의 입장을 생각하고 공감한다.
12	활동이나 놀이를 할 때 그룹의 리더 역할을 해본다.
13	집단 활동을 할 때 자신의 의견만을 내세우기보다 하나의 뜻으로 모은다.
14	자기 동생이나 어린 반 동생을 보면 보살펴 주거나 도와준다.
15	집이나 교실에서 도우미 역할을 해본다.

따뜻한 관계의 중요성

성격강점에 대해 연구한 피터슨(Peterson)은 행복한 삶을 위해 가장 중요한 것을 관계성으로 꼽았다. 물건과 돈의 교환으로 설명되는 일대일의 보상 및 형평성 이론으로는 관계성을 설명할 수 없다고 한다. 가족, 친구, 생명체 등 신뢰하는 관계를 바탕으로, 더불어 살아가는 데 필요한 능력을 기르는 것이 필요하다. 지속가능한 관계맺음이 무엇보다 중요하므로 다른 사람들과 가까운 관계를 유지하고 집단과 조직에서 의미있는 활동을 하는 노력이 강조되어야 할 것이다.

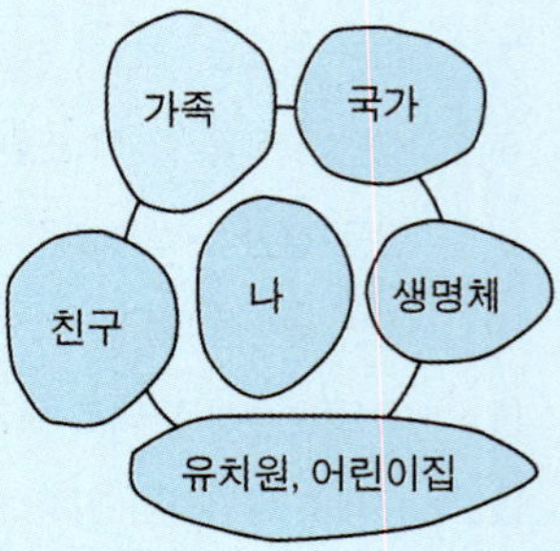

관계성을 증진하는 활동

관계성은 배려, 리더십, 협력 등 다른 사람과 더불어 살아가는 데 필요한 능력을 의미합니다. 손은 오른손과 왼손이 늘 함께 합니다. 혼자서는 손뼉을 칠 수가 없지요. 유아의 오른손과 부모나 교사의 왼손이 서로 협력하여 '우리는 함께 할 수 있어!' 손뼉 치기를 해봅시다.

아래에 제시된 다양한 손뼉 치기를 활용하여 함께 놀이해 봅시다.

'우리는 함께 할 수 있어' 손뼉 치기
우 린 함 께 할 수 있 어
우린 함께 할 수 있어
우린 함께 할 수 있어
우린 함께 할 수 있어
함께!

손끝 치기

주먹 치기

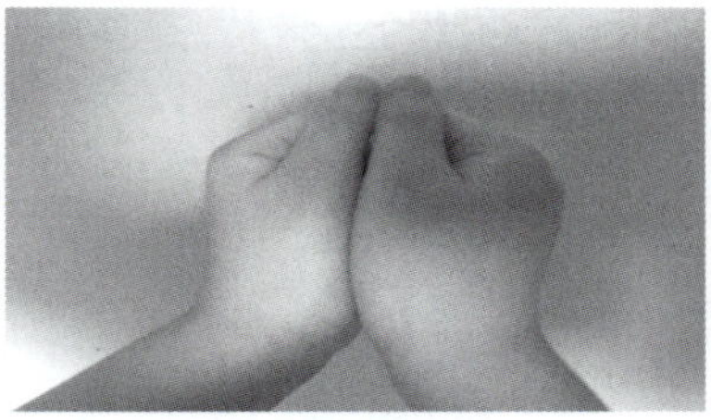

손등 치기

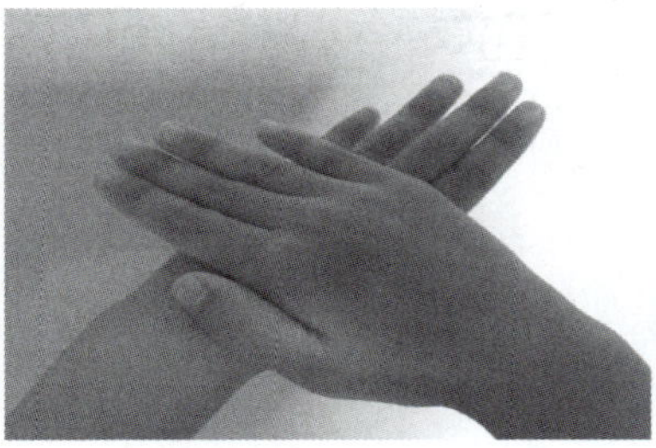

손목 치기

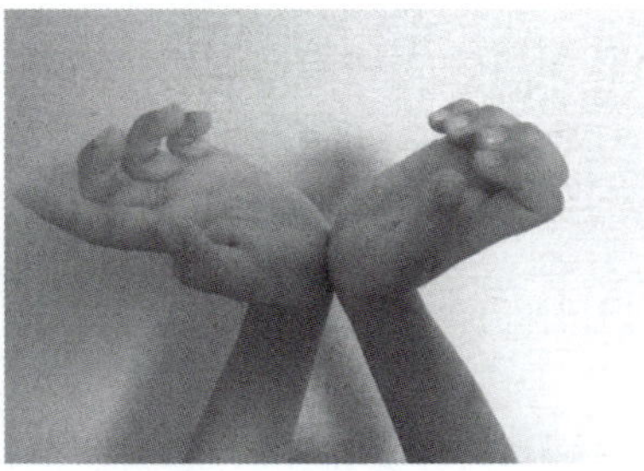

관계성을 증진하는 활동

내가 좋아하는 사람을 그려 나무를 채워봅시다.

Tip - 마시멜로 챌린지

미국의 유명한 작가이자 학자인 톰 우젝(Tom Wujec)은 TED 강연에서 '마시멜로 챌린지(marshmallow challenge)'라 불리는 실험을 소개했다.

4명이 1팀을 이루어 18분 동안 가장 높은 구조물을 만들어 꼭대기에 마시멜로를 올리는 게임이다. 재료는 스파게티 스틱 20개, 테이프와 실 각각 1야드(약 91cm), 마시멜로 1개이다.

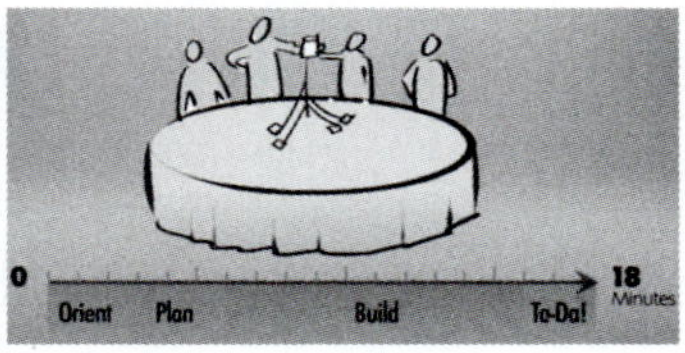

건축학도와 공학도, 기업 CEO와 수행비서, 유치원생, 변호사, MBA 학생으로 구성된 6개의 팀이 같은 조건에서 게임을 실행하였으며 이러한 실험은 4년간 약 70회가 진행되었다. 대부분의 팀은 방향 설정, 계획, 쌓기 등의 과정으로 안정된 구조물을 만드는 데 집중을 하였으며 마지막 단계에서 구조물 끝에 마시멜로를 붙이자 구조물이 기울어지거나 무너지는 결과를 보여주었다.

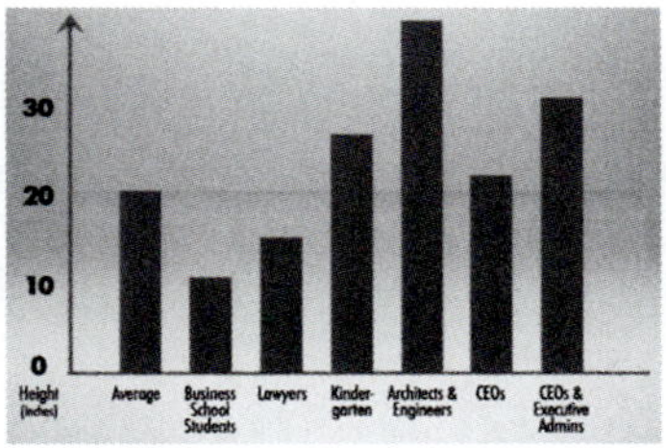

구조물 높이의 평균 점수가 가장 높은 팀은 건축학도와 공학도인데 그들은 삼각형 구조를 이해하고, 기하학적 구조를 잘 알고 있었으며, 많은 실습을 통한 경험이 있었다.

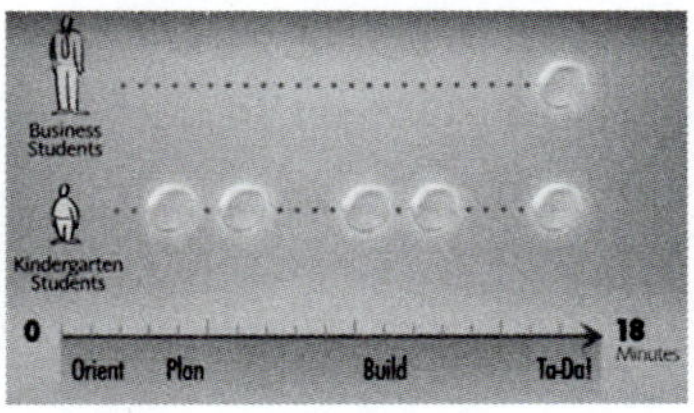

꼴찌를 한 팀은 MBA 학생들로 방향 설정에 대부분의 시간을 보내고 완벽한 계획을 위해 고민하고 전략에 따른 한 가지 방법만을 실행하였다. 반면에 유치원생들은 평균 이상의 점수와 가장 높은 구조물을 만드는 기록을 세웠다. 유치원생들은 계획하기보다는 즉각적으로 시도하고 시행착오를 거치며 반복해서 구조물을 높이 쌓으며 개선해 나갔다.

마시멜로 챌린지는 팀워크에 관계성, 자기조절, 탄력성, 활력과 긍정성, 학습동기, 언어 등의 강점 발휘가 필요하다. 또한 다양한 가능성을 열어두고 정답을 찾아야 하는 창의성, 논리수학적 사고 등의 강점을 활용해야 한다. 마지막으로 시행착오를 두려워하지 말고 반복적인 실행을 하는 끈기로 최적화된 아이디어를 발견하려는 노력이 도움이 된다는 것을 알 수 있다.

출처: https://www.marshmallowchallenge.com, https://www.youtube.com/watch?v=H0_yKBitO8M

2. 학습강점

학습강점은 유아의 성취감과 만족감으로 연결되는 강점입니다. 부모와 교사가 유아의 발달과 연계하여 중요하게 여기는 강점으로 운동, 미술, 음악 등 성취능력과 연결됩니다. 후퍼(2013)와 폭스(2008)의 학습강점과 유사하며 가드너(1983)가 제시한 언어적 지능, 논리-수학적 지능, 공간적 지능, 신체-운동적 지능, 음악적 지능, 자연친화적 지능이 포함됩니다. 성격강점 중에서 학습과정에 필요한 성향인 창의성, 호기심, 학구열이 포함됩니다.

학습강점은 셀리그만(2011)이 제시한 PERMA(웰빙이론) 중 성취(A)와 관련성이 높습니다. 성취는 그 자체가 내적 동기를 부여하는 특성이 있으며 학업성취, 숙달감, 유능감 그리고 성공적인 목표 달성에 직결되는 행동입니다. 학습강점의 하위영역은 창의성, 학습동기, 운동, 미술, 음악, 논리수학, 자연탐구, 언어로 구성되며, 이를 구체적으로 살펴보면 다음과 같습니다.

1) AI를 능가하는, 창의성

'창의성'은 새롭고 다양한 생각을 바탕으로 새로운 관점에서 대상을 인식하는 능력입니다. 창의성은 무에서 유를 창조하는 것이 아니라 사고의 전환 과정을 통해 전혀 관련이 없는 것을 연결시켜 새로운 조합을 창조하는 것입니다.

창의성은 자기실현을 위한 긍정적 성향이며(권석만, 2009) 획일화된 틀에서 벗어나 새로운 특성을 발견함으로써 새로운 가치를 창출하는 기반이 됩니다. 유아는 관심 있는 분야에 대한 독창적인 아이디어를 생각해 내고, 어려움을 겪고 있는 친구를 돕고 창의적인 해결 방법을 탐구해 나가며, 자신이 잘하는 일을 창의적인 방법으로 찾아내기도 합니다.

미래사회를 대비하기 위하여 교육 분야에서는 인간에게 필요한 역량으로 창의성을 강조하고 있습니다. 창의성은 세상을 이롭게 바꾼 혁신가가 가지고 있는 공통된 특성입니다. 따라서 유아기부터 창의성을 계발시키기 위한 환경을 마련해 주어야 하며 창의적인 태도와 사고를 증진하도록 지속적으로 지원해야 합니다.

창의성을 확인할 수 있는 내용은 다음과 같습니다.

	창의성이 높은 유아의 특징
1	어떤 일을 할 때 색다른 방법을 찾는다.
2	기발하고 재미있는 생각을 한다.
3	상상력이 뛰어나다는 말을 듣는 편이다.
4	새롭고 특이한 생각을 말할 때 즐거워한다.
5	다른 유아들이 생각하지 않는 독특한 생각을 한다.

	창의성을 증진하는 방법
1	집에 가는 색다른 방법, 자신의 기분을 좋게 하는 방법, 친구와 원만한 관계를 유지하는 방법 등과 같이 기존에 하던 방법과 다른 색다른 방법을 찾아본다.
2	유아가 생각하는 새로운 발명품을 개발하여 소개한다.
3	과거의 경험에 기초하여 앞으로 벌어질 다양한 모습을 상상하거나 머릿속으로 대상을 그려본다.
4	'코끼리 코가 짧아진다면', '사자가 고기를 먹지 않고 당근을 먹는다면' 등 새롭고 특이한 일이 벌어진다고 상상하며 이야기 나눈다.
5	'무거운 공룡을 들어 올리는 방법'에 대해 이야기를 나누며 해결방법을 찾아본다.

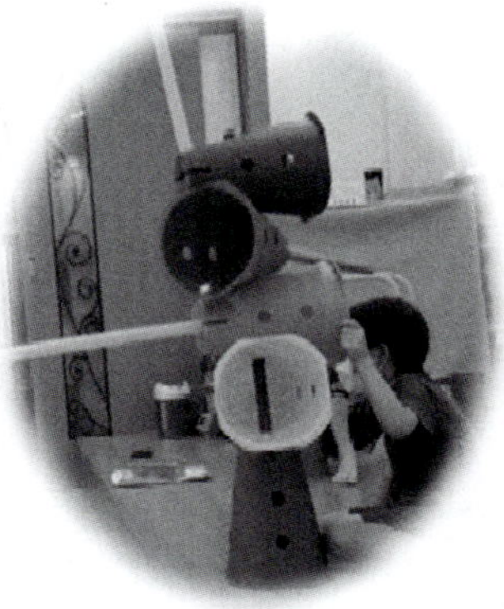

창의성을 증진하는 활동

다음에 제시된 숫자 8을 활용하여 다양한 그림을 그려봅시다.

8	8	8

위에 그린 그림을 활용하여 이야기를 만들어 봅시다.

2) 배움의 열정, 학습동기

'학습동기'는 호기심과 배움에 대한 높은 동기를 바탕으로 지식을 배우려는 능력입니다. 성격강점의 '호기심과 학구열', Clifton Strengths Finder(Lopez, 2008)의 '사고, 탐구심과 학습', Strengths Explorer(Lopez et al., 2006)의 '발견자', 후퍼(2013)의 '호기심', 폭스(2008)의 '조사자'와 유사합니다. 학습동기는 결과보다는 학습과정의 경험을 중요하게 생각합니다. 유아의 흥미에 따라 과제에 몰입하는 상태로 학습 행동을 긍정적으로 이끄는 데 효과적인 강점입니다.

학습동기는 주변의 물건과 상황에 흥미를 느끼고 새로운 것을 추구하며, 경험하는 것에 마음을 여는 개방적인 특징이 있습니다. 학습동기가 높은 유아는 도전의 기회가 왔을 때 능동적으로 인지하며, 다양한 것을 체험하려고 합니다. 또한 무관심 정도나 권태 정도가 낮으며, 자신이 알고 있는 지식과 기술을 습득하고 새로운 것을 배우면서, 지식을 조직적으로 구축합니다. 또한 즉각적인 해결이 이루어지지 않더라도 계속 배우려고 하는 열정이 강합니다.

학습동기를 확인할 수 있는 내용은 다음과 같습니다.

	학습동기가 높은 유아의 특징
1	새로운 사물을 보면 두려워하지 않으며 호기심을 가지고 관찰한다.
2	호기심이 가는 대상을 발견했을 때 즐거워한다.
3	일상의 사소한 일에도 흥미를 느낀다.
4	새로운 것을 배우면 기뻐하며 배운 것에 대해 자세히 알고 싶어 한다.
5	궁금증을 해결하기 위해 끝까지 정보를 찾아서 알려고 한다.
6	자신이 관심 있는 분야에 대해 자신 있게 말한다.

	학습동기를 증진하는 방법
1	"너는 무언가를 새롭게 배울 때 어떤 느낌이 드니?"라고 물으며 배우는 과정이 갖는 의미에 대해 이야기 나눈다.
2	궁금한 것이 생기면 궁금증이 해소될 때까지 다양한 경로를 통하여 궁금증을 해결해 본다.
3	관심 있는 분야에 대한 '궁금이목록'을 작성한 뒤 조사해 본다.
4	자신이 관심 있어 하는 분야나 새롭게 알게 된 지식에 대하여 친구에게 가르쳐 준다.
5	자신이 궁금하거나 알고 싶은 것이 있을 때 책 찾아보기, 질문하기, 조사하기, 관찰하기 등의 방법을 통하여 기초적인 자료를 수집할 수 있도록 지원해 준다.

학습동기를 증진하는 활동

궁금하거나 알고 싶은 내용을 찾아서 조사한 뒤, 이야기를 나누어 보세요.

궁금이 목록	
궁금한 점	조사한 내용

3) 건강한 미래를 위한 필수, 신체운동

'신체운동'은 신체활동과 운동을 좋아하고 몸을 잘 움직이는 능력입니다. 후퍼(2013)의 '모험심', 폭스(2008)의 '신체-운동적 강점', 가드너(1983)의 '신체-운동적 지능'과 유사합니다. 이 강점은 운동능력과 표현능력을 포함합니다. 규칙적으로 운동하거나 팀 스포츠를 즐기는 유아가 그렇지 않은 유아보다 신체와 정신이 모두 건강하고 생활에 대해 만족하는 경향이 높습니다(Zulling & White, 2011).

신체활동을 하면서 유아는 운동에 대한 유능성을 기반으로 자아존중감을 형성하고 협력을 통해 사회적 교감을 형성하므로 신체운동은 유아기에 중요한 강점이라고 볼 수 있습니다.

신체운동 강점을 확인할 수 있는 내용은 다음과 같습니다.

신체운동 능력이 높은 유아의 특징	
1	다양한 자세와 움직임에서 신체균형을 유지한다.
2	달리기, 두 발 모아 뛰기, 뛰어넘기 등을 잘한다.
3	도구(줄넘기, 훌라후프, 공 등)를 활용한 신체운동을 즐긴다.
4	특정한 동작과 춤을 쉽게 익히고 따라 한다.
5	자신의 생각과 느낌을 신체를 이용하여 표현한다.

신체운동 능력을 증진하는 방법	
1	한 발 들고 오래 서 있기, 평균대 걷기, 콩주머니 머리에 올리고 걷기 등의 활동을 통하여 넘어지지 않고 신체균형을 잡아본다.
2	달리기, 두 발 모아 뛰기, 뛰어넘기 등의 대근육 활동을 한다.
3	줄넘기, 훌라후프, 공 등 도구를 활용하여 운동한다.
4	기지개 켜기, 팔다리 길게 뻗어보기, 몸 구부렸다가 펴기 등 다양한 동작과 춤동작을 익히는 신체놀이에 참여한다.
5	자신의 기분과 감정(기쁨, 슬픔, 외로움 등) 및 주변에서 볼 수 있는 움직임(농구공 움직임 표현하기, 개구리 뛰는 모습 표현하기 등)을 몸으로 표현한다.

신체운동을 증진하는 활동

생활 속에서 다양한 강점을 신체로 표현할 수 있습니다. 강점의 특성을 나타내는 다양한 상황을 신체로 표현해 보고, '쑥쑥 강점 체조'로 만들어 매일 꾸준히 반복해 봅시다.

마음을 건강하게 하는 체조를 만들어 보아요.		
어떤 강점일까요?	**강점 체조의 예**	**내가 만든 강점 체조**
	신체운동: 나는 튼튼해요 	
	자연탐구: 나는 자연을 사랑해요 	
	활력 및 긍정성: 나는 귀여워요 	
	끈기: 나는 노력해요 	
아래의 빈칸에 유아의 대표강점과 닮은 이미지를 제시하세요.		
	강점:	

4) 세상을 디자인하는, 미술

'미술'은 그림 그리기, 꾸미기, 종이접기 등의 활동을 선호하고 시각적으로 잘 표현하는 것과 관련된 강점입니다. 폭스(2008)의 '시각적 강점', 가드너(1983)의 '공간지능' 중 예술적 표현능력과 구성능력을 중심으로 추출된 강점입니다. 미술 강점은 그림 그리기, 꾸미기, 만들기, 종이접기 등의 시각적 표현활동과 입체물 등을 구성하는 공간능력과 관련이 있습니다. 유아기는 자신의 생각을 이미지로 표상하는 능력이 뛰어난 시기이므로 미술 강점을 쉽게 찾을 수 있습니다. 따라서 유아기부터 여러 화가가 그리거나 만든 작품들을 감상하고 미술관에서 다양한 표현물들을 감상하는 기회를 제공하는 것이 필요합니다. 또한 일상생활 속에서 포장지, 간판, 광고 등의 시각적 표상들을 살펴보는 것도 도움이 됩니다.

미술 강점을 확인할 수 있는 내용은 다음과 같습니다.

미술 능력이 높은 유아의 특징	
1	그림이나 이미지로 기억을 잘한다.
2	다양한 재료와 도구를 활용하여 다양한 형태를 만든다.
3	종이접기, 붙이기, 꾸미기와 같은 작업을 좋아한다.
4	색을 다양하게 사용하고 다양한 색을 만드는 것을 즐긴다.
5	그림 그리기와 디자인하기를 좋아한다.

미술 능력을 증진하는 방법	
1	이미지로 기억력 게임을 한다.
2	그리기 재료(크레파스, 사인펜, 매직, 연필, 색연필, 파스텔, 물감, 붓 등), 만들기 재료(점토, 재활용품, 자연물, 생활용품, 과일, 야채 등)를 활용하여 미술 놀이를 한다.
3	패션쇼놀이, 동극, 의상 만들기 등을 할 때 주인공의 옷을 직접 디자인하고 무대를 꾸며본다.
4	조화로운 색, 계절별 색 등을 배열해 본다.
5	그림 그리기, 디자인 활동, 만들기 등의 결과물을 전시한다.

미술 능력을 증진하는 활동

미술 능력은 색에 대한 다양한 감각을 바탕으로 길러질 수 있습니다. 조화로운 색, 계절별 색 등을 배열해 보는 활동을 해봅시다.

봄, 여름, 가을, 겨울 사계절의 이미지를 떠올려보고 각 계절에 어울리는 색깔을 색칠해 보세요.				
봄				
여름				
가을				
겨울				

5) 소리에 민감한, 음악

'음악'은 노래 부르기, 악기연주, 리듬패턴, 음악 감상 등의 활동을 즐기고 높은 관심을 가지는 강점입니다. 후퍼(2013)의 '음악성', 폭스(2008)의 '청각적 강점' 및 가드너(1983)의 '음악지능'과 유사합니다. 유아기는 가락, 리듬 등의 음악 요소에 대한 인지적 접근보다는 음악을 즐기는 성향을 형성하는 것이 중요하므로(Campbell, 2008/2012) 음악 강점에는 음악활동에 대한 흥미, 음악을 즐기는 성향, 음악적 능력이 포함되어 있습니다.

음악 강점을 확인할 수 있는 내용은 다음과 같습니다.

음악 능력이 높은 유아의 특징	
1	노래를 자주 흥얼거리거나 부른다.
2	노래 부르기, 악기연주, 음악 감상 등 음악 관련 활동을 좋아한다.
3	노래를 부르거나 악기를 배울 때 쉽게 배운다.
4	악기(리듬악기, 피아노, 리코더, 멜로디언 등) 다루기를 즐긴다.
5	음악을 듣고 자신의 생각과 느낌을 다양하게 표현한다.

음악 능력을 증진하는 방법	
1	일상생활 속에서 자주 노래 부르기, 개사해서 부르기, 손뼉 치며 부르기 등 다양한 방법으로 노래를 불러본다.
2	자연의 소리, 악기 소리, 오페라, 뮤지컬 등 음악을 감상한다.
3	새로운 노래를 배우거나 가사를 바꿔 불러본다.
4	리듬악기, 피아노, 리코더, 멜로디언 등 다양한 악기를 배워 연주해 본다.
5	다양한 음악을 들은 뒤 "나는 ○○ 같은 생각이 들었어요."라고 자신의 느낌을 표현해 본다.

음악 능력을 증진하는 활동

유아가 좋아하는 노래를 불러본 뒤, 가사를 바꾸어 함께 불러보아요.

'넌 할 수 있어라고 말해주세요' 노래 가사

넌 할 수 있어라고 말해주세요
그럼 우리는 무엇이든 할 수 있지요
짜증 나고 힘든 일도 신나게 할 수 있는
꿈이 크고
고운 마음이 자라는 따뜻한 말
넌 할 수 있어
큰 꿈이 열리는 나무가 될래요
더없이 소중한 꿈을 이룰 거예요
넌 할 수 있어

넌 할 수 있어라고 말해주세요 노래 듣기

내가 만든 가사

____________라고 말해주세요
그럼 우리는 무엇이든 할 수 있지요
____________신나게 할 수 있는
꿈이 크고
고운 ________이 자라는 따뜻한 말
____
큰 꿈이 열리는 ________가 될래요
더없이 ________을 이룰 거예요
____

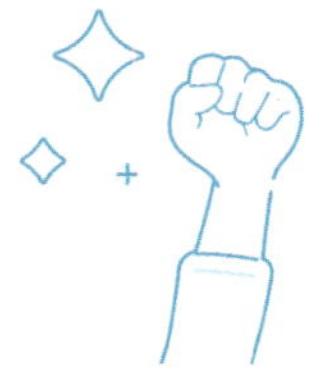

'다섯 글자 예쁜 말' 노래 가사

한 손만으로도 세어 볼 수 있는
아름다운 말, 정겨운 말
한 손만으로도 세어 볼 수 있는
다섯 글자 예쁜 말
사랑합니다. 고맙습니다
감사합니다. 안녕하세요
아름다워요. 노력할게요
마음의 약속 꼭 지켜 볼래요
한 손만으로도 세어 볼 수 있는
다섯 글자 예쁜 말

다섯 글자 예쁜 말 노래 듣기

내가 만든 가사

한 손만으로도 세어 볼 수 있는
아름다운 말, 정겨운 말
한 손만으로도 세어 볼 수 있는
다섯 글자 예쁜 말
____
____
____
마음의 약속 꼭 지켜 볼래요
한 손만으로도 세어 볼 수 있는
다섯 글자 예쁜 말

6) 뇌를 활용하는, 논리수학

'논리수학'은 수활동을 좋아하고 수세기, 연산, 분류, 패턴 찾기 등 수학능력이 뛰어난 행동과 연결되는 강점입니다. 유아들은 생활 속에서 수학적 탐구를 하며 자신의 지적 활동을 통해 수학적 지식을 구성하고, 일상의 문제를 해결합니다. 유아는 시행착오를 거치며 수량관계, 공간과 도형, 측정, 규칙성, 자료수집, 정리 등에 대한 기초지식을 형성합니다. 논리수학은 폭스(2008)와 가드너(1983)의 '논리 - 수학적 지능'과 유사합니다. 유아는 수학적 개념과 원리에 대한 이해보다는 자신의 경험을 통해 수학적 개념을 형성하므로(Bransford, Brown, & Cocking, 1999) 놀이와 게임의 경험을 제공합니다.

논리수학 강점을 확인할 수 있는 내용은 다음과 같습니다.

논리수학 능력이 높은 유아의 특징	
1	수세기와 수연산 능력이 뛰어나다.
2	사물의 공통점과 차이점을 분류할 수 있다.
3	사물의 특성을 살펴보고 반복되는 패턴을 발견한다.
4	위치와 방향을 잘 구분한다.
5	도형에 대한 기초개념을 바탕으로 다양한 모양을 구별한다.

논리수학 능력을 증진하는 방법	
1	구체물로 10까지 수를 세어보고 더하기와 빼기를 경험해 본다.
2	다양한 도형, 구슬 등을 주고 모양, 크기, 색에 따라 분류해 본다.
3	청각적 패턴, 시각적 패턴, 운동적 패턴을 보고 다양한 패턴이 있음을 인식하고 규칙성을 재구성해 본다. 예) 손뼉을 반복해서 치고 다음에 나올 것 따라 해 보기(쿵짝짝-쿵짝짝-쿵짝짝- ???) 133-133-133-133- 다음에 나오는 숫자는?
4	지시사항(위치, 방향)에 따라 물건을 찾는 게임을 한다. 예) 책장의 제일 앞칸에 있는 '수수께끼 책' 책상 아래에 있는 '지우개' 의자 오른쪽에 있는 '물컵'
5	친숙한 물체를 탐색하면서 기본 도형의 속성을 인식하고 분류해 본다. 예) 동그란 물건 찾아서 특성 설명하기 세모, 네모, 동그라미 등 도형의 형태 설명하기

논리수학 능력을 증진하는 활동

기본 도형의 속성을 인식하고 분류하는 경험은 유아의 수학에 대한 이해도를 높여줍니다. 유명한 건축물에서 세모, 네모, 동그라미 도형을 찾아봅시다.

러시아 성 바실리 성당 사진에서 여러 가지 도형을 찾아보세요.

프랑스 에펠탑 사진에서 여러 가지 도형을 찾아보세요.

사진출처: https://pixabay.com

7) 생명체와 하나 되는, 자연탐구

'자연탐구'는 생명체에 대한 전문적 지식과 관심을 바탕으로 동·식물을 돌보려는 높은 성향과 생명을 존중하는 능력입니다. 이러한 점에서 가드너(1983)의 '자연친화적 지능'과 유사합니다.

자연은 사회환경만큼 중요한 공간으로 폭넓고 개방적인 사고를 확장하는 장소이므로(임재택, 2008) 지속가능한 발전을 위한 교육이 중요합니다. 자연을 충분히 만끽하거나 자연과 교감하는 행동은 긍정정서와 행복감을 높여주는 역할을 합니다(이승훈, 2014). 산책과 바깥놀이를 즐기고 자연과 함께 하는 성향은 생명을 존중하는 삶과 자연과 관련된 지식과 기술을 습득하는 데 도움이 됩니다. 따라서 유아의 동·식물에 대한 높은 관심과 생명을 소중히 여기는 성향은 공존 가능한 소양을 만드는 과정에 핵심이 되는 강점입니다.

자연탐구 강점을 확인할 수 있는 내용은 다음과 같습니다.

자연탐구 능력이 높은 유아의 특징	
1	동물, 식물, 꽃, 새 등 살아 있는 것에 관심이 있다.
2	생명을 소중하게 여긴다.
3	동물과 식물을 기르고 돌보는 것을 좋아한다.
4	산책과 바깥놀이를 즐기며 자연과 함께 할 때 즐거워한다.

자연탐구 능력을 증진하는 방법	
1	동물, 식물 등 살아 있는 것에 관심을 가지고 먹이, 특성, 서식지 등에 대해 조사하여 발표해 본다.
2	평소에 꽃을 꺾지 않기, 개미 밟지 않기 등 살아 있는 생명을 소중히 여긴다.
3	동물에게 먹이 주기, 텃밭에 물주기를 하거나 식물이 싹트고 성장하는 과정, 동물이 자라는 과정을 관찰하고 돌본다.
4	산책, 바깥놀이, 숲체험 등 즐거웠던 경험에 대한 사진이나 동영상을 보고 행복해하는 표정을 찾아본다.
5	요리활동, 반죽놀이, 경사로 놀이 등을 하면서 측정하기, 실험하기, 문제해결하기 등 다양한 과학적 지식을 형성하는 경험을 해본다.

자연탐구 능력을 증진하는 활동	
동물이나 식물 등 살아 있는 것에 관심을 가지고 먹이, 특성, 서식지 등을 조사하여 발표해 봅시다.	
자연탐구 조사 기록장	
조사 대상	

※ 조사한 대상의 모습을 그림으로 그려보세요.

무엇을 먹나요?	
어디에 사나요?	
특징은 무엇인가요?	

8) 세상과 소통하는 방법, 언어

'언어'는 일상생활에서 언어사용을 즐기고 의사소통이 뛰어난 능력을 의미하는 강점입니다. 가드너(1983)의 '언어적 지능', 후퍼(2013)의 '언어강점', 폭스(2008)의 '말로 표현하는 사람' 그리고 Clifton Strengths Finder(Lopez, 2008)의 '의사소통'과 유사한 개념입니다.

언어 강점은 유아에게 빈번히 관찰되는데, 언어는 의사소통 수단이자 자기이해와 관계 구축에 핵심이 되는 매개역할을 하기 때문입니다. 언어 강점은 정확하게 쓰고 읽는 능력보다는 일상생활의 의사소통능력을 증진하고 음성언어와 문자언어를 이해하는 문해력과 관련이 깊습니다.

언어 강점을 확인할 수 있는 내용은 다음과 같습니다.

	언어 능력이 높은 유아의 특징
1	생활 속 다양한 글자와 책에 관심을 가지고 읽는다.
2	어휘력이 풍부하여 평소 다양한 단어로 이야기한다.
3	이야기를 짓거나 동시를 창작한다.
4	자신의 생각, 느낌, 경험을 말로 조리 있게 표현한다.
5	토론, 발표, 대화하는 것을 좋아한다.

	언어 능력을 증진하는 방법
1	일상생활 속에서 쉽게 접하는 글자(간식과 점심 식단, 그림책 표지, 약속판, 간판 등)에 관심을 가지고 읽어본다.
2	틀린 문장과 틀린 말 찾기, 동음이의어 찾기, 단어 수수께끼, 끝말잇기 등의 게임을 한다. 예) 틀린 말 찾기: 배를 타고 감을 건너갑니다. 틀린 말 찾기: 언니가 가위로 색종이를 지웁니다. 동음이의어 찾기: 다람쥐는 밤을 좋아합니다. 동음이의어: 말, 배, 굴, 돌 등
3	동화를 듣고 뒷이야기를 꾸미거나 동시를 지어본다.
4	하루 중에 일어난 특별한 일, 아팠던 경험, 현장체험학습의 경험, 주말을 지낸 경험 등에 대해 이야기를 나눈다.
5	가족, 친구들에게 동화책이나 그림, 글자를 읽어준다.

언어 능력을 증진하는 활동

첫 글자를 누가 말할지, 게임의 규칙을 의논한 후 단어의 끝말을 이어서 단어를 말할 수 있도록 연습해 봅시다.

끝말잇기 놀이

1. 단어의 첫 글자가 같은 말로 시작하거나 단어의 끝 글자가 같은 말로 끝나는 단어를 말하도록 제안해보고 유아가 놀이할 수 있도록 지원합니다.
   (예: 아이 → 이야기 → 기차 → 차비 → 비행기…)

2. 부모와 교사가 주제어를 제시하고 유아는 주제어와 관련된 단어들을 연상해서 말하는 이어가기 게임을 해봅시다. (팀을 이루어 게임을 할 수도 있습니다) 다음의 예를 참고하세요.

주제어	연상단어
가족	아빠, 엄마, 나, 동생, 아기, 형, 오빠, 누나, 언니, 아기, 할머니, 할아버지, 안경, 지팡이, 돋보기, 넥타이, 구두, 가방

3. 생활강점

생활강점은 유아가 일상생활을 유지하고 스스로 살아가는 데 기반이 되는 강점입니다. 생활강점은 일상생활에 기본이 되는 행동을 익혀 생활력을 기른다는 점에서 기본생활습관(교육부, 보건복지부, 2019)과 비슷한 개념입니다. 생활강점은 개인의 성장과 살아가는 힘을 기르는 데 도움을 준다는 점에서(임재택, 2008) 유아교육에서 중요하게 다루어온 교육내용입니다.

생활강점은 기본생활습관을 구성하는 예절, 질서, 청결, 절제의 개념을 포함하고 있지만, 유아교육기관에서 형식적인 행동으로 접근하는 생활습관교육은 실효성이 낮고 지식과 기능을 강조하기 때문에 한계가 있습니다. 유아가 스스로 할 수 있는 능력을 기를 수 있도록 심리적 측면에서 접근할 필요가 있습니다. 신체건강, 놀이, 예절, 정리정돈 및 절약, 안전으로 구성되는 생활강점의 하위영역에 대해 살펴보면 다음과 같습니다.

1) 만사의 밑거름, 신체건강

'신체건강'은 계절에 맞는 옷 입기, 건강한 식습관, 청결, 신체리듬을 고려하여 건강을 유지하고 증진하는 데 필요한 강점을 의미합니다. 건강은 행복한 삶에 필요한 기본조건으로 건강하지 않으면 삶의 목표를 달성할 수 없습니다. 이는 생활 속에서 건강을 유지하는 노력의 중요성에 입각한 내용을 포함하며, 건강함을 유지하는 생활태도와 연결됩니다. 따라서 질병을 예방하고 신체리듬을 고려하여 활동하는 것, 몸에 좋은 음식을 선택하여 먹는 생활태도는 개인의 삶을 유지하는 데 기본이 되는 강점입니다.

신체건강 강점을 확인할 수 있는 내용은 다음과 같습니다.

신체건강 능력이 높은 유아의 특징	
1	몸이 건강하여 질병에 걸리지 않는다.
2	자신의 신체리듬을 고려하여 활동한다.
3	계절과 날씨를 고려하여 옷을 입는다.
4	몸에 좋은 음식을 선택하여 먹는다.
5	몸의 청결을 유지하려는 습관이 있다.

신체건강을 증진하는 방법	
1	몸을 건강하게 유지하기 위한 생활 건강 실천목록을 작성해 본다.
2	키, 몸무게가 발달연령에 적합한지 살펴본다.
3	"놀이를 하다가 몸이 아프거나 피곤하면 어떻게 하면 좋을까?"라고 물어보며 유아 스스로 자신의 신체리듬에 대해 인식하고 놀이에 참여하는 정도를 조절하는지 이야기 나누어 본다.
4	실외놀이를 하다 더우면 외투를 벗거나, 날씨가 추워서 두꺼운 옷을 입었다는 등 유아가 실내외 온도에 따라 알맞게 자신의 체온을 조절할 수 있는지 알아본다.
5	성장·발달에 필요한 음식을 선택하여 적당량의 음식을 골고루 먹는 생활습관을 기른다.
6	손씻기, 이닦기 방법을 알고 생활 속에서 청결을 유지한다.

신체건강을 증진하는 활동

정기적으로 키와 몸무게의 변화과정을 기록한 뒤, 건강한 삶을 실천해 봅시다. 신체건강 증진방안에 대한 약속을 정하여 지켜보도록 합시다.

	3월	6월	9월	12월
키	cm	cm	cm	cm
몸무게	kg	kg	kg	kg

건강지킴이 약속판을 만들어 보아요. 유아가 약속을 실천했을 경우, 빈칸을 색칠하고 칭찬해 주세요.

요일 / 약속내용	일	월	화	수	목	금	토
음식을 골고루 먹었어요							
과자, 탄산음료 등 몸에 해로운 음식을 먹지 않았어요							
내가 싫어하는 (　　　)를 먹었어요							

2) 삶의 보약, 놀이

'놀이' 강점은 놀잇감을 다양하게 사용하여 즐겁게 놀이하는 능력입니다. 놀이는 인간의 삶 속에 깊숙이 뿌리내린 활동으로 다양한 과업을 수행하는 데 필요한 능력을 체득하는 과정입니다(Peterson, 2013/2015). 또한 유아의 주도성을 개발하고 탐색하려는 동기를 증진시킬 뿐만 아니라 삶의 열정을 찾고 발견하는 데 중요한 역할을 하므로 놀이는 유아의 행복감을 높이는 데 도움을 줍니다.

놀이는 유아의 본능이며, 유아는 놀이를 통해 배우고 성장합니다. 놀이 경험은 유아의 성장과 발달을 지원합니다. 영아들은 탐색놀이와 반복놀이를 하며 오감활동을 통해 뇌가 발달합니다. 전조작기의 유아들은 상상놀이와 역할놀이를 즐기는데 상상놀이를 통해 지식을 놀이로 표현하여 불완전했던 지식을 자신의 것으로 형성해나가며 타인의 입장을 이해하고 공감하게 됩니다. 자유롭게 놀이할 때 사고력과 정서가 발달하며 자기통제력도 길러질 수 있습니다. 유아기는 일과 놀이가 분화되지 않은 시기이므로 풍부한 놀이성, 즉 잘 놀이하는 행동적 특성이 발견됩니다.

놀이 강점을 확인할 수 있는 내용은 다음과 같습니다.

	놀이 능력이 높은 유아의 특징
1	놀이방법을 다양하게 만들어낸다.
2	놀이 결과보다 놀이 과정에 즐거움을 느낀다.
3	하나의 놀이를 다른 놀이로 쉽게 확장한다.
4	놀잇감을 다양한 용도로 활용한다.

	놀이 능력을 증진하는 방법
1	놀이 내용, 놀이 역할, 놀이 방법, 놀이 규칙 등을 스스로 결정하여 놀이한다.
2	재활용품으로 놀잇감을 만들어 본다.
3	생활용품, 자연물 등의 놀잇감을 새로운 용도로 변환시켜 놀잇감을 가작화(예: 돌을 전화기로 활용)한다.
4	놀이공간을 지도로 그려본다.
5	놀이했던 사진을 보면서 놀이의 변화과정에 대해 이야기를 나눈다.

놀이 능력을 증진하는 활동

어렸을 때부터 지금까지 내가 놀이했던 모습이 담긴 사진을 찾아봅시다. 시간 순서대로 사진을 붙인 뒤, 나의 놀이가 어떻게 변화했는지 이야기 나누어 봅시다.

놀이가 너무 좋아요	
1~2살	3~4살
5~6살	7살

놀이를 하면서 자주 활용했던 나의 강점은 무엇인가요?
글이나 그림으로 표현해 보세요.

3) 인성 함양의 지름길, 예절

'예절' 강점은 예와 효가 바탕이 되어 말씨와 몸가짐을 실천하는 능력입니다. 어른께 높임말을 사용하고 공경하며, 공공장소에서 지켜야 할 예절을 알고 행동하는 것도 포함됩니다.

유아 인성교육의 덕목 중에 질서와 효를 통합한 하위영역으로, 성격강점의 '시민의식'과 유사합니다. 예절은 조화로움을 추구하고 상황에 근거한 행동 양식 속에서 지켜야 하는 규범과 연결된다는 점에서 동양의 문화 특성이 반영된 강점입니다.

예절은 인간이 갖추어야 하는 최고의 덕성인 인(仁)에 도달하기 위한 규범으로 배우고 익힘을 전제하는 행동양식입니다. 유아기에 지켜야 할 예절에는 실생활과 관련된 인사하기, 높임말 사용하기, 공경하기, 공공예절 지키기, 식사예절 지키기 등이 있습니다.

예절 강점을 확인할 수 있는 내용은 다음과 같습니다.

예절 능력이 높은 유아의 특징	
1	상황에 맞게 인사한다.
2	어른께 높임말을 사용한다.
3	조부모와 어른을 공경한다.
4	공공장소에서의 예절을 알고 이를 지킨다.
5	식사예절을 알고 이를 지킨다.

예절 능력을 증진하는 방법	
1	아침에 일어날 때, 유아교육기관에 도착했을 때, 간식과 점심을 먹을 때, 집에 갈 때 등 상황에 적합한 인사말을 사용한다.
2	할머니, 할아버지, 부모님, 선생님, 이웃 등 어른께 높임말을 사용한다.
3	조부모와 어른에게 바른 태도로 공손하게 행동한다.
4	'공공장소(미술관, 음악회, 도서관 등)에서 지켜야 할 예절'을 찾아보고 예절목록을 만든다.
5	간식시간이나 식사시간에 지켜야 할 예절을 알고 실천한다.

예절 능력을 증진하는 활동

할머니, 할아버지, 부모님, 선생님, 이웃 등 어른께 높임말 사용해야 합니다. 내가 알고 있는 높임말을 써보고, 언제 사용했는지 이야기를 나누어 봅시다.

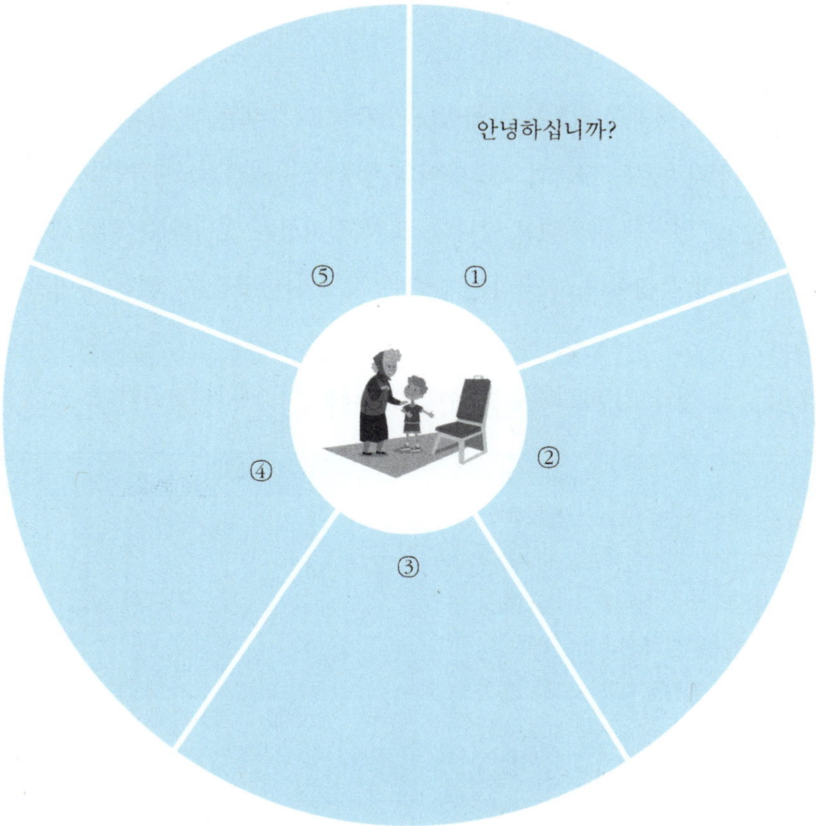

① 유치원에 등원해서 원장 선생님과 선생님을 만났을 때

②

③

④

⑤

4) 지구를 지키는, 정리정돈 및 절약

'정리정돈 및 절약'은 주변을 깨끗하게 정리하는 기본생활 행동을 바탕으로 자신의 물건과 함께 사용하는 물건을 아끼고 소중히 여기는 삶을 실천하는 강점입니다. 이 강점에는 청결과 검소함을 강조하는 동양의 문화 특성이 반영되어 있으며 유아의 경제교육과도 연결됩니다.

유아교육기관에서의 정리정돈은 놀이나 일과를 마무리할 때 지속적으로 반복되는 행동입니다. 정리정돈은 타율적으로 유아의 행동을 유발하기보다 자발적 동기를 가지고 행동할 수 있도록 지원해야 합니다. 또한 정리정돈 및 절약은 일상생활 속에서 요구되는 행동적 특성이며, 절약하는 습관은 절제와 연결될 수 있는 유아기의 강점입니다.

정리정돈 및 절약 강점을 확인할 수 있는 내용은 다음과 같습니다.

	정리정돈 및 절약 능력이 높은 유아의 특징
1	자신의 물건을 스스로 정리한다.
2	정리시간에 적극적으로 참여한다.
3	자신이 먹은 음식을 잘 정리한다.
4	쓰레기를 분리해서 버린다.
5	자신의 물건을 아껴 쓰고 소중히 여긴다.
6	함께 사용하는 물건을 아껴 쓴다.
7	자신의 물건을 잃어버리지 않는다.

	정리정돈 및 절약 능력을 증진하는 방법
1	스스로 자신의 가방, 양말, 물통 등을 정해진 곳에 정리한다.
2	정리정돈을 열심히 하는 경우 칭찬한다.
3	점심시간, 간식시간에 먹은 음식을 정리한다.
4	쓰레기를 분리수거한다.
5	교실, 화장실, 복도, 방, 거실 등과 같이 주변에 쓰레기가 떨어져 있을 경우 시키지 않아도 쓰레기를 줍거나 청소도구를 이용해 정리한다.
6	물건을 절약하는 방법을 알고 실천한다.
7	잃어버린 물건을 찾아본다.
8	물건에 이름을 쓰거나 자신만의 표시를 한다.

정리정돈 및 절약 능력을 증진하는 활동

다음의 게임방법을 알아보고 유아와 함께 놀이해 봅시다.

물건 정리하기 게임

• 준비물: 게임판 2개, 말 2개, 가위바위보 주사위 2개, 정리정돈 주사위 1개

• 게임방법

1. 게임판과 말을 각각 한 개씩 나누어 가진다.(팀으로 나누어 게임판과 말을 가져갈 수 있다.)
2. 먼저 가위바위보 주사위를 동시에 던진다.(손으로 가위바위보를 할 수 있다.)
3. 이긴 사람이 '정리정돈' 주사위를 던진다.
4. 주사위의 영역에 해당하는 물건을 정리한 후, 말을 정리한 물건의 개수에 해당하는 숫자 위로 옮긴다.
5. 게임판의 숫자 10에 말이 먼저 도착한 사람이 이긴다.(물건을 많이 정리한 사람이 이긴다.)

[정리정돈 주사위]

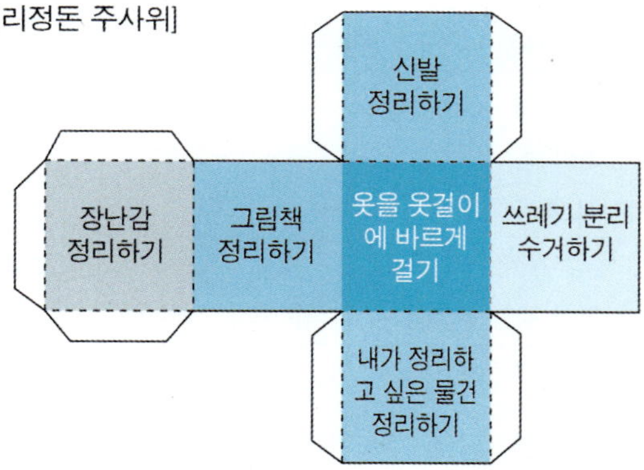

[가위바위보 주사위]

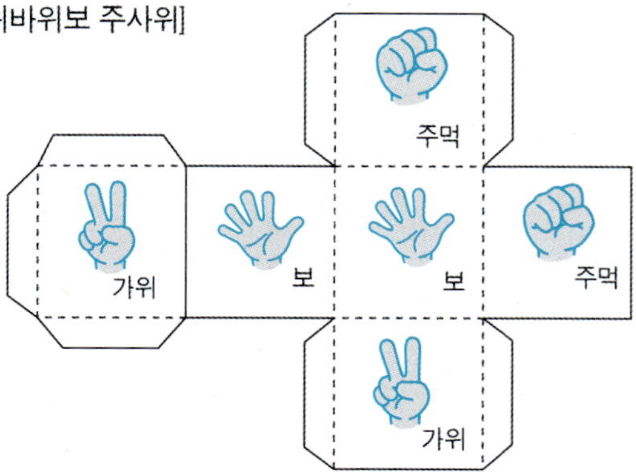

[게임판]

5) 나를 지키는, 안전

'안전' 강점은 위험한 상황과 장소에서 조심스럽게 행동하고 안전규칙을 지키며 적절하게 대처하는 능력입니다. 안전은 성격강점의 '신중성' 중 과도한 위험을 감수하지 않는 성향과 유사한 특성이 있습니다. 안전 강점을 가진 유아는 신중하고 조심성 있는 행동 특성을 보입니다. 안전은 생명과 직결되며, 유아기에 형성된 안전에 대한 지식과 태도는 성인기까지 지속되므로 위험한 상황에 직면했을 때 위험을 최소화하기 위해 자신을 보호하고 안전하게 대처할 수 있는 생활태도가 중요합니다. 안전 강점을 가진 유아는 위험에 대한 감수성이 높습니다.

안전 강점을 확인할 수 있는 내용은 다음과 같습니다.

안전 능력이 높은 유아의 특징	
1	장난감을 안전하게 사용합니다.
2	위험한 장소에서 조심스럽게 행동합니다.
3	위험한 상황을 발견하면 교사에게 즉시 알린다.
4	교통안전, 소방안전, 재난안전 등의 규칙을 지킨다.
5	생활 속에서 발생할 수 있는 다양한 위험 상황을 알고 적절하게 대처한다.

안전 능력을 증진하는 방법	
1	장난감을 안전하게 사용하는 방법을 알아본다.
2	위험한 장소에 '위험'스티커를 만들어 붙여본다.
3	위험한 상황이 있을 때 교사, 어른에게 도움을 요청한다.
4	'지켜야 할 교통안전 규칙'에는 어떤 것이 있는지 물어본다. 예) 횡단보도를 건널 때, 주의해야 할 점을 알아본다. 교통표지판의 의미를 알아본다.
5	재난대피, 아동학대, 성폭력, 유괴 등에 대한 교육을 정기적으로 실시하고 위험한 상황이 발생했을 경우 대처 방법을 상황극으로 표현해본다.

안전 능력을 증진하는 활동

우리 집이나 원에서 안전한 생활을 위해 지켜야 하는 규칙은 무엇인지 알아보고 부모님이나 친구들과 함께 서약서를 만들어 약속을 지켜봅시다.

안전 생활 규칙 만들기	
장난감 가지고 놀 때	
현관에서	
화장실에서	
바깥에서	

안전지킴이 서약서

우리의 안전한 생활을 위해

1. ______________________________

2. ______________________________

3. ______________________________

4. ______________________________

5. ______________________________

안전 생활 규칙을 잘 지킬 것을 약속합니다.

이름: ____________ 서명: ____________

쉬어가기

영화 '어벤져스'에 나오는 인물들의 강점이 무엇인지 찾아봅시다. 아래 표에는 등장인물들의 여러 강점 중 대표적인 강점 한 가지만 제시하였습니다. 인물들의 행동들을 곰곰이 생각해보고 이유도 적어보세요. (※ 강점에 대한 자세한 설명은 p. 40-42를 참고하세요.)

인물	내가 찾은 강점	대표강점인 이유
 아이언맨	지혜	
 캡틴아메리카	리더십	
 닥터 스트레인지	논리수학	공간의 이동을 자유롭게 할 수 있는 능력이 뛰어나므로 '공간지능'이 높다.
 스파이더맨	논리수학	거미줄을 던질 때와 이동 시에 공간지능을 활용한다.

출처: https://pixabay.com/ko

참고자료

최성애 박사와 함께하는, 행복일기 - 기초편

「행복일기」는 운동일기, 다행일기, 감사일기, 선행일기 그리고 감정일기의 5가지 세부 일기로 나뉜다. 최성애 박사는 이 5가지 세부 일기를 매일 쓰다 보면 뇌에 긍정적 사고 회로가 만들어지고, '자기-알아차림'이 높아져 스트레스 상황을 더 쉽게 이겨낼 수 있다고 말한다. 하루 5~10분만 내어 행복일기를 쓰는 것만으로 행복에 가까워질 수 있다.

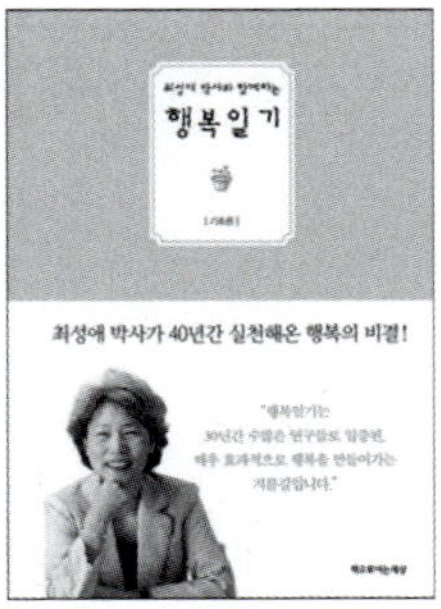

출처: 최성애(2015).

행복명언

행복은 삶의 의미이며 목적이고, 인간 존재의 궁극적 목표이며 지향점이다. - 아리스토텔레스

행복은 이미 만들어져 있는 것이 아니다. 행복은 당신의 행동들로부터 발생한다. - 달라이 라마

행복이란 밖에서 오는 행복도 있지만 자기 마음 안에서 향기처럼, 꽃향기처럼 피어나는 것이 진정한 행복입니다. - 법정

작은 집일지라도 마음이 진실한 친구로 가득 채울 수 있다면 그 사람은 이 세상에서 가장 행복한 사람입니다. - 소크라테스

주는 것은 받는 것보다 행복하고, 사랑하는 것은 사랑받는 것보다 아름다우며 사람을 행복하게 한다. - 헤르만 헤세

Chapter

3 유아의 강점리터러시를 어떻게 증진할까?

1. 유아의 강점리터러시를 증진하는 방법

1) 강점리터러시 교육 운영, 스트랭쌤(Strengthsam)

유아의 강점리터러시를 키우기 위해서는 체계적인 교육 운영이 필요합니다. 스트랭쌤(Strengthsam)은 'Strengths+And+Management'의 합성어로, 강점(Strengths)을 관리하는 개인을 위한 도구이자, 가정이나 교육기관에서 강점리터러시 교육을 운영하기 위한 도구입니다. 즉, 스트랭쌤은 '가정 또는 유아교육기관에서 유아의 강점리터러시를 파악하고 증진하기 위해 일상생활이나 놀이 또는 교육 중에 유아를 개별 또는 대·소그룹으로 지원할 수 있는 교육 운영'을 의미합니다. 유아가 자신의 강점리터러시를 발휘하고 증진하는 것은 부모와 교사가 어떤 자세로 어떤 내용을 어떻게 지원하는가에 달려 있습니다.

강점리터러시 교육은 뇌발달의 결정적 시기인 유아기에 유아가 스스로 문제를 인식하고 해결을 위한 최선의 방안을 찾아감으로써 자신을 구성해 나갈 수 있도록 돕습니다. 또한 강점리터러시 교육은 유아가 부모와 교사, 친구 등과 호혜적인 상호작용을 통해 앞으로 내딛고 계속 새로운 능력들을 구축하게 하는 비계 또는 지원체계로 이루어져 있으며 이를 통해 유아는 자신의 강점리터러시를 증진해 나갈 수 있습니다.

유아를 위한 강점리터러시 교육은 긍정심리학과 교육신경학 그리고 구성주의 이론에 근거합니다. 긍정심리학을 바탕으로 유아교육의 최종 목표인 행복플로리시한 삶을 위해서는 유아의 강점을 인식하고 활용하는 강점리터러시의 증진이 필요합니다. 이는 미래사회를 살아갈 유아들이 지녀야 할 핵심역량을 함양하고 강화하는 것과 관련이 있습니다. 교육신경학에서는 유아가 자신의 강점리터러시를 증진하면 행복감이 뇌, 마음 그리고 행동과 연결되어 유아의 개인적 요인과 환경을 포함한 다양한 상황적 요인들이 서로 영향을 주고받으며 유아의 발달에 긍정적인 영향을 미친다고 봅니다(신현정, 황해익, 2020; Flobakk, 2011). 이러한 유아의 경험과 배움들로 인지구조를 재구성하며, 개인의 경험을 결정하는 데에는 사회문화적 요인, 개인 특유의 경험, 생물학적 요인 등이 영향을 미치는데 이는 구성주의와 관련이 있습니다.

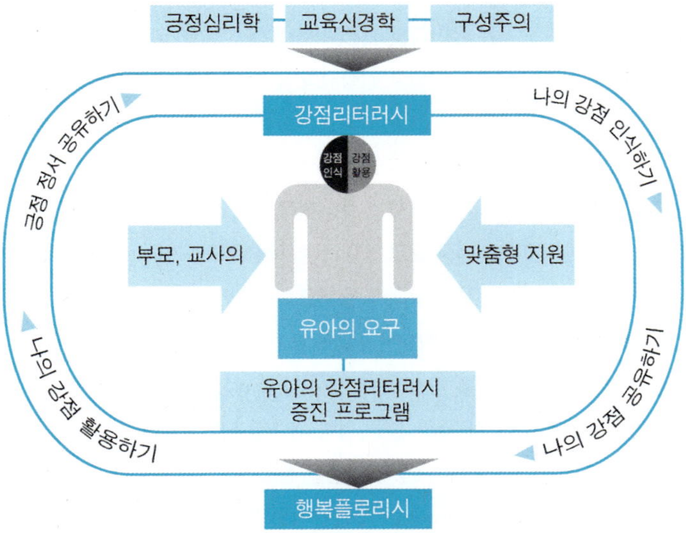

그림 3-1 유아의 강점리터러시 흐름과 스트랭쌤

출처: 신현정(2021). p. 88.

유아를 위한 강점리터러시 교육 체계는 다음과 같습니다.

표 3-1 유아를 위한 강점리터러시 교육 체계

유아 강점리터러시 교육	
개념	• 유아가 자신의 강점을 인식하고 활용하는 능력인 강점리터러시를 다양한 상황에서 발휘할 수 있도록 체계적이고 구체적으로 교육하는 방법이다. • 강점리터러시 교육은 순환과정을 통해 유아 스스로가 자신의 강점리터러시를 더욱 강화시킬 수 있다.
목적	• 유아기부터 강점리터러시를 증진시켜 자신을 존중하고 타인과 상호 존중하는 관계를 이루며 행복플로리시한 삶을 누릴 수 있다.
목표	1. 유아가 자신의 강점을 인식하고 활용한다. 2. 유아가 상황에 맞게 강점리터러시를 효율적으로 사용한다. 3. 유아가 자신의 강점리터러시를 최적화하여 행복플로리시한 삶을 영위한다. 4. 유아가 속한 다양한 환경 속에서 자신과 타인을 존중하고 긍정정서를 공유하며 조화롭게 살아갈 수 있는 능력과 태도를 함양한다.
방향	1. 유아의 강점리터러시 증진을 위해 단계, 내용, 방법, 시기 등을 포함하는 전체적 틀을 구성한다. 2. 강점리터러시 교육의 계획, 실시, 평가는 유아 주도로 선택하고 결정할 수 있도록 하되, 유아의 수준에 맞는 근접발달영역을 자극하고 도와줌으로써 진행될 수 있도록 한다. 3. 강점리터러시 교육은 유아의 강점 찾기를 통해 강점을 발견하고 인식한 후 강점을 활용하여 강점리터러시가 증진되고 강화되며 또 다른 강점을 발견하는 순환의 과정을 거치도록 한다. 4. 유아의 강점리터러시 교육은 강점리터러시의 증진을 위한 과정을 거치는 중에 또 다른 강점을 인식하고 계발할 수 있는 동시성을 지닐 수 있게 한다. 5. 유아가 자발적이고 능동적으로 놀이나 활동을 주도하거나 고안하여 즐길 수 있도록 다양한 교육적 지원을 통해 유아 맞춤형으로 구성한다.
운영체계	1. 유아 - 유아, 유아 - 부모, 유아 - 교사의 유기적인 상호관계를 유지한다. 2. 유아가 강점리터러시를 지속적으로 발휘할 수 있도록 가정과의 연계를 통한 부모의 지지를 위해 부모 - 교사 간의 상호 협력적인 관계를 유지한다. 3. 지역사회의 연계를 통해 교육적 지원을 확장한다.
교수학습 원리	개인 간 상호작용을 통한 교수원리, 비계설정을 통한 교수원리, 효율적 언어자극을 통한 교수원리

출처: 신현정(2021). p. 61.

강점리터러시의 구성, 유아 강점리터러시 교수학습의 이론적 근거, 유아의 강점리터러시 흐름을 전체적으로 살펴볼 수 있는 유아의 강점리터러시 교수학습 구성도는 다음 그림과 같습니다.

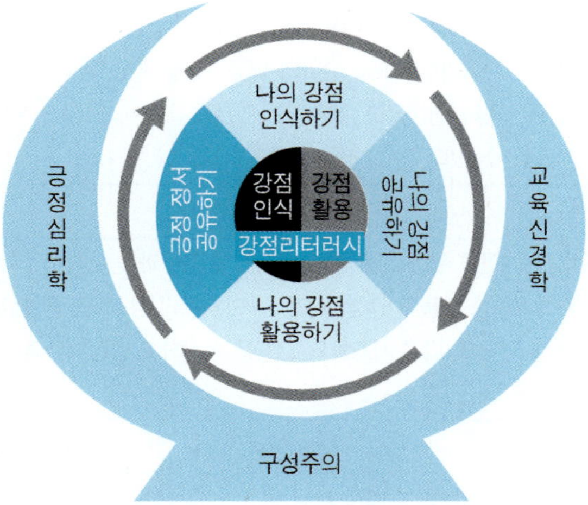

그림 3-2 유아의 강점리터러시 교수학습 구성도
출처: 신현정(2021). p. 65.

2) 유아의 강점리터러시 흐름에 따라 지원하기

유아의 강점리터러시는 유아가 자신의 강점을 얼마나 이해하고 활용하고 있는지를 파악하여 유아의 강점리터러시 흐름에 따라 자연스럽게 놀이하면서 증진하도록 돕는 것이 바람직합니다. 즉, 유아의 대표강점, 강점리터러시 이해도, 발달 수준, 상황적 맥락 그리고 교육환경 등에 따라 융통성 있게 지원해야 합니다.

유아가 자신의 강점리터러시를 어느 정도 이해하고 있느냐에 따라 지원은 달라져야 합니다. 이는 강점이 개인의 특질이므로 유아마다 다르게 발현되고 개별 유아가 지닌 강점들 간의 개인 내적 비교를 하는 특성 때문입니다. 유아의 강점리터러시도 개별 유아의 대표강점에 따라 강점을 인식하고 활용하는 이해 정도가 각각 다릅니다. 이러한 차이는 유아들 간의 수준 차이를 나타내는 것이 아님을 유의해야 합니다.

신현정(2021)은 유아 강점리터러시의 흐름에 따른 교육적 지원을 다음과 같이 제시하였습니다.

단계	교육적 지원
1단계 나의 강점 인식하기	• 놀이와 일상생활을 통해 나의 강점을 인식하고 강점을 찾아보며 강점을 활용했던 경험 등을 통해 나의 대표강점을 안다. • 관찰과 유아강점척도로 유아의 대표강점을 확인할 수 있으며, 유아가 자신의 강점을 얼마나 인식하고 활용하고 있는지 확인하기 위해 유아강점리터러시척도를 활용할 수 있다.
⬇	⬇
2단계 나의 강점 공유하기	• 나의 강점을 활용했던 성공 경험을 친구들과 공유한다. • 가족이나 친구들의 강점을 찾아주고 서로의 강점이름을 함께 지어 불러주는 놀이를 통해 나와 다른 사람들의 강점을 인식하고 인정해주며 서로의 강점을 더 많이 알게 된다.
⬇	⬇
3단계 나의 강점 활용하기	• 놀이나 일상생활 속에서 나의 강점을 활용하거나 내가 잘하는 놀이를 만드는 경험을 통해 강점리터러시를 증진시킨다. • 유아가 부모나 교사의 지원을 필요로 할 경우 가족, 유치원에 계시는 분들, 동화 속 인물들, 위인들 등 다양한 대상들이 활용하는 강점을 함께 찾아보거나 관련 아이디어를 유아에게 제안한다. • 소그룹과 대그룹으로 유동적 구성이 가능한 동극, 협동미술, 신체활동, 미션게임, 골든벨 등을 다른 사람들과 함께 경험하면서 유아가 자신의 강점을 활용하고 키워나갈 수 있다.
⬇	⬇
4단계 긍정정서 공유하기	• 나의 강점리터러시를 통해 변화된 나를 인식하고, 자아존중감, 긍정정서와 행복감을 높이며 부모, 친구, 교사 등 주변 사람들과 성취의 기쁨과 행복감 등의 긍정정서를 공유한다. • 나의 변화과정을 이야기나누기, 감사일기·감사편지 쓰기, 강점자화상 등을 통해 다양하게 표현할 수 있다. 이를 통해 나의 강점리터러시를 더욱 강화할 수 있으며 강점을 계속 활용하고 싶은 욕구를 느끼며 나선형으로 강점리터러시의 강화가 이루어진다.

그림 3-3 강점리터러시의 흐름에 따른 교육적 지원

① 1단계: 나의 강점 인식하기

'나의 강점 인식하기'는 유아가 놀이와 일상생활을 통해서 자신의 강점을 찾아보고, 인식하며, 강점을 활용했던 경험 등을 통해 자신의 대표강점을 알게 되는 과정입니다. 유아의 강점이 대표강점으로 여겨지기 위해서는 그 강점이 대부분의 시간에 드러나는 것이어야 하며 다른 강점과 달리 그 유아의 특성을 가장 잘 드러내는 것이라고 다른 사람들이 인정한 강점이어야 합니다(Peterson & Seligman, 2004). 유아가 자신의 강점을 찾는 데 어려움이 있는 경우 부모나 교사는 강점을 찾을 수 있도록 교육적 지원을 할 수 있습니다. 관찰과 유아강점척도를 활용하여 유아의 대표강점을 미리 확인할 수 있으며, 유아가 자신의 강점을 얼마나 인식하고 활용하고 있는지를 확인하기 위해 유아강점리터러시척도를 사용하여 강점리터러시 수준을 파악할 수 있습니다. 또한 유아의 강점 파악이 어렵거나 추가적인 정보 수집을 위하여 유아나 부모와의 면담 등을 활용할 수 있습니다.

② 2단계: 나의 강점 공유하기

'나의 강점 공유하기'는 유아가 자신의 강점을 활용했던 성공 경험을 다른 친구들에게 이야기하고 공유하는 과정입니다. 뇌는 실패 경험과 어려운 과제 등에는 동기가 형성되지 않지만 성공한 경험이 많고 좋은 보상을 받은 것으로 판단하면 동기가 형성됩니다. 따라서 유아가 자신의 성공 경험을 떠올리는 것은 강점을 더 활용하려는 동기를 형성하는 데 효과적이며 이는 다시 뇌의 신경세포와 연결되고 도파민과 세로토닌의 형성에 자극을 주므로 유아의 행복플로리시한 삶을 영위하는 데 도움을 줍니다.

유아는 가족이나 친구들의 강점을 찾아주고 자신의 강점이름과 다른 사람들의 강점이름을 함께 지어보고, 강점이름을 불러주면서 서로의 강점을 인식하고 인정하며, 더 많이 알아가는 공유의 과정을 경험합니다. 이러한 유아의 사회적 상호작용은 정상적인 신경인지 발달에 결정적인 역할을 하여 자신의 정서 상태를 확인하고 즐거움의 경험을 통해 소속감을 추구하며, 공동체 속에 포함되어 존중받기를 원한다고 보는 교육신경학의 관점과 관련이 있습니다(Gregory & Kaufeldt, 2012/2019). 2단계와 연계된 경험의 지원으로는 우리 가족, 유치원이나 어린이집에 계시는 분들, 동화에 나오는 인물들, 위인 등 다양한 대상들의 강점을 찾아주고 강점이름 지어주기 등이 있습니다.

③ 3단계: 나의 강점 활용하기

'나의 강점 활용하기'는 놀이나 일상생활 속에서 유아가 자신의 강점을 활용하거나 자기가 잘하는 놀이를 하면서 강점리터러시를 증진하는 과정입니다. 유아의 요구에 따라 부모와 교사는 가족, 유치원에 계시는 분들, 동화 속 인물들, 위인들 등 다양한 대상들이 활용하는 강점을 함께 찾아보거나 관련 아이디어를 제안할 수 있습니다. 또한 소그룹과 대그룹 형태로 유동적인 구성이 가능한 동극, 협동미술, 신체활동, 미션게임, 그리고 골든벨 등을 친구들과 함께 경험하면서 유아가 자신의 강점을 활용하고 키워나갈 수 있습니다. 유아의 강점 활용과 관련한 지원은 유아가 요청할 경우와 필요한 상황에서 언제든지 이루어질 수 있도록 준비되어야 합니다.

④ 4단계: 긍정정서 공유하기

'긍정정서 공유하기'는 유아가 강점리터러시의 증진을 통해 변화된 나를 인식하고 자아존중감, 성취의 기쁨과 행복감을 높이며 이러한 정서를 부모와 교사, 친구들, 주변 사람들과 공유하는 과정입니다. 4단계에서의 '공유'는 개인들 간의 상호작용을 통한 긍정적 정서의 공유를 의미하며 이러한 정서는 교육을 통해 향상될 수 있습니다. 이와 함께 감사를 경험하고 표현하는 것은 유아의 행복플로리시를 증진시키는 데 기여합니다. 감사일기와 감사편지 쓰기는 다른 사람들과의 관계를 통해 경험한 행복감을 재확인하고 표현할 수 있으므로 나의 행복감을 다른 사람과 공유하는 데 도움이 됩니다. 강점자화상 그리기는 유아의 자아존중감과 긍정적 정서를 강화시키고 강점리터러시를 다지며 유아의 생각과 느낌을 파악할 수 있는 질적 평가 자료로 활용할 수 있습니다.

3) 유아의 강점리터러시 이해도에 따라 지원하기

유아가 자신의 대표강점에 대해 어느 정도 인식하고 어느 정도 활용하고 있는지를 가리켜 그 유아의 '강점리터러시 이해도'라고 합니다. 강점리터러시 이해도는 다음 그림과 같이 이해1, 이해2, 이해3의 세 가지 유형으로 나뉩니다. 이때 강점리터러시 이해도는 분절된 의미가 아니며 유아의 이해도에 따라 유동적으로 지원할 수 있습니다. 유아가 자신의 강점리터러시를 이해하고 증진하도록 지원하기 위해 유아강점리터러시척도를 활용해 봅시다(활동 3-5 p. 87-89).

<table>
<tr><th colspan="3">유아의 강점리터러시 이해도에 따른 교육적 지원</th></tr>
<tr><td rowspan="4">강점
활용</td><td rowspan="2">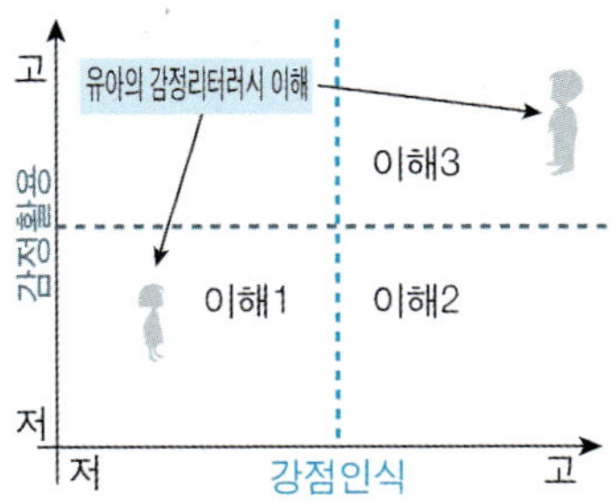
</td><td>이해3</td></tr>
<tr><td>① 강점인식(점수: 38점 이상 ~ 50점 이하)
강점활용(점수: 39점 이상 ~ 50점 이하)
강점을 인식하며 일상생활이나 놀이에 강점을 자연스럽게 활용하고 목적을 위해 강점을 활용할 수 있다.
② 교육적 지원: 3단계와 4단계의 경험을 할 수 있도록 지원할 수 있다. 유아가 경험을 통해 지속가능한 행복감을 누릴 수 있도록 친구들과의 공유를 제안하고, 다른 대표강점을 발휘하도록 제안할 수 있다.</td></tr>
<tr><td>이해1</td><td>이해2</td></tr>
<tr><td>① 강점인식(점수: 10점 이상 ~ 37점 이하)
강점활용(점수: 10점 이상 ~ 38점 이하)
강점을 인식하지 못하거나 낮은 수준으로 인식하며 강점을 활용하지 못하거나 일상생활이나 놀이에 강점을 활용하는 데 어려움이 있다.
② 교육적 지원: 강점리터러시 교수학습의 1단계의 과정부터 시작하여 단계적으로 유아의 강점리터러시를 증진시킬 수 있도록 지원하거나 2단계의 친구들과 강점을 찾고 강점이름을 불러주는 경험 등을 제안할 수 있다.</td><td>① 강점인식(점수: 38점 이상 ~ 50점 이하)
강점활용(점수: 10점 이상 ~ 38점 이하)
강점을 인식하나 강점을 활용하지 못하거나 일상생활이나 놀이에 강점을 활용하는 데 어려움이 있다.
② 교육적 지원: 3단계의 경험을 할 수 있도록 지원하며, 유아가 잘하는 놀이나 활동을 할 때 자주 경험할 수 있도록 격려하고, 직접 고안할 수 있도록 제안하며, 함께 찾아볼 수 있다.</td></tr>
<tr><td></td><td colspan="2">강점인식</td></tr>
</table>

출처: 신현정(2021). p. 64 수정 · 보완함.

유아의 강점리터러시 이해도에 따른 교육적 지원은 다음과 같습니다.

① 강점리터러시 이해도 - 이해1

유아가 자신의 대표강점을 인식하지 못하거나 낮은 수준으로 인식하고, 강점을 활용하지 못하거나 일상생활이나 놀이에서 강점을 활용하는 데 어려움이 있으면 강점리터러시 이해도를 '이해1' 영역으로 봅니다. 이때 강점리터러시척도의 강점인식 점수는 10점 이상 37점 이하, 강점활용 점수는 10점 이상 38점 이하에 해당됩니다. 이 영역에 해당되는 유아를 위해 '강점리터러시의 흐름 1단계(p. 161)'부터 시작하여 유아가 자신의 강점리터러시를 증진하도록 지원할 수 있습니다. 2단계의 지원을 활용하여 친구들의 강점을 찾아주는 경험과 강점이름을 지어주고 불러주기, 유아의 성공 경험을 다양한 방법으로 떠올려보고 표현함으로써 자신의 강점을 인식하고 강화할 수 있도록 도울 수 있습니다.

② 강점리터러시 이해도 - 이해2

유아가 강점을 잘 인식하나 강점을 활용하지 못하거나, 일상생활이나 놀이에서 강점을 활용하는 데 어려움이 있으면 '이해2' 영역으로 봅니다. 이때 강점리터러시척도의 강점인식 점수는 38점 이상 50점 이하, 강점활용 점수는 10점 이상 38점 이하에 해당됩니다. 이 영역에서는 '강점리터러시의 흐름 3단계(p. 162)'의 경험을 할 수 있도록 지원하며 유아가 잘하는 놀이나 활동을 할 때 자주 경험할 수 있도록 격려하고, 유아가 주도적으로 이끌 수 있는 놀이를 제안하고 함께 찾아볼 수 있습니다.

③ 강점리터러시 이해도 - 이해3

유아가 강점을 잘 인식하며 일상생활이나 놀이에 강점을 자연스럽게 활용하고 목적을 위해 강점을 활용하면 '이해3' 영역으로 봅니다. 이때 강점리터러시척도의 강점인식 점수는 38점 이상 50점 이하, 강점활용 점수는 39점 이상 50점 이하입니다. 이 영역에서는 '강점리터러시의 흐름 3단계'와 '4단계(p. 162)'의 경험을 할 수 있도록 지원할 수 있으며, 유아가 경험을 통해 지속가능한 행복감을 누릴 수 있도록 친구들에게 자신의 기쁨과 즐거움 등의 긍정정서를 공유하고 다른 대표강점을 찾아 발휘하도록 제안할 수 있습니다.

4) 계획을 세워 지원하기

유아의 강점리터러시 증진을 위해 미리 기간과 시간을 정하고 다양한 놀이와 활동을 계획하여 단계적으로 지원할 수 있습니다. 유아의 강점리터러시 증진을 위해 계획한 프로그램이 효과적으로 운영되기 위한 조건은 다음과 같습니다.

첫째, 대상은 4세 이상의 유아가 개인 또는 소규모로 모일 때 효과적입니다.

둘째, 유아가 미술, 음악, 동화와 동극, 역할놀이 등과 관련된 놀이를 할 때 효과적입니다.

셋째, 유아가 친구들과 함께 토의하고 협동하며 제안하는 경험 등에 대한 다양하고 적절한 지원은 관련 강점리터러시를 증진하는 데 효과적입니다.

넷째, 총 10회 이상, 4주 이상 프로그램을 실시하는 것이 효과적입니다.

다섯째, 유아강점척도로 유아의 대표강점을 확인하고 유아강점리터러시척도를 활용하여 유아의 강점리터러시에 대한 이해도를 확인하는 것이 도움이 됩니다.

유아의 행복플로리시를 위해 강점을 인식하고 활용하는 과정은 지속적으로 이루어져야 합니다. 유아는 지식을 일회적으로 습득하는 것이 아니라 반복적인 경험을 통해 습득하고 이를 적용하며 재구성해 나갑니다(DeVries & Kollberg, 1987). 즉, 자신의 강점을 인식하고 활용하게 되면 계속 강점을 활용하고 싶은 욕구를 느껴 반복적으로 활용하면서 점차 빠른 속도와 새로운 방법으로 강점을 발휘하게 됩니다(Peterson & Seligman, 2004). 이러한 유아의 강점리터러시는 순환과 재구성의 과정을 거쳐 나선형으로 강화되며, [그림 3-4]와 같습니다.

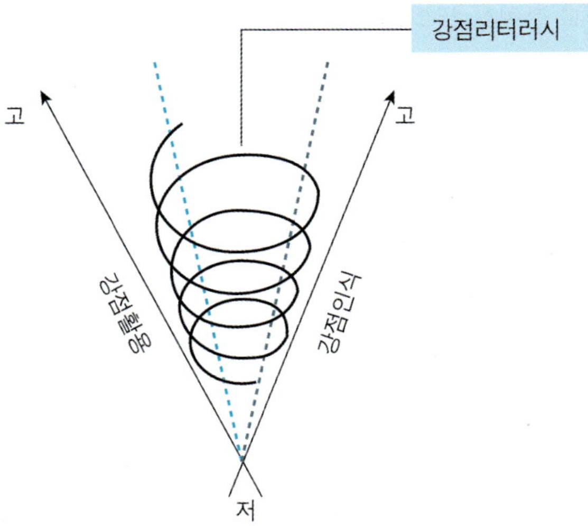

그림 3-4 순환과 재구성을 통한 강점리터러시 증진모형

Tip - 유아의 강점리터러시 들여다보기

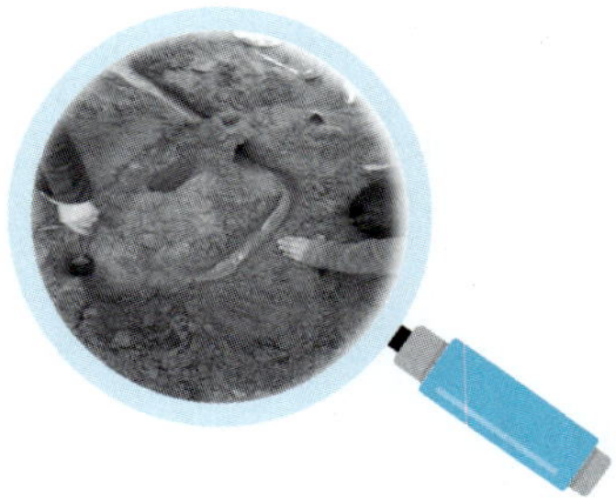

유아의 강점을 찾기 위해서 유아의 놀이를 면밀히 살펴볼 필요가 있다. 이를 위해 유아가 어떻게 놀이하는지 먼저 이해하려고 노력해야 한다. 유아가 누구와 어디에서 무엇을 가지고 노는지, 놀이 속 상황은 어떤지, 어떤 이야기를 나누는지, 움직임과 표정은 어떠한지, 놀이 속에서 무엇을 배우는지, 그래서 강점을 어떻게 인식하고 활용해 나가는지를 자세히 들여다봐야 한다. 이렇게 유아의 배움을 위하여 부모와 교사는 더 많은 고민과 실천을 해야 하며 이는 '부모·교사 중심'에서 '유아 중심'으로 옮겨가는 교육의 변화를 위한 토대가 된다.

다음은 유아의 강점리터러시 발현 과정을 관찰하고 그 흐름을 이해하여 지원한 관찰일지의 예입니다.

김아롱의 강점리터러시 읽기			관찰일	20**년 월 일 요일	
언제/ 어디서	**유아의 놀이, 행동의 흐름 따라가기 (유아의 경험)**	**유아의 강점리터러시 분석**	**부모·교사의 이해**	**교육적 지원**	**다음 지원계획/ 평가**
10:00~ 놀이 시간/ 수놀이 공간	아롱이가 주사위 게임으로 새로운 놀이 방법을 찾았다며 친구들을 부른다. 아롱: 은우야, 성주야! 이거 봐라. 나 새로운 게임 방법을 찾아냈어. 얼른 와!! 같이 하자! 은우와 성주가 다가가자 게임 방법을 설명하고 함께 놀이한다. 아롱: 근데 이거 하려면 주사위가 더 필요한데. 성주: 주사위 하나 더 있는지 선생님께 물어봐야겠어. 아롱: 나무블록으로 만들어도 되는데.	• **창의성**: 기존의 놀잇감에 새로운 아이디어를 접목시켜 게임을 고안하고 친구들과 함께 논다. • **리더십**: 아롱이는 친구들과의 놀이를 주도한다. • **자아존중감**: 자신의 생각을 다른 친구들에게 자신 있게 소개하고 자기가 하고 싶은 놀이에 친구들의 참여가 필요함을 인식하고 하고 있다. • **관계성**: 친구들에게 놀이방법을 친절하게 설명하고 사이좋게 논다.	• 아롱이가 기존의 놀잇감을 활용하여 새로운 놀이 규칙과 놀잇감을 추가로 만들어 변형된 놀이를 하는 창의력이 있음을 새롭게 알게 되었다. • 아롱이는 친구들에게 친절하다. • 아롱이는 놀이를 주도하고 적극적이다.	• 아롱이가 변형된 놀이에 주사위가 필요하다고 했으나 여유분의 주사위가 없어서 정육면체 나무블록에 점을 그려 주사위 대신 활용할 수 있게 하였다. • 나무블록 대신 주사위로 활용할 수 있는 다른 놀잇감들이 있는지 찾아보고 활용할 수도 있음을 제안하였다.	• 아롱이가 놀잇감을 변형하여 새롭게 놀이하는 창의성을 지원하기 위해 기존의 놀잇감을 응용하여 놀 수 있도록 다양한 재료를 준비하기

5) 언택트 시대에 강점리터러시 키우기

유아기는 친구들과 함께 어울려 뛰어놀면서 세상과 마주하는 직접 경험이 중요한 시기입니다. 하지만 코로나 19의 팬데믹 현상은 유아가 야외에서 할 수 있는 다양한 체험의 기회를 감소시켰고, 친구와 교사와의 대면에 제동을 걸고 사회적 거리두기 등의 변화를 불러왔습니다. 제한된 실내 공간에 머무르게 되면서 직접 경험이 어려워지자 비대면 중심의 교육이 관심을 받고 그 필요성이 강조되었습니다.

예상보다 앞당겨진 미래사회로의 변화는 여전히 역량을 지닌 인재를 원합니다. 언택트 시대의 유아는 친구, 교사와의 직접적인 소통과 상호작용을 경험하기 어렵습니다. 그렇다면 유아는 어떻게 자신의 역량을 키우고 인간 본연의 모습을 유지하며 전인으로 성장할 수 있을까요?

비대면 중심의 상황에서도 유아에게 효과적이고 효율적인 배움은 필요하며, 유아가 자신의 능력을 스스로 키워갈 수 있는 힘을 기르도록 도와야 합니다. 부모와 교사는 유아에게 무엇을 하고 놀지를 가르치려고 고민할 것이 아니라 어떻게 하면 잘 놀 수 있는지 유아 스스로 알아가도록 지원하는 것에 대해 고민해야 합니다.

대면이 어려우면 Zoom이나 Google Meet, Skype 등의 실시간 화상 시스템이나 메타버스(Metaverse)[1]와 같은 가상세계를 활용할 수 있습니다. 유아는 화상 시스템이나 가상세계에서도 아바타를 통해 친구들과 만나 서로의 생각을 공유하고 놀면서 자신의 강점을 활용하고 강점리터러시를 증진해 나갈 수 있습니다.

비대면으로 인간관계 형성과 유지를 위한 직접적인 소통이 어려워질수록 긍정적 사고와 적극적인 자세로 자신의 능력을 키우고 극복할 수 있도록 노력하는 것이 필요합니다. 강점리터러시는 자기 이해와 자신감을 형성시키고 자아존중감을 높이고 자신을 더욱 빛나게 만들며 전인으로 성장시킵니다.

화상 사이트의 예

- 줌(Zoom) https://www.zoom.us
- 스카이프(Skype) https://skype.daesung.com
- 구글미트(Google Meet) https://meet.google.com
- 웨일온(whaleon) https://whale.naver.com/ko/details/#whywhale_a_on
- 카카오워크(kakaowork) https://www.kakaowork.com

1) 메타버스는 '가상', '초월' 등을 뜻하는 영어 '메타'(Meta)와 우주를 뜻하는 '유니버스'(Universe)의 합성어로, 현실 세계처럼 사회, 경제, 문화 활동이 이루어지는 3차원의 가상세계를 의미합니다. [출처-네이버 지식백과] 메타버스 (시사상식사전, pmg 지식엔진연구소)

다음은 언택트 시대에 화상 시스템에서 유아가 친구 또는 다른 사람들과 함께 놀이할 수 있는 예를 제시하였습니다. 유아와 함께 화상 시스템을 활용하여 놀이해 봅시다.

놀이명	나는 할 수 있어
증진되는 강점	자아존중감, 자기조절, 활력 및 긍정성, 언어
놀이 방법	1. 유아에게 '나에 대한 믿음을 가지고 꾸준히 노력하면 내가 이루고 싶은 목표를 이룰 수 있다.'는 것을 이야기해준다. 2. A와 같이 양식지를 준비한다. 3. 내가 할 수 있으면서 지키고 싶은 것을 쓰거나 그린다. 4. 내가 꾸준히 노력해서 이루고 싶은 목표를 쓴다. 5. 내가 쓴 글을 큰 목소리로 읽는다. 6. 나의 꿈이 이뤄지는 모습을 상상한다. 7. 눈에 잘 보이는 곳에 두고 자주 볼 수 있게 한다. 
언택트 놀이방법	1. 온라인 화상시스템으로 놀이 시 위에 제시된 놀이방법과 같이 준비한다. 2. 컴퓨터나 핸드폰 등의 카메라를 자신의 모습이 잘 보이도록 설치한 후 온라인으로 접속한 친구들과 이야기를 나눠본다.
A. 양식지	 나는 ____________________하다. 나는 ____________________ 할 수 있다. 나는 ____________________가 될 것이다.  ※ 메달에는 사진이나 이름을 쓸 수 있다.
확장 놀이	1. 액자로 만들어 유아가 자주 보고 목표를 위해 노력할 수 있도록 격려한다. 2. 양식지에 친구들이나 가족들의 목표를 같이 적어 함께 읽어보고 달성할 수 있도록 노력한다.

놀이명	누구의 강점일까요?
증진되는 강점	자아존중감, 자기조절, 활력 및 긍정성, 관계성, 논리수학, 자연탐구, 언어, 놀이, 예절
놀이 방법	1. A와 같이 강점게임판을 만든다. 2. B의 사진처럼 함께 놀이하는 친구나 관심 있는 대상의 사진이나 그림을 준비하고 가위로 오린다. 3. C와 같이 강점 주사위를 만든다. 4. 순서를 정하고 주사위를 굴린다. 5. 주사위에 나온 강점을 가진 친구를 강점게임판에 붙이고 수를 세어본다.
언택트 놀이방법	1. 온라인 화상 시스템으로 놀이 시 위에 제시된 놀이방법과 같이 준비한다. 2. 컴퓨터나 스마트폰 등의 카메라를 게임판과 주사위가 보이도록 설치한 후 온라인으로 접속한 친구들의 순서를 정하여 놀이한다.
A. 강점게임판	(아래 표)

A. 강점게임판

동물과 식물 관찰, 수세기, 수학, 읽기, 쓰기, 말하기	그리기, 꾸미기, 종이접기, 노래, 악기연주	참기, 끝까지 해내기, 웃기기	친절, 사랑 나누기, 돕기, 감동하기	재미있는 놀이 만들기, 새로운 생각	운동, 안전, 정리정돈, 깨끗이 하기

※ 놀이에 참여하는 사람들 수만큼 칸을 늘리거나 줄일 수 있다.

B. 사진	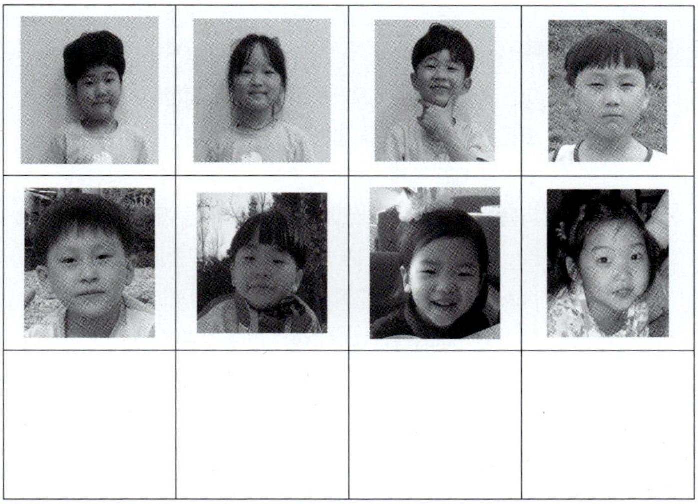 ※ 놀이에 참여하는 대상의 사진을 붙이거나 이름을 써서 놀이할 수 있다.
C. 강점 주사위	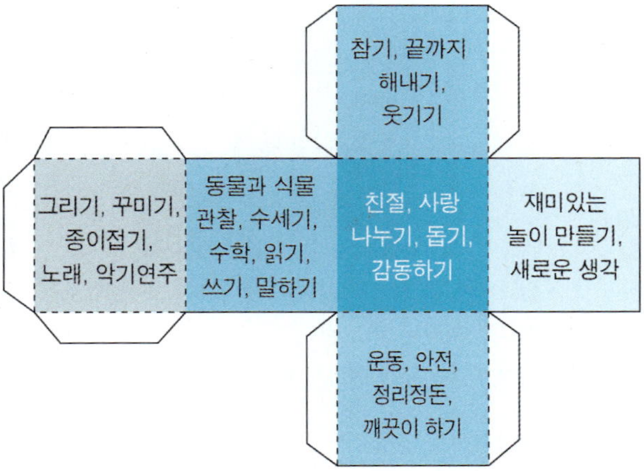 * 주사위의 내용을 함께 놀이하는 사람의 강점으로 바꾸어 활용한다.
확장 놀이	1. 우리 가족의 강점을 찾는 게임으로 대상과 강점 주사위의 내용을 바꾸어 놀이할 수 있다. 2. 위인들의 강점이나 유명 인사들의 강점 찾기, 동물이나 식물의 강점 찾기, 동화책 속 인물들의 강점 찾기, 좋아하는 캐릭터의 강점 찾기 등 대상에 따라 게임판과 사진, 강점 주사위의 내용을 바꾸어 놀이할 수 있다.

놀이명	마음 챙김 요가
증진되는 강점	자아존중감, 자기조절, 활력 및 긍정성, 탄력성, 운동, 신체건강
놀이 방법	1. 마음 챙김을 위한 요가를 배워 보기로 한다. 2. 활동하기 편한 옷을 입는다. 3. 놀이방 매트 등을 바닥에 깐다. 4. 다음에 제시된 사이트에 접속하여 바른 자세로 따라 한다. https://youtu.be/jgSlHurDB8o [EBS친구들][딩동댕유치원]마리의 요가교실 https://youtu.be/Bb23vL6nOPE [요가자세] https://youtu.be/ZimBcn6vgTI [마음챙김에 관한 영어동화-자막있음]
언택트 놀이방법	1. 위의 놀이 방법을 참고한다. 2. 온라인 화상시스템에 접속한다. 3. 유아의 모습이 잘 보이도록 컴퓨터나 핸드폰 등의 카메라 위치를 조절한다. 4. 공유화면으로 제시된 사이트를 접속하거나 리더가 다양한 자세를 하나씩 제시하면 함께 요가 자세를 한다.
A. 요가 자세	<개구리> 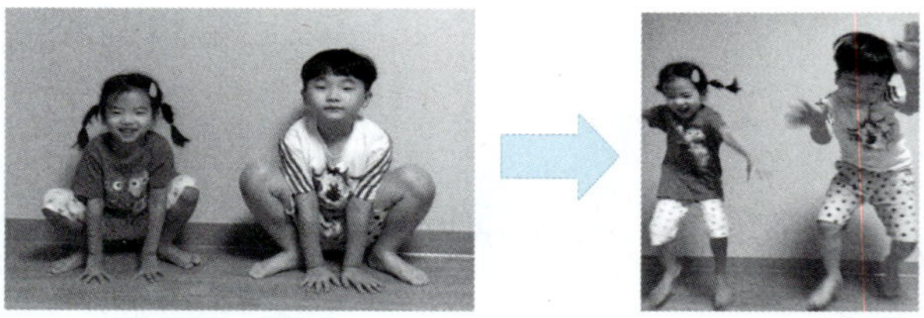 • 팔과 다리를 웅크리고 앉아 있다가 위로 폴짝 뛰어오른다. • 개구리 자세는 몸의 탄력을 키우고, 허벅지와 종아리를 튼튼하게 하며, 근육을 강화시키고 관절을 유연하게 만들어 준다. <물고기>  • 바르게 누워 무릎을 세운 후 등을 움직이면서 세게 뒤로 젖힌다. • 물고기 자세는 호흡을 깊이 하므로 폐와 심장을 튼튼하게 만든다. • 몸의 긴장을 완화시키고 가슴을 활짝 펴므로 긍정적인 감정을 갖게 된다.
확장 놀이	1. 다양한 동물과 식물의 모양을 몸으로 표현해본다. 2. 주사위에 동작을 적은 후 던져서 나온 동작을 몸으로 표현해본다. 3. 동작을 보고 어떤 동물이나 식물, 글자 등을 나타내는지 맞혀본다.

놀이명	나-메세지
증진되는 강점	자아존중감, 자기조절, 활력 및 긍정성, 탄력성, 신체건강, 안전
놀이 방법	1. 동화책을 들려준다. 2. 내가 힘들었을 때 나에게 어떤 말을 해주면 좋을지 생각한다. 3. A의 내용을 활용하여 나에게 보낼 메시지를 써본다. 4. 나에게 보내는 메시지를 완성하여 눈에 잘 띄는 곳에 붙여 둔다.  출처: http://www.sallimbooks.com
언택트 놀이방법	1. 위의 놀이방법을 참고한다. 2. 온라인 화상 시스템으로 접속한다. 3. 유아의 모습이 잘 보이도록 컴퓨터나 핸드폰 등의 카메라 위치를 조절한다. 4. 공유화면으로 제시된 내용을 보며 이야기 나누거나 '메시지' 양식을 활용하여 그림이나 글로 써서 생각을 공유한다.
A. '메시지' 양식	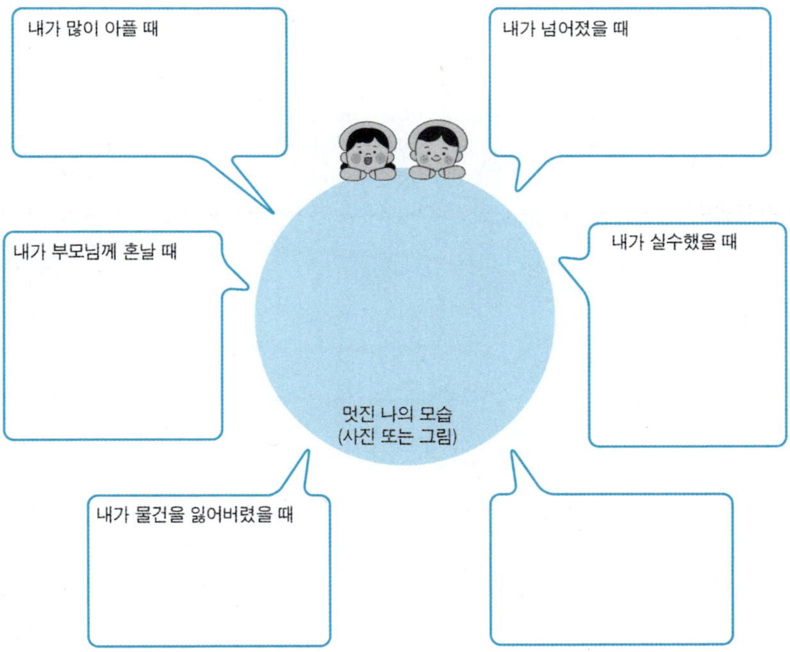
확장 놀이	1. 가족이나 친구에게 해주고 싶은 격려의 말 등으로 주제를 바꾸어 활용할 수 있다. 2. 다양한 동화책에서 격려와 응원의 말을 찾아보고 따라 해본다.

놀이명	감사합니다
증진되는 강점	자아존중감, 활력 및 긍정성, 관계성, 언어, 놀이, 예절
놀이 방법	1. A와 같이 게임판을 만든다. 2. 주사위와 말을 준비한다. 3. 순서를 정하고 주사위를 굴린다. 4. 주사위를 던져 나온 수만큼 말을 이동시키고, 놀이에 참여한 대상이 나오면 대상을 보면서 감사한 이유를 구체적으로 이야기한 후 감사 인사를 한다.
언택트 놀이방법	1. 온라인으로 놀이 시 한 명은 게임판과 참여한 친구들 수만큼의 말을 준비하여 화면을 공유할 수 있도록 준비한다. 2. 나머지 참여자는 주사위만 준비한다. 3. 컴퓨터나 핸드폰 등의 카메라를 주사위가 보이도록 설치한 후 온라인으로 접속한 친구들의 순서를 정하고 주사위를 던진다. 4. 화면은 공유한 사람이 나온 순서대로 말을 세워주고 인사할 대상이 나오면 감사한 이유를 구체적으로 이야기하고 감사 인사를 한다.
A. 게임판	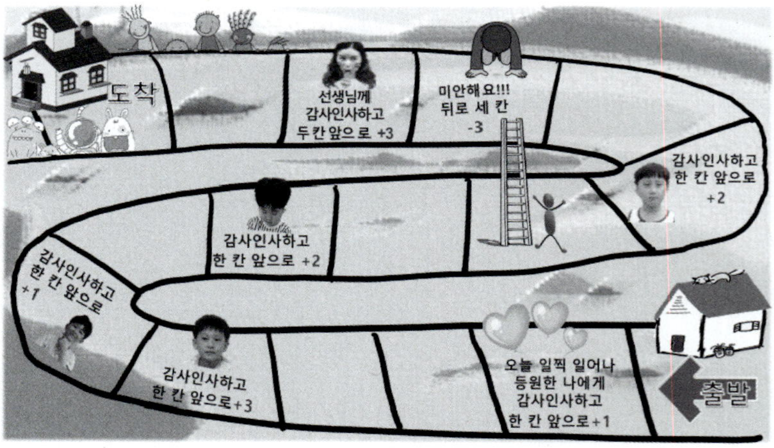
확장 놀이	1. 게임판에 함께 놀이하는 대상의 사진을 붙이거나 이름을 적어 놀이할 수 있다. 2. 게임판에 가족, 친척, 우리나라를 빛낸 분들, 동물이나 식물의 사진이나 그림을 붙이거나 이름을 적어 놓고 감사한 이유를 이야기하고 감사 인사를 하는 놀이로 바꿀 수 있다.

놀이명	공원을 산책해요
증진되는 강점	자아존중감, 활력 및 긍정성, 관계성, 언어, 놀이, 운동, 안전
놀이 방법	1. 실외놀이의 경우 유아는 보호자와 반드시 함께 이동한다. 2. 우리 동네에서 가까운 공원을 찾아보고 가는 방법과 거리, 위험한 곳이 없는지 등을 확인한다. 3. 공원을 산책할 때 필요한 것들을 확인한다. 예) 편한 운동화, 체온 조절을 위한 옷, 물, 배고플 때 먹을 수 있는 약간의 간식, 다치면 갈 수 있는 가까운 병원, 응급 상황에서의 대처법, 산책 시간 등 4. 산책을 위한 계획을 세우고 체크리스트를 완성한다. 5. 준비된 체크리스트(A)를 모두 확인한 후 숙지가 되면 본격적으로 활동한다.
언택트 놀이방법	1. 실시간 화상으로 놀이 시 반드시 유아는 보호자 1명과 함께 갈 수 있도록 지도한다. 2. '놀이방법'의 진행 과정에 따라 산책할 곳에 대한 계획을 세운다. 이때 유아는 부모나 보호자와 함께 계획을 세운다. 3. 교사는 개별 유아의 계획을 모두 확인한다. 사회적 거리두기 단계에 따라 산책 가는 유아가 2팀(예: 보호자를 포함한 4인 이하)을 이룰 수 있도록 융통성 있게 진행한다. 4. 유아를 인솔하는 보호자는 실시간 화상이 가능한 핸드폰 등을 반드시 준비한다. 5. 교사는 유아가 산책을 나가기 전의 복장 상태를 화면으로 확인하면서 바지, 운동화, 모자, 물 등을 준비했는지 살펴본다. 6. 위험한 상황에서 어떻게 해야 하는지 알고 있는지 확인한다. (교통안전, 유괴 및 성교육, 재난 안전 등) 7. 준비가 되면 약속 시간에 맞춰 출발과 도착을 할 수 있도록 지도한다. 8. 공원을 가면서나 공원에 도착해서 유아가 있는 공원에서 발견한 자연물들(새, 꽃, 나무, 곤충, 바위 등)의 사진이나 영상을 찍어 실시간 화상 수업방에 공유한다. 9. 공원 산책 후에 집에 무사히 도착했는지 확인한다.

A. 체크리스트

<table>
<tr><th colspan="4">산책 계획서</th></tr>
<tr><td>날짜</td><td>월 일 요일</td><td>이름</td><td></td></tr>
<tr><th>시간</th><th>내용</th><th colspan="2">확인하기(V)</th></tr>
<tr><td rowspan="9">10시~10시 30분</td><td rowspan="9">집에서 출발
□□공원까지 걷기</td><td>체온 조절용 옷</td><td></td></tr>
<tr><td>운동화</td><td></td></tr>
<tr><td>모자</td><td></td></tr>
<tr><td>수건</td><td></td></tr>
<tr><td>물</td><td></td></tr>
<tr><td>산책가방</td><td></td></tr>
<tr><td>연고와 반창고</td><td></td></tr>
<tr><td>실시간 화상 수업 가능한 핸드폰 등</td><td></td></tr>
<tr><td>응급 시 갈 가까운 병원 전화번호:
( )</td><td></td></tr>
<tr><td>10시 30분~
11시 30분</td><td>위험한 곳 확인하고
안전거리 확보하기
놀기</td><td>화장실 다녀오기
낯선 사람 따라가지 않기
위험한 곳에 가지 않기</td><td></td></tr>
<tr><td>11시 30분~12시</td><td>공원에서 출발
집 도착</td><td>깨끗하게 씻기</td><td></td></tr>
<tr><td>12시~13시</td><td>점심 식사</td><td></td><td></td></tr>
</table>

확장 놀이

1. 산책하고 난 후 사진을 온라인 게시판에 올리고 경험에 대해 글을 부모와 함께 쓰거나 이야기를 녹음하여 친구들과 공유할 수 있다.
2. 경험을 통해 느낀 생각이나 감정 등을 그림이나 동시 등으로 표현하는 놀이로 이어갈 수 있다.
3. 다음에 할 산책이나 현장체험을 위한 아이디어들을 게시판에 올려 보게 한다.

놀이명	감사의 마음을 전해요
증진되는 강점	자아존중감, 활력 및 긍정성, 관계성, 언어, 미술, 예절
놀이 방법	1. A와 같이 편지지와 필기구를 준비한다. 2. 누구에게 감사한 마음을 전할지 대상을 생각한다. 3. 감사한 마음을 글이나 그림으로 구체적으로 표현한다. 4. 감사한 대상에게 편지를 전해준다.(대상이 멀리 있는 경우에는 우편이나 이메일을 이용하여 보낸다.)
언택트 놀이방법	1. A와 같이 편지지와 필기구를 준비한다. 2. 누구에게 감사한 마음을 전할지 대상을 생각한다. 3. 감사한 마음을 글이나 그림으로 구체적으로 표현한다. 4. 컴퓨터나 핸드폰 등의 카메라에 편지지가 보이도록 하여 감사한 대상이나 온라인으로 만나는 친구들에게 보여준다. (감사한 대상이 온라인에 있다면 '개인톡' 기능 등을 이용하여 감사의 마음을 전해본다.)
A. 편지지	
확장 놀이	1. 감사의 마음을 카드에 쓰거나 그림으로 그려서 전할 수 있다. 2. 마니또 놀이 등을 통해 감사하는 대상이 알아차리지 못하게 감사하는 마음을 전하는 놀이를 할 수 있다. 3. 포스트잇 등에 감사하는 내용을 적어 대상에게 붙여준다.

돌아보기

• 유아 강점리터러시 교육은 긍정심리학, 교육신경학, 구성주의 이론을 바탕으로 한 체계적인 교육 접근 방법이며, 유아의 강점리터러시를 증진하기 위한 강점리터러시의 흐름은 '나의 강점 인식하기, 나의 강점 공유하기, 나의 강점 활용하기, 긍정정서 공유하기'가 있다. 또한 유아가 자신의 강점리터러시를 이해하는 정도를 3가지 유형으로 파악할 수 있으며 교사는 유아의 요구나 필요성에 따라 교육적 지원을 할 수 있다. 이처럼 강점리터러시는 순환의 과정을 거치면서 점점 더 강화되며 유아는 지속가능한 행복감을 느낄 수 있게 된다.

• 유아교육 현장에서 언택트 수업은 크게 3가지로 진행할 수 있다. 실시간 화상 수업, 녹화된 동영상 수업, 게시판 등을 활용한 비실시간 상호작용 수업이다. 첫 번째, 실시간 화상 수업은 직접 상호작용을 하므로 면대면 수업과 유사하며 교사와 1대1로 마주하는 느낌을 가질 수 있다. 따라서 유아가 몰입하여 상호작용에 집중할 수 있는 장점이 있다. 두 번째, 녹화된 동영상 수업은 유아가 언제 어디에서든 원하는 시간에 볼 수 있고, 보고 싶은 구간을 반복해서 볼 수 있기 때문에 반복해서 듣거나 보는 것을 좋아하는 유아의 요구에 부합될 수 있다. 마지막으로 게시판 활용은 교사가 제시한 특정한 놀이나 주제에 대해 게시판을 통해 상호작용하므로 유아가 자신의 의견을 댓글로 올리는 과정이 쉽지 않다. 따라서 게시판을 이용한 활동은 부모나 보호자의 도움이 필요하다. 하지만 유아가 충분히 생각한 후에 반응할 수 있고 다른 친구들의 댓글을 볼 수 있으므로 다양한 관점을 경험하고 사고를 확장하는 데 도움이 된다. 언택트 시대의 교육은 기존의 대면 수업에서는 경험할 수 없는 새로운 배움을 경험한다는 점에서는 의미가 있다.

참고자료

• 성공하는 아이 만들려면 '성격강점'을 키워라

아이가 성공적인 삶을 살아가게 만드는 황금 열쇠는 성적이나 부모의 재력이 아닌 '성격강점'이다. 〈뉴욕타임스 매거진〉 편집장을 역임한 언론인 폴 터프는 학교 교육, 빈곤 퇴치, 영유아 양육 분야를 10년 동안 취재한 뒤, 『아이는 어떻게 성공하는가』를 저술하였다.

출처: https://blog.naver.com/vegabooks

• 강점(Strength)과 재능(Talent)

대부분의 사람들은 강점보다 부족한 약점을 개선하려고 한다. 하지만 약점을 줄이는 것은 평균과 정상의 범위까지 증진을 할 수 있지만 그 이상의 높은 성취는 이루기 어렵다. 약점을 보완하는 것은 강점을 기르는 것이 아니다. 또한 강점은 이미 뛰어난 부분이므로 더 이상 기를 필요가 없어 보이지만 약점을 보완하는 것보다 강점을 기르려고 노력하면 정상과 평균에 머물러 있는 강점의 잠재력을 극대화하여 발휘할 수 있다(Clifton & Nelson, 1996). 즉 자신이 가진 강점을 이해하고 계발하면서 약점을 관리하는 것이 중요하다(권석만, 2011).

강점과 재능의 차이

강점(strength)	재능(talent)
후천적으로 길러질 수 있는 것	선천적으로 타고남
환경과 의도적인 교육으로 길러질 수 있음	환경에 의해 변화가 이루어지지 않음
그 자체로 긍정적 가치를 지님	구체적 성과를 통하여 가치를 지님
이타성, 정직성, 도덕성을 가짐	사회적 해악으로 작용하기도 함

출처: 권석만(2011).

2. 유아의 강점리터러시 증진 프로그램 사례 엿보기

1) 프로그램 훑어보기

유아의 강점리터러시를 증진하기 위해 유아교육기관에서 실시한 '유아의 강점리터러시 증진 프로그램'의 적용사례를 살펴봅시다.

프로그램의 목적과 목표, 운영 방법, 활동의 전개는 [그림 3-5]와 같습니다.

목적

프로그램의 목적은 유아가 자신의 강점리터러시를 증진하여 보다 행복한 삶을 영위하도록 하는 데 있다.

목표

1. 나에 대해 긍정적으로 인식한다.
2. 대표 강점을 인식하고 활용한다.
3. 강점리터러시 증진을 통해 행복을 경험한다.
4. 다른 사람들과 긍정정서를 공유한다.

방법

1. 유아관찰 1회를 1회기로 본다.
2. 일상생활과 놀이 속에서 유아 강점리터러시의 자연스러운 흐름에 따르되 유아가 요청하거나 교사가 필요하다고 판단할 경우 교육적 지원을 위해 기본 활동안을 활용할 수 있다.

활동안 전개

1. 강점 연결하기	2. 강점 증진하기	3. 강점 다지기
이전의 강점과 관련된 경험을 통해 유아가 자신의 강점을 구체적으로 인식하도록 전개	관련 강점들을 더 강화할 수 있게 놀이를 통해 성취의 기쁨을 경험할 수 있도록 돕는 활동	강점 증진하기를 통해 경험한 즐거움과 기쁨 등의 정서가 계속 유지될 수 있도록 더 심화된 활동을 하거나 강점 증진의 경험을 위한 확장 가능한 활동

그림 3-5 유아의 강점리터러시 증진 프로그램 개요

출처: 신현정(2021). p. 281.

유아의 강점리터러시 증진 프로그램을 실행하는 부모와 교사를 위한 지원안의 구성과 내용은 다음과 같습니다. 놀이에 대한 구체적 내용들은 본문에 제시된 페이지를 참고하세요.

표 3-2 프로그램 운영을 위한 지원안의 구성 및 내용

<table>
<tr><th>강점리터러시 흐름</th><th>회기</th><th>놀이</th><th>유형</th></tr>
<tr><td rowspan="20">흐름 1. 나의 강점 인식하기
흐름 2. 나의 강점 공유하기
흐름 3. 나의 강점 활용하기
흐름 4. 긍정정서 공유하기</td><td rowspan="20">
• 유아 강점리터러시의 역동적 흐름에 따르는 열린 회기
• 유아 관찰 1회가 1회기로, 총회기는 유아에 따라 다름</td><td>내가 잘하는 점 (p. 224)</td><td>이야기나누기, 미술</td></tr>
<tr><td>나를 소개해요 (p. 225)</td><td>이야기나누기</td></tr>
<tr><td>행복나무 꾸미기 (p. 225)</td><td>미술</td></tr>
<tr><td>나를 칭찬해요 (p. 226, 227)</td><td rowspan="2">이야기나누기, 미술</td></tr>
<tr><td>강점인증서 만들기 (p. 226, 228)</td></tr>
<tr><td>위인들의 강점 찾기 (p. 229)</td><td rowspan="2">동화, 이야기나누기</td></tr>
<tr><td>○○이의 성공경험 이야기 (p. 229)</td></tr>
<tr><td>친구의 강점이름은 (p. 230)</td><td>이야기나누기</td></tr>
<tr><td>친구 강점 수수께끼 (p. 231)</td><td>게임</td></tr>
<tr><td>동화 속 친구들의 강점 찾기 (p. 232-235)</td><td>동화, 게임</td></tr>
<tr><td>우리나라를 빛낸 분들 (p. 236-237)</td><td rowspan="2">노래</td></tr>
<tr><td>○○반을 빛낸 친구들 (p. 236-237)</td></tr>
<tr><td>강점을 활용한 동극 (p. 238)</td><td>동극</td></tr>
<tr><td>나만의 장난감 (p. 239)</td><td>미술, 동극</td></tr>
<tr><td>감사 인사하기 (p. 240)</td><td>보드게임</td></tr>
<tr><td>강점 골든벨 (p. 241)</td><td>게임</td></tr>
<tr><td>감사일기 (p. 242)</td><td>이야기나누기, 미술</td></tr>
<tr><td>감사편지 (p. 243)</td><td>이야기나누기, 미술</td></tr>
<tr><td>강점자화상 (p. 244-245)</td><td>미술</td></tr>
<tr><td>행복 공유하기 (p. 246-247)</td><td>이야기나누기, 미술</td></tr>
</table>

출처: 신현정, 황해익(2021). p. 202 수정·보완하였음.

2) 개별 유아의 강점리터러시 흐름 따라가기

다음은 신현정(2021)의 '유아 강점리터러시 증진 프로그램'에 참여했던 개별 유아의 사례를 강점리터러시의 흐름에 따라 기록한 내용입니다. 프로그램에 참여했던 유아들은 모두 자신의 강점을 인식하고 활용하는 과정을 거쳐 강점리터러시를 적극적으로 활용하게 되었으며 프로그램의 궁극적 목적인 행복플로리시를 경험하였습니다.

(가) 상어 박사 은우의 강점리터러시 흐름 따라가기

유아명	차은우(가명)	나이	5세
대표강점	자연탐구, 창의성, 학습동기, 미술, 논리수학		
유아의 강점이름	상어 박사		
프로그램 실시 기간	매주 2~3회, 3개월 소요		

① 너는 상어를 잘 그리는구나 - 칭찬과 격려를 통한 나의 강점 인식하기

상어에 관심이 많은 은우는 담임교사에게 '상어 박사님'이라 불렸지만 친구들과의 상호작용은 원활한 편이 아니었다. 4세부터 유치원을 다녔지만 은우는 소극적이고 예민하며 자아존중감이 낮아 친구들과 어울리는 데 어려움이 있었다. 은우는 자신이 그린 상어 그림을 교사에게만 보여주며 소통하였다. 은우가 그리고 만든 상어를 보여줄 때마다 교사는 적극적으로 칭찬하고 격려해 주었다. 이러한 반응은 은우에게 교사가 심리적인 교육적 지원을 한 것이다. 은우는 교사와 상호작용을 하면서 자신감과 성취감을 느끼고 계속해서 긍정적인 피드백을 받으려는 동기를 형성하였다. 유아의 뇌는 자신의 결과물에 대한 의미 있는 타인의 칭찬, 격려 그리고 관심에 의해 긍정적인 정서를 느끼며, 잘하는 것을 더 잘하려는 동기가 형성되어 이와 관련된 뇌의 신경세포 연결망을 안정화시킨다(신현정, 황해익, 2020). 은우의 뇌는 상어 그림에 대한 교사의 호응을 긍정적인 자극으로 받아들이고, 이어지는 인지에 영향을 미쳐 자기가 잘하는 것이 무엇인지에 대한 인식을 높였다. 이러한 인식으로 자신감이 생긴 은우는 친구들에게 먼저 다가가 놀이를 제안하고 설명해 주는 적극적이고 친절한 은우로 바뀌었다.

은우가 백상아리를 그려 가위로 오리고 자석을 붙인 뒤 '은우의 낚시놀이터'라는 글자를 바구니에 붙여 친구들에게 낚시놀이를 소개하였다. 친구들은 좋아하며 은우와 낚시놀이에 관심을 보이기 시작하였다.

그림 3-6 **은우의 상어 그리기**

출처: 신현정(2021). p. 166.

② 나는 상어와 물고기를 그리면 행복해요 - 나의 강점과 강점리터러시 확인하기

은우의 강점리터러시에 대한 이해도를 살펴보고 자신의 강점에 대한 인식을 심어주기 위해 '내가 잘하는 점'(활동 3-1, p. 70)을 그렸다. 은우는 자신이 제일 잘하는 것으로 '상어와 물고기 그리기'를 꼽았고, 다음으로 '버스 놀이' 그리고 '친구의 이름 쓰기'를 잘한다고 표현하였다. 이러한 활동을 통해 은우는 자신의 강점을 상어와 물고기를 잘 그리는 미술로 인식하고 있음을 알 수 있다. 교사는 평소에 은우의 놀이와 일상생활을 관찰한 결과들을 근거로 은우는 미술뿐만 아니라 물고기 등에 대한 지식이 풍부하고, 호기심이 높고 질문을 많이 하는 학습동기 강점을 가지고 있다고 판단하였다. 또한 은우는 자신이 알고 있는 과학적 지식을 논리적으로 이야기하고 상어낚시와 같은 놀이를 만들어 즐기며 대화를 할 때 상상력이 담긴 언어들을 사용하므로 논리수학 강점과 창의성 강점도 가지고 있다. 이렇게 은우의 강점들을 구체적으로 파악한 후에는 은우가 자신의 강점을 인식하고 계속 활용할 수 있도록 지원해야 한다. 이때 부모와 교사는 유아가 주도하여 원하는 것을 할 수 있도록 자유롭고 허용적인 환경과 분위기를 마련해주고 필요하면 언제든지 도움을 받을 수 있다는 심리적인 지지를 해주어야 한다.

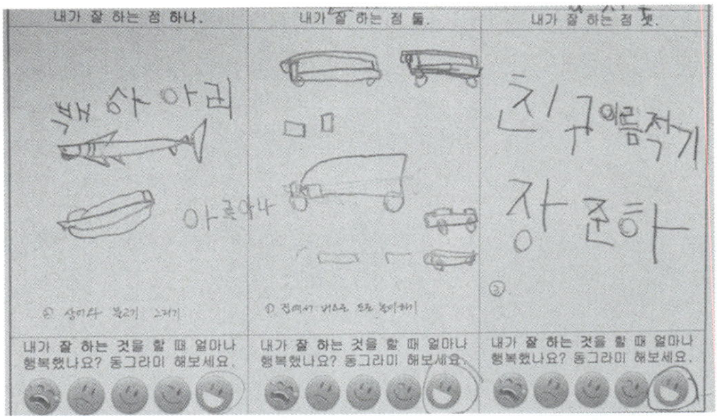

그림 3-7 은우가 잘하는 것

출처: 신현정(2021). p. 166.

③ 친구와 낚시놀이를 해요 - 나의 강점 활용하기

은우는 자기가 잘하고 좋아하는 놀이를 하면서 재미를 더하기 위해 다양한 아이디어를 친구들과 공유하기 시작했다. 줄넘기 줄이 바다가 되고 낚시터가 되는 상상 놀이 속으로 친구들이 자연스럽게 스며들었다. 은우는 자기가 잘하는 상어와 물고기 그리기를 시작으로 낚싯대를 만들고, 낚시놀이로 이어가면서 놀이터를 확장하고 변형하며 창의성을 발휘하였다. 자세히 들여다보면 은우는 자기가 좋아하고 잘하는 것을 인식하고 활용하며, 대표강점은 상황에 따라 여러 강점들이 함께 발현되어 유아의 유능감을 더 높이는 상승효과를 가져오고 행복감을 느끼게 해준다(신현정, 제희선, 2019).

관찰하기 - 은우의 낚시놀이 엿보기

은우가 낚시놀이를 준비하자 재현이는 '은우의 낚시놀이터' 바구니에서 낚싯대와 백상아리를 꺼낸다. 은우는 재현이와 줄넘기를 연결하여 교실 바닥에 '바다'라는 경계를 표시하고 바다 낚시놀이를 한다. 은우와 재현이는 물고기를 담을 통과 앉을 의자를 가져와 계속 낚시놀이를 하다 '낚시터'라 부르며 낚시터 놀이를 이어간다. 낚싯대를 여러 개 추가로 만들고 상어와 다른 물고기들을 더 그려서 더 많은 물고기를 잡는다. 관심을 보이며 놀이에 참여하는 친구들이 늘어나기 시작한다. 은우는 자기가 만든 낚싯대를 친구들에게 빌려주고 낚시놀이를 이어간다.

그림 3-8 은우의 낚시놀이

출처: 신현정(2021). p. 167.

④ 친구들이 '상어 박사'로 불러요 - 나의 강점 공유하기

'상어 박사님'이라는 강점이름은 담임교사가 은우와의 자연스러운 상호작용을 위해 칭찬과 격려의 의미로 부르는 긍정의 피드백이었다. 그런데 다른 유아들도 강점이름을 가지고 싶어 해서 '친구의 강점이름은'(지원 3-5, p. 230) 활동으로 강점이름 짓기를 하였다. 유아들은 자기가 잘하는 점을 이야기하고 불리고 싶은 강점이름이 있으면 이야기했다. 자기가 잘하는 것을 잘 인식하지 못하는 유아는 친구들이 잘하는 점을 찾아주고, 강점이름을 정하지 못하면 친구들이 아이디어를 내어 도와주었다. 은우는 친구들에게 '상어 박사'로 불리기를 원하였으며 친구들도 은우의 생각에 동의하였다. 친구들이 그동안의 낚시놀이가 재미있었다는 이야기를 해주어 은우는 친구들이 인정한 진정한 '상어 박사'가 되어 행복감이 매우 높아졌다. 이러한 활동을 계기로 은우의 강점은 더 많은 친구들과 공유되었다.

그림 3-9 유아의 강점이름 환경제시

출처: 신현정(2021). p. 168.

⑤ 놀이실에서도 낚시를 해요 - 유아의 강점인식과 활용 증진을 위한 지원하기

교실에서 활발한 은우의 낚시놀이는 놀이실로 이어져 놀이 공간이 확장되었다. 교사는 낚시놀이 장난감들과 낚싯대 그리고 바닷속 그림이 그려진 매트를 가져와 놀이실의 한쪽에 펼쳐 놓았다. 그것을 본 은우는 자신이 만든 장난감을 가져와 낚시놀이를 이어갔다. 친구들이 놀이기구를 가져와서 더 큰 낚시터와 바다가 형성되었으며 낚시놀이가 활발하게 이루어졌다. 은우는 친구들에게 자기가 그린 황새치, 청상아리 등을 보여주며 이름을 알려주었다. 낚시놀이는 낚시터 옆에 캠핑장을 꾸미고 잡은 물고기를 구워 먹는 놀이로 확장되었다. 린아가 누가 더 많은 물고기를 잡는지 게임을 하자고 아이디어를 내자 친구들은 물고기 잡기 게임을 이어갔다.

교사가 들여다보기를 통해 놀이실에 준비해 준 매트와 장난감들은 놀이가 더 확장되는 촉진제로 작용하였으며 유아들이 놀이에 몰입할 수 있는 교육적 지원이 되었다. 놀이하면서 은우는 자기가 아는 물고기들을 친구들에게 알려주어 지식을 확고히 했으며, 이러한 상호작용은 다른 유아들에게는 새로운 배움의 시간이 되었다.

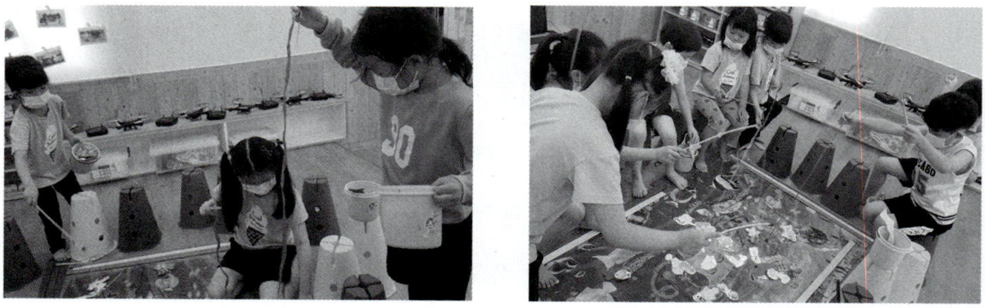

그림 3-10 놀이 공간의 확장 - 놀이실에서 낚시놀이하기

⑥ 동화 속 파란 물고기가 되다 - 유아의 강점인식과 활용 증진을 위한 지원하기

훈이가 『무지개 물고기』 책을 읽고 독서감상문을 쓴 내용을 소개하자 유아들이 『무지개 물고기』 동화를 탐색하면서 등장인물, 배경, 초대장, 대본 등에 관심을 보였다. 동극에 필요한 역할들은 유아들의 강점을 발휘할 수 있도록 다양하게 구성되었다. 유아들은 실감나는 연기를 할 배우, 동화의 줄거리를 들려줄 해설가, 동극을 진행할 사회자, 악기연주와 환영 노래를 부를 음악가, 무대배경을 그리고 설치할

무대감독, 소품을 만들 코디네이터, 간판 글자를 꾸며 줄 화가, 음악을 틀어 줄 음향 감독, 동극 초대장을 만들 카피라이터 등으로 역할을 분담하였다.

은우는 자기가 좋아하는 청상아리 색깔의 파란 물고기 배역을 맡았다. 동극에 필요한 바닷속 배경은 린아와 다른 친구들이 맡았으나 전지 2장에 바닷속을 그리는 것을 힘들어하자 물고기 그리기에 자신 있는 은우가 여러 마리의 물고기들과 바닷속 생물들을 그려주었다. 공연이 시작되자 은우는 파란 물고기가 헤엄치듯 등장하였고 관람하는 친구들은 은우의 연기를 칭찬하였다. 이제 은우는 물고기와 바닷속 생물과 관련된 일에는 매우 적극적으로 참여하며 자기가 맡은 역할을 잘 해내고 친구들에게 자발적으로 도움을 주기 시작하였다.

그림 3-11 무지개 물고기 동극

⑦ 그림자 물고기 잡기 놀이 - 유아의 강점인식과 활용 증진을 위한 지원하기

놀이실에서 유아들이 '무지개 물고기' 동극 소품으로 노는 것을 본 교사는 빔프로젝터를 켜서 스크린에 바다 이미지를 띄우고 동극에 사용한 'Under the Sea' 음악을 틀어주었다. 이를 본 은우는 신이 나서 스크린 앞으로 다가와 빙글빙글 돌면서 춤을 추었다. 빔프로젝터의 불빛이 은우의 그림자를 스크린에 만들자 서윤이가 문어 그림을 바닷속 화면에 비추었다. 그러자 그림자들은 바닷속에서 물고기들이 움직이는 것처럼 보이기 시작했다. 동극을 하려던 유아들은 머리띠를 벗어 그림을 들고 그림자 놀이를 시작했다. 유아들의 모습을 본 교사는 손으로 그림자를 만들어 같이 놀았다. 그러자 그림이 없는 유아들도 손으로 바닷속 생물을 그림자로 만들어 놀았다.

은우가 그물을 가지고 와서 화면에 비추자 교사는 "물고기들아, 피해!"라고 외쳤고 그림자 물고기를 잡는 놀이로 이어졌다.

그림 3-12 그림자 물고기 놀이

출처: 신현정(2021). p. 170.

⑧ 놀이의 즐거움에 자신감 더하기 - 유아의 강점인식과 활용 증진을 위한 지원하기

교사는 놀이실에서 사용하던 장난감 일부를 교실로 가져왔다. 유아들은 바닷속 그림이 그려진 매트를 깔고 그 위에 다양한 종류의 물고기들을 한가득 쏟아부은 후 자석낚시, 깔깔이 낚시, 그물낚시를 하였다. 클립을 끼울 수 없는 물고기에는 깔깔이를 붙이고 부직포를 그물로 활용하였다. 은우는 숲 놀이에 쓰던 곤충채집망을 가져와서 잡은 물고기를 망에 넣었다.

은우는 자신의 강점을 잘 알고 재미있는 낚시놀이를 위해 아이디어를 제안하였다. 이러한 은우의 강점리터러시 활용에 자아존중감을 더 높여주기 위해 교사는 기본 활동 중에 '강점인증서 만들기'(지원 3-3, p. 226-228)를 제안하였다. 강점인증서는 나의 강점을 인식하고 인정한다는, 내 자신에게 주는 것이어서 더욱 의미가 있다. 은우는 다양한 보석 스티커로 자신의 사진을 꾸미고 강점이름과 무엇을 잘하는지 구체적으로 써서 완성한 인증서를 친구들에게 보여주었다. 자신의 강점에 대한 인식과 자신을 인정하는 활동을 통해 은우는 행복함을 느꼈다. 그리고 그 마음을 담아 교사에게 진심 어린 감사를 표현했다.

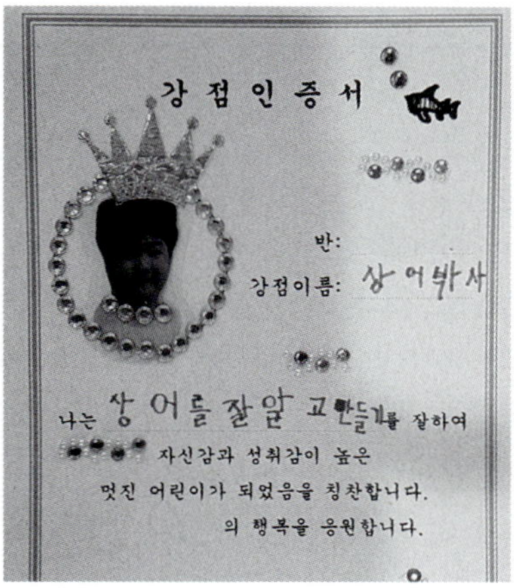

그림 3-13 상어 박사 은우의 강점인증서 만들기

⑨ 상어 표현하기의 발달과정 - 유아의 강점인식과 활용 증진을 위한 지원하기

은우는 쇠구슬과 작은 막대자석으로 평면으로 된 상어를 만들었다. 교사는 자석 블록들로 정육면체를 만드는 방법을 보여주었고 그것을 본 은우는 한참 동안 다양한 입체도형을 마음대로 만들다 정육면체와 삼각기둥 만들기를 반복하였다. 그러다 입체감 있는 상어로 만들고는 기뻐하며 교사에게 자신이 만든 것을 보여주었다. 이러한 놀이는 교사가 입체도형과 관련된 수학지식을 기반으로 은우에게 교육적 지원을 하고, 은우는 논리수학적 사고와 창의성 강점을 융합하여 좋아하는 상어를 입체물로 표현하며 확장된 것이다.

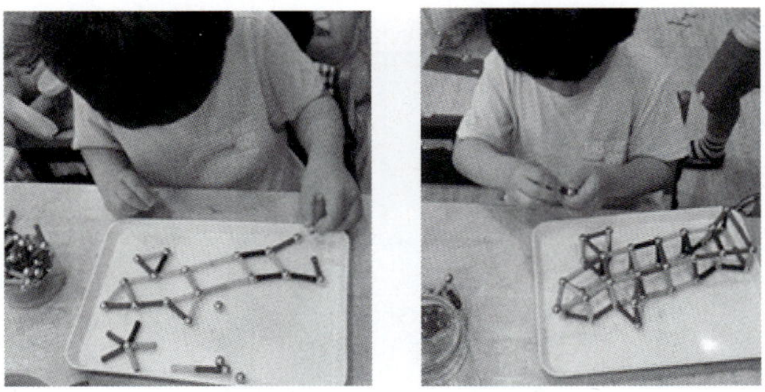

그림 3-14 자석으로 상어 만들기

연구자의 저널 엿보기

유아의 놀이에는 늘 배움이 일어나지만 교사가 그 배움을 어떻게 들여다보고 지원하느냐에 따라 또 하나의 새로운 배움이 일어나고 놀이를 더 확장시킬 수 있다. 종이 위에 그려진 2차원의 평면 상어는 색종이 접기와 만들기를 통해 천천히 3차원의 입체 상어로 확실하게 거듭났다. 어쩌면 상어는 은우만 알고 있는 4차원의 세계에서 3차원으로 형상화되어 나타났을지도 모르겠다. 혼자의 힘이든, 교사의 도움이든 유아의 모든 경험들이 축적되어 자신의 강점을 더 잘 활용할 수 있게 된다. 자신의 새로운 도전에 대한 성취감과 기쁨을 다른 사람과 함께 나누고 인정받으며 긍정정서를 공유하는 것은 인간이 사회적 존재이기에 이러한 타인의 인정이 의도적인 것보다 본능에 가깝다는 생각이 들었다.

⑩ 너희들은 어떤 물고기가 좋아? - 유아의 강점인식과 활용 증진을 위한 지원하기

은우는 친구들이 자기처럼 상어를 좋아하는지, 어떤 물고기를 좋아하는지 궁금하다며 교사에게 도움을 청했다. 교사는 은우와 의논하여 다른 놀이에 사용했던 그래프를 갖다주었고 은우는 스티커 종이에 자기가 좋아하는 물고기들을 그려서 항목에 붙였다. 재현이는 은우를 도와 그림 밑에 물고기의 이름을 적어주었다. 친구들은 벽에 게시해 놓은 물고기 그래프에 자기 이름이 적힌 스티커를 밑에서부터 차곡차곡 붙였다. 자신이 좋아하는 것을 친구들에게 물어보는 적극적인 태도와 자신감을 통해 은우의 자아존중감도 강점리터러시 증진 과정을 통해 높아지고 있음을 알 수 있었다. 은우의 궁금증을 해결하는 과정에서 교사는 막대그래프를 제안하여 논리수학 강점리터러시가 증진되도록 지원하였다.

그림 3-15 물고기 선호도 그래프

⑪ 악어도 좋아해요 - 유아의 강점인식과 활용 증진을 위한 지원하기

은우는 나일악어, 안경카이만 등을 색종이로 접고, 악어를 그려서 교사에게 보여주었다. 교사가 악어들에 대해 질문하자 은우는 흥분하며 악어의 습생에 대해 설명하였다. 은우는 새롭게 알게 된 자신의 배움들을 조심스레 교사에게 보여주었고, 교사는 격려와 관심으로 은우가 더 적극적으로 자신의 앎에 대해 이야기하고 활용할 수 있도록 심리적 지원을 아끼지 않았다.

⑫ 늪 만들기 - 유아의 강점인식과 활용 증진을 위한 지원하기

은우는 경훈이, 호진이, 재현이와 캠핑을 다녀온 이야기를 나누다 캠핑장 옆에 늪이 있어서 밟아 봤다고 하였다. 이야기를 듣던 교사가 늪이 어떻게 생겼는지 궁금하다고 하자 재현이가 늪을 만들자고 제안하였고 교사는 유아들과 늪에 대한 영상을 찾아서 시청하였다. 영상에 악어들이 나오자 은우는 컬러 점토로 미니악어를 만들었다. 호진이는 교실에 있던 돋보기를 가져와 미니악어를 관찰할 수 있도록 늪을 만든 협동 작품과 함께 교실 한편에 전시하였다.

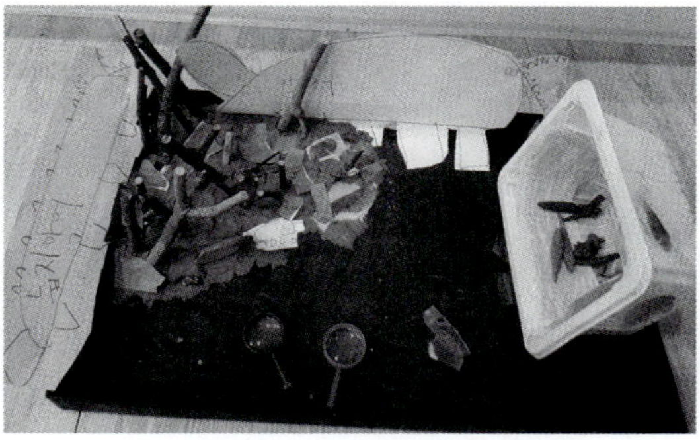

그림 3-16 친구들과 완성한 늪

⑬ 아쿠아리움 만들기 - 유아의 강점인식과 활용 증진을 위한 지원하기

은우가 집에서 재활용품을 가득 들고 와서 아쿠아리움에 들어갈 백상아리, 청상아리, 새우 등의 동물들을 만들기 시작하자 경훈이와 서윤이가 합세하여 은우가 제안하는 것들을 함께 만들면서 놀이를 이어갔다. 이제 은우는 강점리터러시를 통해 놀

이를 주도하게 되었으며 친구들과의 관계도 많이 향상되었다.

⑭ 나의 소중한 청거북 소개 - 긍정정서 공유하기

은우는 자신이 아끼는 청거북을 유치원에 들고 와 친구들에게 소개하고 교실 앞쪽에 어항을 놓아두고 함께 관찰하며 청거북이 사는 곳, 좋아하는 먹이에 대해 이야기를 나누었다. 이러한 과정은 자신에게 소중한 것을 다른 사람과 함께 나누고 싶어 하는 은우의 긍정정서 공유하기로 볼 수 있다.

⑮ 놀이 회상 - 긍정정서 공유하기

은우의 강점리터러시가 눈에 띄게 증진되었으나 자신의 생각과 느낌을 친구들과 공유하는 것에 아쉬움을 느낀 교사는 유아들이 함께 했던 경험에 대해 서로 이야기를 나누고 공감하는 시간을 가졌다. 그동안 놀이했던 사진들을 담은 PPT를 보면서 유아들은 즐겁고 재미있었던 행복한 기억들을 떠올렸다. 친구들은 은우를 통해 재미있는 낚시놀이를 해서 즐거웠고, 은우가 상어뿐만 아니라 다른 동물에도 관심을 가지고 있음을 알고 있었다. 은우는 자신의 즐거웠던 기억을 친구들도 함께 기억하고 있는 것에 감동하였다.

그림 3-17 놀이 회상하기

출처: 신현정(2021). p. 175.

⑯ 360도로 돌아가는 인공위성 - 유아의 강점활용 지원하기

은우가 만드는 구조물들은 모두 작동이 가능한데, 만들기 전에 미리 자기만의 작동원리를 생각한다고 하였다. 은우가 360도 돌아가는 CCTV를 만들자 재현이는 그

것을 인공위성이라고 불렀다. 은우가 강당의 단상 위로 인공위성을 이동시키려고 하자 친구들이 도와주었다. 재현이, 하준이, 원영이는 인공위성 옆에 텐트를 가지고 와서 떡방아를 찧는 달나라 놀이를 하였다. 이렇게 은우의 아이디어는 친구들의 놀이를 자극하여 그와 연계되는 새로운 놀이를 유도하기도 하였다. 친구들은 은우가 시작한 놀이를 더 확장하여 재미있게 논다.

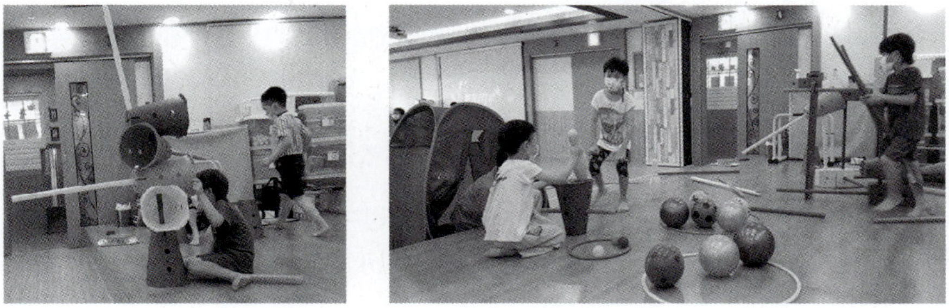

그림 3-18 인공위성(좌)과 달나라 놀이(우)

⑰ 굴러가는 트랙터 - 유아의 강점활용 지원하기

은우는 놀이실에서 구멍이 있는 입체 도형에 막대를 꽂아 놀 수 있는 블록들로 트랙터를 만들어 교사에게 보여주었다. 은우는 트랙터에 짐을 실을 수 있으며 움직인다고 했다. 교사가 트랙터는 어디에 사용하는 차인지 묻자 은우는 벼와 곡식 등을 나를 때 사용한다고 설명해주었다. 은우는 물체의 운동 원리를 이용해 움직이는 트랙터를 만들면서 논리수학 강점을 활용하고 있음을 알 수 있다.

⑱ 친구와 놀면서 행복했던 기억 - 긍정정서 공유 지원하기

교사는 유아들에게 친구들과 놀면서 가장 행복했던 기억을 떠올려 그림이나 글로 써서 이야기하는 시간을 제안하였다(지원 3-16, p. 246-247). 이러한 활동은 은우가 친구들과의 관계에서 어떤 경험을 하고 무슨 생각을 하는지 그리고 다른 유아들은 은우에게 어떤 영향을 받고 어떤 생각을 하는지 살펴볼 수 있는 시간이 되었다. 은우는 상어를 그리고 만들어서 놀았던 경험이 가장 행복했다고 이야기하였다. 은우처럼 동물을 좋아하는 호진이는 물고기와 가재를 그리고 가위로 잘라서 낚시놀이를 했던 것

이 행복했다고 이야기하였다. 이렇게 은우가 시작한 놀이였지만 같은 관심사를 가진 친구에게도 은우의 놀이는 긍정적인 영향을 미쳐 함께하는 행복과 그들만의 행복을 느낄 수 있는 교차된 정서를 통해 기쁨과 행복이 더 커짐을 알 수 있다.

그림 3-19 은우(좌)와 은우의 영향을 받은 친구(우)의 행복했던 기억

출처: 신현정(2021). p. 176.

⑲ 강점자화상 그리기 - 긍정정서 공유 지원하기

유아의 강점리터러시 증진 프로그램을 실행하면서 은우가 경험한 것들 중에 가장 잘되었던 일이나 멋지게 변한 나에 대해 떠올려보고 이야기를 나눈 후 자신의 모습을 그림으로 그리는 시간을 가졌다(지원 3-15, p. 244-245). 은우는 친구들에게 '상어 박사'라고 불리는 것이 너무 기분이 좋고 상어 박사가 될 수 있게 도와준 선생님께 감사하다고 인사하였다. 이렇게 소극적인 은우가 자신의 생각과 감정 그리고 감사의 마음을 자연스럽게 표현하는 것을 통해 프로그램의 효과를 확인할 수 있었다.

그림 3-20 은우의 강점자화상

출처: 신현정(2021). p. 177.

교사 면담 엿보기

은우는 강점을 인정받은 이후로 유치원 가는 걸 너무 좋아한다고 어머님이 말씀하셨어요. 저도 은우가 많이 달라졌다고 생각하는 게 작년에 오가며 보던 은우랑은 너무나 달라요. 작년엔 자존감이 너무 낮았거든요. 그런데 지금의 은우는 눈빛이 반짝반짝 빛나고 다른 사람 같아요. 자신감이 높아져서 그런 건가요?

은우가 상어 박사라서 나중에 과학자가 되려나 보다 생각했어요. 그런데 커서 뭐가 되고 싶냐고 물었더니 아쿠아리스트가 되고 싶다고 하더라구요. 유아들은 잘 모르는 직업인데 은우가 그런 생각을 하리라고는 예상도 못했어요. 자기가 좋아하고 잘 아는 분야다 보니 지식이 쌓여서 거기까지 생각한 것 같아요. 자기의 미래를 구체적으로 생각하고 있다는 게 너무나 기특해요. 은우를 보면 자기의 강점을 잘 알면 직업에 대한 계획까지도 유아기에 잘 세울 수 있겠단 생각이 들어요.

은우에게 적용했던 맞춤형 강점리터러시 증진 프로그램 운영과정은 [그림 3－21]과 같습니다.

상어 박사 은우의 강점리터러시 흐름		※ 강점리터러시의 흐름은 순차적이 아닐 수 있으므로 유아에 맞게 지원 나의 강점 인식하기 → 나의 강점 공유하기 → 나의 강점 활용하기 → 긍정정서 공유하기																		
회기		1	2	3	4	5	6	7	8	9	10	11	12	13	14	15	16	17	18	19
상어 박사 (자연 탐구, 창의성, 학습 동기, 미술, 논리 수학)	은우가 주도한 놀이	상어 그리기		교실 낚시 놀이		놀이실 낚시 놀이	무지개 물고기 동극	그림자 물고기 낚시	교실 낚시 놀이	자석 입체 상어	물고기 선호도 그래프	악어 만들기	친구들과 늪 만들기	아쿠아리움 만들기	청거북 소개		인공위성 놀이	트랙터 놀이		
	교육적 지원-기본안 활용		내가 잘하는 점		강점 이름 짓기				강점 인증서 만들기							놀이 회상			행복 공유-행복했던 경험	행복 공유 - 강점 자화상

그림 3-21 상어 박사 은우에게 적용한 프로그램 사례

출처: 신현정(2021). p. 178.

상어 박사 은우의 놀이에 따른 강점리터러시 흐름은 [그림 3-22]와 같습니다.

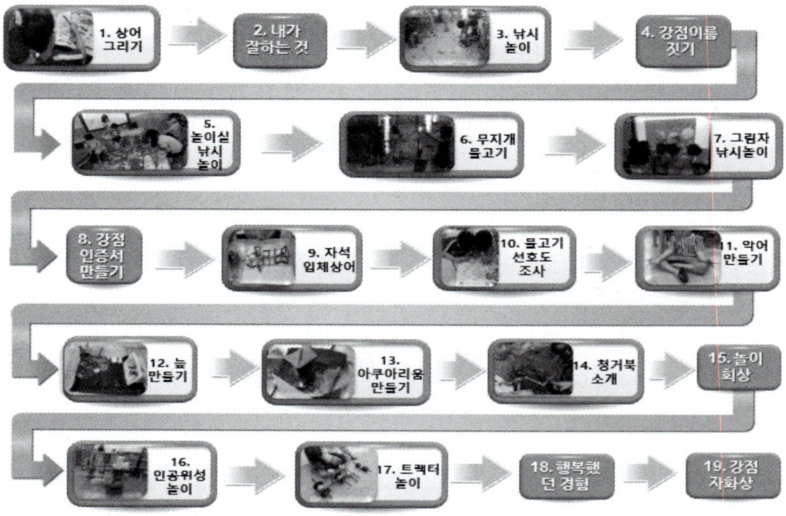

그림 3-22 상어 박사 은우의 놀이에 따른 강점리터러시 흐름

출처: 신현정(2021). p. 178.

(나) 친절왕 재현이의 강점리터러시 흐름 따라가기

유아명	정재현(가명)	나이	5세
대표강점	창의성, 친절성, 미술, 논리수학, 언어		
유아의 강점이름	친절왕		
프로그램 실시 기간	매주 2~3회, 3개월 소요		

① 퀵보드를 타면 행복해요 - 칭찬과 격려를 통한 나의 강점 인식하기

재현이의 강점리터러시에 대한 이해도를 살펴보고 자신의 강점에 대한 인식을 강화해 주기 위해 교사 지원을 위한 기본안 중 '내가 잘하는 점 그리기(활동 3-1, p. 70)를 적용하였다. 재현이는 제일 잘하는 것으로 '퀵보드 타기'를 꼽았고, 다음으로 '그림 그리기'와 '달리기'를 잘한다고 표현하였다. 이는 재현이가 자신의 강점을 인식하고 있으며 대표강점이 운동과 미술임을 알 수 있다. 또한 관찰과 유아강점척도(p. 76-85)를 활용하여 재현이가 친구들과 잘 어울리고 친절하게 이야기하며 다양한

아이디어로 놀이를 재미있게 해주는 등의 행동을 통해 관계성, 창의성, 언어 강점도 있음을 확인하였다.

그림 3-23 재현이가 잘하는 것

출처: 신현정(2021). p. 179.

② 상어 박사와 낚시놀이를 즐겨요 - 나의 강점 인식하기

은우가 낚시놀이를 하려고 물고기를 더 많이 만들자 재현이는 더 큰 바다가 필요하다며 줄넘기 줄을 가져와 교실 바닥에 연결시켜 '바다'를 만들고 바다 낚시놀이를 시작했다. 재현이는 조용히 자신의 책상에 가서 물고기를 더 그려와 바다에 넣었다. 그리고는 자기의 의자를 낚시터에 놓고 은우의 의자도 갖다주며 앉으라고 하였다. 재현이는 은우가 시작한 놀이에 함께 하면서 자신의 창의성과 관계성, 미술 강점리터러시를 활용하여 놀이를 더 풍성하고 재미있게 만들었다. 유아는 놀이에 몰입하여 자신의 강점리터러시를 자연스럽게 발휘할 뿐만 아니라 함께하는 놀이에서 다른 친구의 강점리터러시를 촉진해주는 비계의 역할을 하기도 한다. 친구와의 놀이 속에서 함께 느끼는 즐거움과 기쁨 등의 긍정정서는 상호 호혜성도 높여준다.

관찰하기 - 재현이의 대화 엿보기

은우: 재현아, 봐봐. 나 오늘 범고래도 만들었어. 이건 새로운 백상아리.

재현: 야! 물고기가 점점 늘어나네. 바다가 커야겠다.

③ 잘하는 것을 즐길 줄 아는 '친절왕' - 유아의 강점인식과 활용 증진을 위한 지원하기

낚시놀이가 활발해지면서 은우에게 관심을 가지게 된 유아들이 은우가 '상어 박사님'으로 불리는 것을 부러워하였다. 그래서 교사는 기본안 중에 '친구의 강점이름은' (지원 3-5, p. 230)을 활용하여 강점이름 짓기를 하였다. 재현이는 자신이 친구들에게 놀이방법을 친절하게 잘 알려주고 재미있게 해줘서 '친절왕'이라는 강점이름을 갖고 싶다고 했다. 재현이는 친구들도 자신의 의견에 동의하자 기뻐했다. '친절왕'은 관찰과 유아강점척도로 측정한 재현이의 두 번째 대표강점인 관계성과 관련된 강점 이름이다. 재현이는 다른 사람에게 친절하며 재미있는 놀이를 만들어 함께 하는 것을 잘한다고 스스로 인식하고 있으며, 관계성과 창의성, 언어 강점리터러시를 어려움 없이 잘 발휘한다.

교사 면담 엿보기

재현이는 목소리가 크거나 행동이 거친 아이가 아닌데도 처음에는 아주 산만해 보였어요. 자세히 들여다보기 전에는요. 매일 관심 있게 지켜보니 재현이가 그냥 정신없이 노는 게 아니라는 걸 알게 됐어요. 친구들과 놀다가 필요한 것들이 생각나면 조용히 자기 자리로 가서 뚝딱뚝딱 금방 만들어 와서 놀이를 더 재밌게 이어가요. 재현이가 무언가를 하는 속도가 빠르거든요. 그래서 금방 만들어 오니깐 친구들과의 놀이 흐름도 끊어지지 않는 것 같아요. 거기에 상상을 더해서 놀거든요. 예를 들면 자동차 놀이를 시작하면 자동차에 탈 캐릭터를 만들어 오고, 그 캐릭터를 태워서 날아다니죠. 하늘을 날다가 우주도 날다가… 그래서 아이들이 재현이를 좋아하나 봐요.

④ 더 넓은 바다에서 낚시놀이를 해요 - 나의 강점 활용하기

교실에서 시작된 낚시놀이는 공간이 확장되어 놀이실에서도 이어져 유아들은 교사가 지원해 준 장난감들과 놀이기구를 활용하여 바다 낚시놀이를 했다. 친구들이 긴 막대를 가져와서 더 크고 넓은 바다를 만들고, 원기둥 모양의 기구를 낚시 의자로 사용하자, 물고기를 담을 통이 없는 것을 발견한 재현이는 급히 교실로 가서 바구니를 여러 개 가지고 왔다. 교실에서 시작된 작은 낚시놀이는 공간의 변화에 따라 더

많은 유아들을 자극하고 그들에 의해 확장되어 다양한 놀이방법이 쏟아져 나왔다. 재현이는 관계성 강점리터러시를 자연스럽게 발현하여 친구들에게 낚시 놀이하는 법을 가르쳐주고 친구들의 꼬인 낚싯줄을 풀어주었다. 물고기를 잘 잡는 방법을 설명하기 위해 낚싯대를 잡는 높이와 각도, 줄을 던질 때 힘을 조절하는 방법 등을 알려주며 논리수학과 언어 강점리터러시를 발휘하였다. 재현이가 친구들과 했던 상호작용은 친구들의 근접발달영역(ZPD: Zone of Proximal Development[2])을 최적화하는 비계설정이 되어 친구들이 자신의 강점을 자연스럽게 증진할 수 있게도 해주었다. 그러면서 재현이는 놀이 속에서 자신의 강점리터러시도 증진하였다.

그림 3-24 놀이의 확장을 통한 강점리터러시의 증진

⑤ 불가사리 아저씨가 되다 - 유아의 강점활용 증진을 위한 지원하기

'무지개 물고기' 동극을 하면서 재현이는 원했던 불가사리 아저씨 역할을 맡아 배우 역할을 하게 된 친구들과 대사를 외우는 연습을 하였다. 무대 뒤에서 재현이는 글자를 모르는 친구들에게 대사를 알려주고, 먼저 등장해야 하는 친구들의 순서를 확인하여 무대로 나갈 수 있게 이야기해 주며 차례를 기다렸다. 자신의 차례가 되자 재현이는 아저씨 목소리를 내며 실감 나는 연기를 펼쳤다. 재현이는 적극적인 동극 참여로 관계성, 언어 강점리터러시를 마음껏 발휘하는 시간을 보냈다.

⑥ 미로 장난감을 만든 메이커가 되다 - 유아의 강점활용 증진을 위한 지원하기

새로 제공된 '미로게임' 장난감이 유아들 사이에 인기가 많아 재현이는 충분하게

2) 근접발달영역은 유아가 스스로 도달할 수 있는 실제적 발달 수준과 교사나 능력이 있는 또래의 도움을 받아 도달할 수 있는 잠재적 발달 수준과의 차이를 의미합니다(Vygotsky, 1978/2000).

가지고 놀지는 못해 아쉬워했다. 그래서 미로 장난감을 만들려고 종이에 설계도를 그려 교사에게 보여주었다. 교사는 미로에 사용할 재료로 무엇이 필요한지 재현이에게 물어 자료실에서 빨대와 나무젓가락을 가져다주었다. 재현이는 설계도를 보며 나무젓가락을 가위로 잘라 종이상자에 테이프로 붙인 후, 자석 블록에서 쇠구슬을 가져와 이리저리 굴리며 미로의 연결 상태를 확인하였다. 교사가 미로의 시작점과 출발점이 어디인지를 묻자 재현이는 출발점과 도착점을 만들기 시작했다.

재현이는 인기 있는 장난감을 실컷 가지고 놀지 못한 아쉬움에 그치지 않고 비슷한 장난감을 만들어 놀려고 시도하였다. 이렇게 재현이는 필요한 장난감을 스스로 만들어 놀이하는 창의성을 발휘하였다. 설계도를 먼저 그리고, 그에 따라 미로 장난감을 만든 것은 재현이가 논리적으로 사고하며 길이와 방향, 공간의 원리를 활용하는 논리수학 강점을 적극적으로 발휘하고 있다는 것을 보여준다.

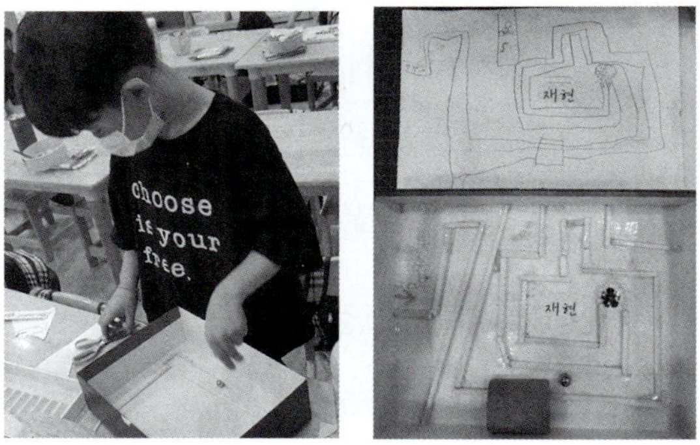

그림 3-25 재현이의 '미로찾기' 장난감 만들기

교사의 저널 엿보기

재현이가 만든 '미로찾기'에는 미로 지도가 그려져 있다. 미로와 함께 구슬을 그려 넣었는데 재현이에 따르면 구슬이 미로를 찾아가서 도착지점까지 가면 이긴다는 것이다. 미로찾기의 중앙에는 '재현'이라고 크게 자신의 이름이 적혀 있다. 미로찾기 놀이에서 구슬이 나무젓가락 길을 따라 도착지점까지 도달하는 것도 중요한 놀이의 포인트지만 재현이는 놀잇감에 늘 큼직한 사이즈로 '정재현' 또는 '재현'이라는 이름을 남긴다. 마치 재현이가 자신의 놀잇감에 대한 자부심과 자랑스러움, 우월감 등을 놀잇감에 부여한 듯하다.

⑦ '미로찾기' 놀이를 소개해요 - 유아의 강점활용 증진을 위한 지원하기

재현이는 자신이 만든 장난감을 '미로찾기'라고 이름 붙인 뒤 친구들에게 미로찾기 장난감을 만드는 방법과 놀이하는 방법을 알려주었다. 그러자 친구들이 재현이의 '미로찾기' 장난감에 관심을 가졌으며 경훈이와 원영이는 재현이가 만든 것처럼 미로 장난감을 만들기 시작하였다. 재현이의 '미로찾기' 장난감은 교사가 제공했던 '미로게임' 장난감보다 더 인기가 있었다.

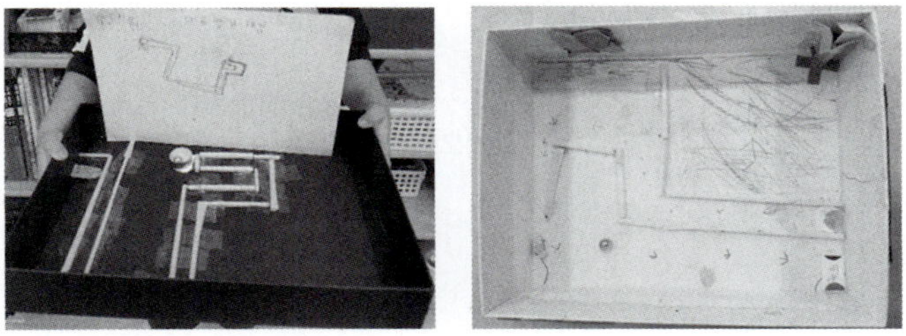

그림 3-26 경훈이(좌)와 원영이(우)의 미로찾기 장난감

⑧ 난 정말 멋져 - 유아의 강점인식과 활용 증진을 위한 지원하기

재현이의 자아존중감을 더 높여주기 위해 교사는 기본 활동 중에 '강점인증서 만들기'(지원 3-3, p. 226-228)를 제안하였다. 이미 은우의 강점인증서를 보고 다른 유아들이 만들고 싶어 했던 활동이어서 재현이가 강점인증서를 만들 때는 반 유아들 모두가 각자 자신들의 인증서를 만들었다. 자기가 잘하는 강점에 대해 쓰고 보석 스티커로 자신의 사진을 꾸며서 인증서를 완성하자, 교사는 원하는 아이들을 대상으로 강점인증서 수여식을 하자고 제안하였다. 반 유아들 모두가 강점인증서 수여식에 참석한다고 하여 유아들이 친구들의 강점과 잘하는 점에 대해 다시 한번 확인하는 시간이 되었다.

⑨ 재현왕자로 인형놀이를 해요 - 나의 강점 활용하기

린아가 '슈슈와 친구들의 집'을 만들어 인형놀이를 하자 재현이는 '재현왕자'를 그려서 린아 옆에 앉아 놀이에 참여하기 시작하였다. 재현이는 여느 때와 마찬가지로 친구들의 놀이에 자신이 아이디어를 더하여 놀이를 더 재미있고 흥미롭게 만들었다.

⑩ 미로찾기 경기를 열어요 - 유아의 강점활용 증진을 위한 지원하기

재현이가 교사에게 자기가 만든 '미로찾기'로 친구들과 경기를 하고 싶다고 하자 교사는 어떤 경기를 원하며 경기 방법과 규칙은 어떻게 할지 생각해 보도록 제안하였다. 재현이는 쇠구슬을 빨리 굴리는 경기를 하고 싶으며 경기 방법에 대해 안내문을 쓰겠다고 했다. 교사는 타이머를 찾아 재현이에게 주고 사용법을 가르쳐주었다. 재현이는 '미로찾기' 경기 방법을 친구들에게 소개한 뒤 경기에 참여할 친구들을 모아 순서를 정하고 타이머를 재며 놀이를 시작하였다. 그러자 수연이가 이면지와 연필을 가져와 친구들의 기록을 적어주었다.

재현이의 새로운 놀이에 대한 아이디어와 놀이를 이끄는 경험은 다른 친구들이 재현이의 놀이에 참여하면서 새로운 아이디어를 더하고 서로 협력하면서 놀이를 더 풍성해지도록 이끌었다.

그림 3-27 재현이가 주최한 미로찾기 경기

⑪ 인형극 배우가 되다 - 나의 강점 활용하기

린아가 '슈슈와 친구들의 집'으로 인형극을 촬영하기 위해 함께 놀이할 친구를 찾자 재현이가 지원하였다. 린아는 이전에 재현이와 인형놀이를 할 때 마음이 잘 맞아 재미있게 놀아준 친구라고 하며 재현이를 참여시켰다. 재현이가 친구들의 마음을 잘 이해하며 노는 것을 다른 유아들도 이미 경험으로 알고 있었기 때문에 선택을 받은 것이다. 재현이는 교사의 지원이 없이도 관계성 강점리터러시를 스스로 강화하며 증진시켜 나가고 있음을 알 수 있다.

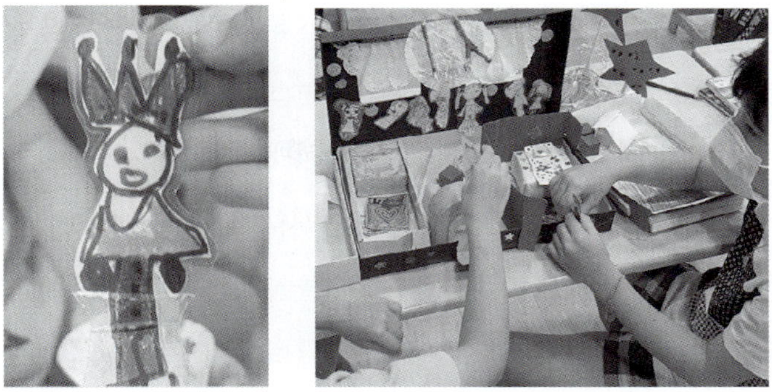

그림 3-28 재현이가 만든 재현왕자 종이인형(좌)과 인형놀이(우)

⑫ 친구들아, 고마워! - 긍정정서 공유 지원하기

지난 놀이를 회상하고 이야기를 나누면서 친구들은 재현이가 만든 '미로찾기' 장난감을 가지고 재미있게 놀았고 미로찾기 경기를 할 때 무척 즐거웠다고 하였다. 그 말을 듣고 재현이는 너무 기뻐 자리에 가만히 앉아 있지 못하고 엉덩이를 들썩거렸다. 점심 식사를 마친 재현이는 친구들의 이야기가 고마워서 감사편지를 썼다며 교사에게 보여주었다. 교사는 재현이가 친구들 앞에서 직접 편지를 읽어주는 시간을 마련해 주었다. 재현이는 친구들과 즐거움과 기쁨을 공유하며 무엇보다 '함께' 놀이한다는 것에 큰 행복감을 느꼈음을 알 수 있다.

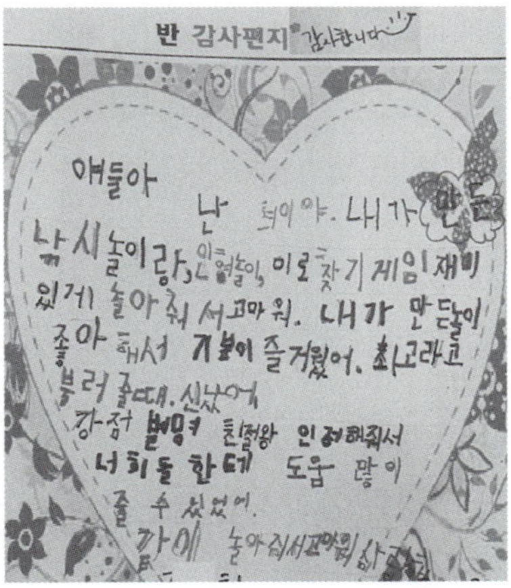

그림 3-29 재현이가 친구들에게 쓴 감사편지

⑬ 나도 놀이공원을 만들고 싶어 - 유아의 강점활용 증진을 위한 지원하기

린아가 놀이공원을 만들기 시작하자 재현이는 호일컵으로 빙글빙글 돌아가는 놀이기구를 만들겠다고 하였다. 재현이가 호일컵 4개를 붙여서 교사에게 보여주며 빙글빙글 돌아가는 물건이 있는지 묻자, 교사는 재활용 교구판을 찾아주었다. 재현이는 교구판 위에 양면테이프로 호일컵을 붙여 놀이기구를 완성하였다. 그러고 나서 회전목마를 만드는 친구들을 돕고, 놀이공원의 간판과 지도가 필요하다는 친구들의 말에 여느 때와 마찬가지로 말없이 자기 자리에 가서 '네버랜드' 지도를 그려 놀이공원에 간판처럼 세웠다. 재현이는 다른 친구가 주도하는 놀이에도 자발적으로 참여하여 자신의 강점리터러시를 발휘하면서 놀이를 풍성하게 만들었다.

그림 3-30 재현이가 만든 놀이동산의 기구와 간판

⑭ 연을 날려요 - 유아의 강점활용 증진을 위한 지원하기

바깥놀이터에 바람이 많이 불자 재현이는 길게 잘라 붙인 종이를 날려보았지만 무거워서 제대로 날지 못했다. 교사는 재현이에게 연을 만들고 싶은지 물어보고 비닐 포장지를 주어 연을 만들게 한 후, 중심을 잡아 털실을 붙이는 것을 도와주었다. 이번에는 연이 잘 날자 재현이는 박수를 치며 기뻐하였다. 그러다 연을 붙인 털실을 붙잡고 바깥놀이터를 재빠르게 달리기 시작하였다. 재현이는 자기가 하고 싶은 것이나 궁금한 것이 있으면 필요한 것들을 가지고 와서 바로 궁금증을 해결한다. 재현이는 언제든 교사의 도움을 받으려는 개방적인 태도로 자신의 강점리터러시를 스스로 증진해가고 있음을 알 수 있다.

⑮ 비닐 기구를 날려요 - 유아의 강점활용 증진을 위한 지원하기

지난번에 만들었던 연을 잃어버려 속상해하는 재현이를 위해 교사는 에어컨을 강하게 틀어 에어컨 송풍구에 비닐봉지를 대고 날렸다. 비닐봉지에 중심이 잡히지 않아 착지에 어려움이 있자 유아들과 의논한 뒤 비닐봉지 손잡이를 실로 묶어 그 끝을 종이컵에 연결하여 무게중심을 잡아 날렸다. 친구들의 놀이를 보고 재현이가 관심을 보이며 다가와 비닐 기구를 날리기 시작하였다. 스탠딩 에어컨이라 키가 작은 유아들은 의자 위에 올라갔는데 송풍구에 비닐이 닿지 않자 재현이는 친구들과 함께 책상을 가져와 비닐 기구를 날릴 수 있게 도왔다. 키가 큰 재현이는 키가 작은 친구의 비닐 기구를 송풍구에 맞추어주었다. 비록 재현이는 연날리기는 못했지만 비닐 기구로 다시 기분이 전환되었다.

그림 3-31 재현이와 친구들의 비닐 기구 날리기

⑯ 달나라 놀이를 해요 - 나의 강점 활용하기

은우가 만든 CCTV 구조물을 재현이는 '인공위성'이라고 부르며 강단 단상 위로 이동하는 것을 도와주었다. 은우의 구조물은 이제 인공위성이 되었고 단상 위로 옮겨진 인공위성을 본 하준이와 원영이가 다가오자 재현이는 친구들에게 텐트를 가져오라고 하였다. 텐트는 달나라가 되었고 유아들은 원기둥 놀이기구를 거꾸로 세워 절구로 만들어 탱탱볼을 넣고 토끼가 되어 떡방아를 찧었다(p. 192 ⑯ 은우의 사례 참고).

관찰하기 - 재현이의 대화 엿보기

재현이는 은우가 만든 CCTV를 옮기는 것을 도우며 하준이를 불러 텐트를 가지고 오게 한 후 뛰어가서 원기둥 놀이기구, 탱탱볼, 볼링핀을 가져온다.

재현: 이거 인공위성 같다.

은우: 아니다. CCTV 만든 건데.

재현: 하준아, 텐트 가져 와봐.

하준이가 원영이와 텐트를 가져오자 텐트를 은우가 만든 CCTV 옆에 세우고 텐트를 가리킨다.

재현: 자, 여기는 달나라야. 떡방아를 찧자. 히히.

하준: 우리가 토끼네.

하준이와 원영이는 재현이를 따라 떡방아를 찧고 은우는 인공위성이 된 CCTV를 빙글빙글 돌린다.

⑰ 나의 아지트 교구장 - 나의 강점 활용하기

재현이는 하준이, 원영이와 다른 친구들이 잘 다니지 않는 교실 벽면의 교구장 옆에 원형 테이블을 가지고 왔다. 재현이는 한쪽 벽면이 막힌 교구장 한 칸을 블록으로 꾸며 '본부'라고 부르며 조립식 블록으로 비행기와 자동차 등을 만들어 교실을 돌아다니며 놀았다. 재현이에게 교구장은 장난감을 정리하는 용도뿐만 아니라 놀이를 위한 아지트이기도 하다. 놀이 속에서 발현되는 재현이의 기발하고 창의적인 생각은 재미있다. 그래서 친구들은 재현이의 말을 잘 따르고 놀이에 즐겁게 참여한다. 재현이는 친구들이 발산적 사고를 하도록 돕고, 모델링의 대상이 되며, 즐거움과 배움을 자극하는 촉진자의 역할을 충분히 해내고 있었다.

⑱ 친구와 함께 했던 행복한 놀이 - 긍정정서 공유 지원하기

교사는 유아들에게 놀면서 가장 행복했던 기억을 떠올리게 하고 그림을 그리거나 글로 써서 이야기하는 시간을 가졌다(지원 3-16, p. 246-247). 재현이는 '미로찾기' 장난감을 만들어 친구들에게 소개했던 것이 가장 행복했다고 하였다. 원영이는 재현이가 만든 미로찾기 장난감을 소개해 준 덕분에 자기도 미로찾기 장난감을 만들어 놀이할 수 있어서 행복했다고 하였다. 그리고 하민이는 재현이가 제안한 미로찾기 경

기에 참여해서 최단 시간에 쇠구슬을 도착시켜 우승했던 일이 행복했다고 이야기해 주었다. 재현이의 강점리터러시 발휘는 친구들의 놀이를 더욱 풍성하게 만들고 기존의 발상을 넘어 다양한 사고를 할 수 있도록 자극했다. 재현이가 즐기면서 행했던 많은 부분들이 유치원이라는 공간 안에서 함께한 친구들에게 긍정적인 영향을 끼치고 행복감을 공유할 수 있는 시간이 되었음을 알 수 있다.

그림 3-32 재현이(좌)와 재현이의 영향을 받은 친구들(가운데, 우)의 행복했던 기억

⑲ 강점자화상 - 긍정정서 공유 지원하기

재현이는 멋진 '재현왕자'를 자화상으로 그린 뒤(지원 3-15, p. 244-245) 친구들이 친절왕으로 불러주는 것이 좋았고 앞으로도 친구들과 친절하게 잘 놀겠다는 다짐을 이야기하였다. 프로그램에 참여하는 동안 재현이는 자신의 강점리터러시를 매우 적극적으로 발휘하여 즐기는 경험을 하였고 그에 대한 기쁨과 고마움을 친구들에게 감사 편지를 써서 표현하였다. 친구들도 재현이 덕분에 행복했음을 확인하는 과정을 통해 다시 재현이는 즐거움과 기쁨 등의 긍정정서를 느끼게 되었고 행복은 배가 되었다.

그림 3-33 재현이의 강점자화상

재현이에게 적용했던 맞춤형 강점리터러시 증진 프로그램 운영과정은 [그림 3-34]와 같다.

친절왕 재현이의 강점리터러시 흐름		※강점리터러시의 흐름은 순차적이 아닐 수 있으므로 유아에 맞게 지원																		
		나의 강점 인식하기				나의 강점 공유하기					나의 강점 활용하기						긍정정서 공유하기			
회기		1	2	3	4	5	6	7	8	9	10	11	12	13	14	15	16	17	18	19
친절왕 (창의성, 관계성, 미술, 논리 수학, 언어)	재현이가 주도한 놀이		상어 박사와 낚시 놀이		놀이실 낚시 놀이	무지개 물고기 동극	미로 찾기 만들기	미로 게임 소개		플레이어와 인형 놀이	미로 게임 경기	플레이어의 인형극 녹화	감사 편지	플레이어와 놀이 공원 만들기	연날리기	비닐 기구 날리기	인공위성과 달나라 놀이	블록 놀이		
	교육적 지원-기본안 활용	내가 잘하는 점		강점 이름 짓기					강점 인증서 만들기				놀이 회상						행복 공유-행복했던 경험	행복 공유-강점 자화상

그림 3-34 친절왕 재현이에게 적용한 프로그램

출처: 신현정(2021). p. 192 수정 · 보완하였음.

친절왕의 놀이에 따른 강점리터러시 흐름은 [그림 3-35]와 같다.

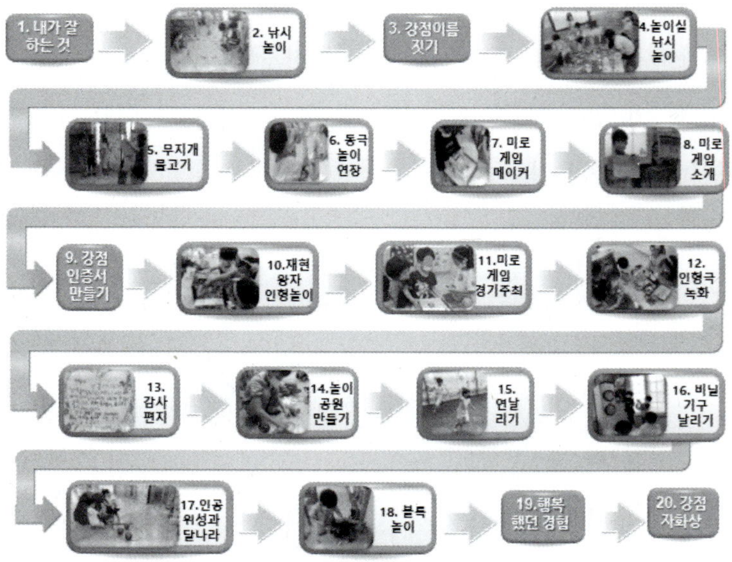

그림 3-35 친절왕 재현이의 놀이에 따른 강점리터러시 흐름

출처: 신현정(2021). p. 193 수정 · 보완하였음.

(다) 플레이어 린아의 강점리터러시 흐름 따라가기

유아명	김린아(가명)	나이	5세
대표강점	놀이, 관계성, 자기조절, 미술, 언어		
유아의 강점이름	플레이어		
프로그램 실시 기간	매주 2~3회, 3개월 소요		

① 잘하는 것을 더 잘하고 싶어요 - 나의 강점 인식하기

린아의 강점과 강점리터러시에 대한 이해도를 살펴보기 위해 '내가 잘하는 점 그리기'(활동 3-1, p. 70)를 활용하였다. 린아는 자신이 제일 잘하는 것으로 '퀵보드 타기'를 꼽았고, 다음으로 '만들기' 그리고 '친구와 같이 놀기'를 언급하였다. 린아는 자신의 대표강점을 운동, 미술, 놀이로 인식은 하지만 활용하는 데는 자신감이 부족함을 보였다. 또한 관찰과 유아강점척도(p. 76)를 활용하여 운동과 미술, 놀이뿐만 아니라 린아가 친구들을 도와주고 조리 있게 설명하는 것과 관련하여 관계성, 자기조절, 언어 강점도 있음을 확인하였다.

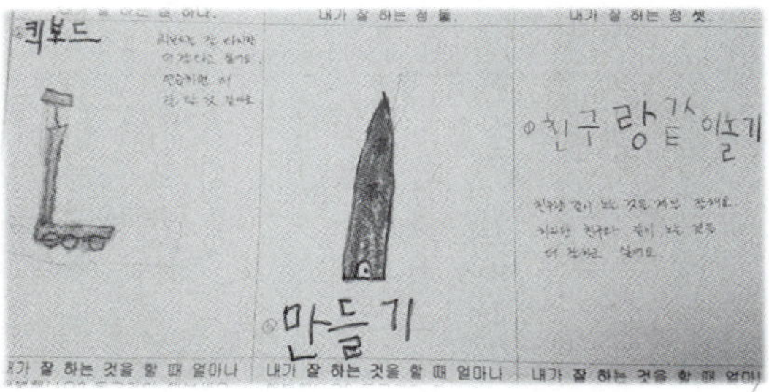

그림 3-36 린아가 잘하는 것

출처: 신현정(2021). p. 194.

② 더 잘하고 싶어요 - 유아의 강점인식 증진을 위한 지원하기

교사는 '친구의 강점이름은'(지원 3-5, p. 230)을 활용하여 강점이름 짓기를 하였다. 유아들은 놀이할 때 린아가 재미있는 제안을 많이 한다고 칭찬하며 매스컴에서 유행하는 프로그램인 '플레이어'라는 강점이름을 추천하였다. 린아는 자신의 행동에 대한 친구들의 제안에 만족해했으며 '플레이어'를 강점이름으로 가지게 되었다. '플레이어'

는 교사와 연구자가 유아강점척도를 사용하여 측정한 린아의 첫 번째 대표강점인 놀이와 두 번째 강점인 관계성과 관련이 있다. 린아가 '플레이어'라는 강점이름을 가지게 되고 친구들과 교사가 '플레이어'로 부르기 시작하자 린아의 자신감이 조금씩 높아지는 것이 관찰되었다.

③ 무대감독이 되어요 - 유아의 강점인식과 활용 증진을 위한 지원하기

'무지개 물고기' 동극을 하기로 하자 린아는 무대감독을 맡아 친구들과 무대배경을 그렸다. 전지 2장에 바닷속 배경을 그리는데 종이가 너무 커서 다른 종이를 꾸미던 친구들이 힘들어하자 린아는 자기가 맡은 종이의 그림을 완성하고 다른 친구들을 도와 바닷속 배경을 그려주었다.

동극에 참여하는 린아는 자신의 강점인 미술과 관계성을 활용하여 친구들을 돕는 데도 적극적이었다. 전지 2장의 분량을 꾸미는 것이 유아들에게 힘든 작업임에도 불구하고 린아는 자기조절을 통해 어려움을 참고 맡은 역할을 친구들과 함께 끝까지 해내었다.

관찰하기 - 린아의 대화 엿보기

연구자: 린아야, 바다 꾸미는 거 힘들지 않아?
린아: 아깐 재미있었는데 이젠 좀 힘들어요.
연구자: 그만 그리면 안 되는 거야?
린아: 여기에 물고기를 더 그려 넣어야 바다가 예뻐보여요.
연구자: 다른 친구들은 힘들어서 안 그리는데 린아는 계속 그리네?
린아: 힘들어도 다 그려야 멋지니깐,

계속되는 그리기로 양볼이 붉어진 린아는 전지의 그림이 채워질 때까지 그리기를 멈추지 않는다.

④ 인형의 집을 만들어요 1 - 유아의 강점인식과 강점활용 증진을 위한 지원하기

린아는 포장지를 접어 상자를 만들고 '방'이라고 하며 침대와 이불, 종이 인형을 그려 방안에 넣었다. 이를 본 교사는 더 튼튼한 방이 필요하면 사용하라고 두꺼운 와이셔츠 상자를 주었다. 그러자 린아는 그것으로 친구들과 '인형의 집'을 만들겠다

고 하였다. 린아는 와이셔츠 상자 내부를 방, 거실, 출입문 등으로 나누고 골판지를 붙여 구분하였다. 교사는 린아가 만들기 능력을 활발하게 발휘함으로써 자신감을 더 높이고, 사람을 그리는 경험이 늘어나도록 지원하려고 계획을 세웠다. 이를 통해 사람 그리기에 열등감을 가진 린아가 자연스럽게 자신감을 가지는 계기가 되기를 바랐다. 이렇게 교사는 유아들의 놀이를 관찰하면서 유아들에게 필요한 부분들도 함께 염두에 두고 그에 따라 지원을 더 집중적으로 해줄 수 있다.

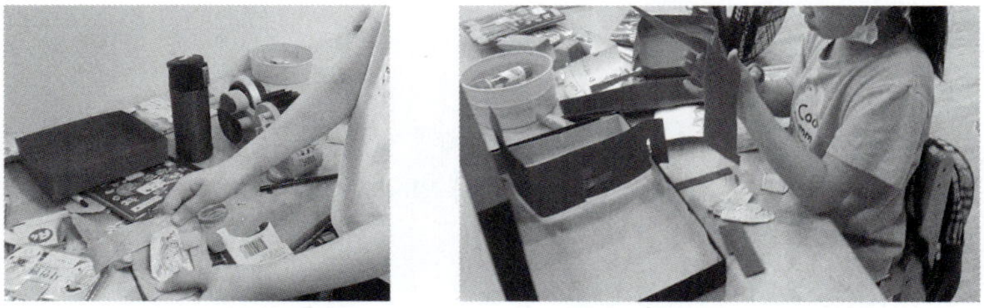

그림 3-37 린아의 인형의 집 만들기

교사 면담 엿보기

여자아이들은 인형 그리기를 좋아하잖아요. 저희 반도 여자애들은 인형 그리기를 많이 하며 놀거든요. 그런데 린아는 사람 그리기에 자신이 없어서 잘 그리지도 않고, 사람을 그리면 항상 연지가 그린 거랑 비교를 했어요. 근데 연지는 어머니가 디자인 계통 일을 하는데 유전적인 영향을 받아서 일러스트 같은 미술을 뛰어나게 잘해요. 그걸 린아가 보다 보니 자기가 다른 친구보다 잘 그린다는 건 인식하지도 못하고 계속 기준을 연지한테 두는 거예요. 그것도 사람 그림만요. 린아가 만들기는 참 잘하거든요. 린아가 인형의 집을 만든다고 하니깐 이때다 싶은 거예요. 만들기가 왕성해지면 그걸로 만들기에 대한 자신감은 더 생길 거 같고. 그 집으로 인형놀이를 하면 종이 인형이 더 필요할 테니 린아가 더 많이 그려서 놀다 보면 사람 그리기에도 자신감이 좀 붙지 않을까 하는 생각으로 재료들을 갖다줬어요.

⑤ 무지개 물고기로 놀자 - 유아의 강점활용 증진을 위한 지원하기

서윤이가 무지개 물고기 동극을 하려고 놀이실로 가져간 소품 바구니를 본 린아는 서윤이에게 다가갔다. 교사는 놀이실의 빔프로젝터를 켜서 스크린에 바다 이미지를 띄우고 'Under the Sea' 음악을 틀어주었다. 서윤이가 무지개 물고기 머리띠를 먼저 가져가고 린아는 친구들과 나머지 배역을 정한 뒤 머리띠를 하며 친구들의 역할과 대사를 확인하였다.

관찰하기 - 린아의 대화 엿보기

서윤이는 무지개 물고기, 린아는 빨간 물고기, 다른 친구들도 자기가 하고 싶은 역할을 하나씩 맡는다. 다른 유아들이 머리띠를 가져가고 나서야 린아는 자기 머리띠를 고른다.

린아: 무지개 물고기는 서윤이, 너네는 뭐할 거야? 머리띠 가져가.

현지: 나는 불가사리 아저씨

린아: 나는 빨간 물고기

린아는 대본에서 대사 수를 세더니 서윤이에게 수를 묻는다.

린아: (대본을 보면서) 나는 1개. 너는 대사 몇 개야?

서윤: 나는 8개

린아: (인수에게) 야, 서윤이 8번 나온대.

서윤이의 말을 들은 린아는 대본에서 서윤이의 대사 수를 센다.

린아는 다른 친구가 하려는 놀이에 자연스럽게 동참하여 놀이를 주도한다. 린아는 놀이를 주도하더라도 원하는 역할을 친구들이 먼저 고를 수 있게 양보하고 놀이의 진행을 확인하는 섬세함을 보였다. 이러한 행동은 린아가 자신의 놀이강점을 발휘하면서 친구들을 배려하는 관계성과 자기조절 강점을 함께 발휘하고 있음을 보여준다.

⑥ 나는 잘하고 있어 - 유아의 강점인식과 활용 증진을 위한 지원하기

린아는 재미있는 놀이를 만들어 함께 노는 것을 강점이라고 생각하므로 교사는 이러한 린아의 인식을 강화시키고 자존감을 더 높여주기 위해 '강점인증서 만들기'(지원 3-3, p. 226-228)를 제안하였다. 린아는 자신의 사진에 왕관을 붙이고 보석 스티커로 인증서를 꾸며 친구들에게 소개하고는 기분이 좋아져 빨리 집에 가져가서 어머니께 자랑하고 싶어 하였다.

⑦ 인형의 집을 만들어요 2 - 유아의 강점활용 증진을 위한 지원하기

린아는 인형의 집에 창문을 뚫으려고 교사에게 도움을 청하였다. 교사는 칼로 창

문을 뚫어주고 필요한 재료가 있는지 묻고는 린아와 자료실로 가서 만들기에 필요한 새로운 재료들을 찾아왔다. 린아는 레이스 종이, 진주 구슬, 빵종이, 포장지, 크리스마스 트리 등 다양한 재료들로 만들기를 이어갔다. 린아는 수연이, 은채와 텃밭, '흔한 남매'를 상영 중인 영화관, 수영장 등 부대시설을 추가로 만들었다.

교사의 저널 엿보기

린아는 인형의 집을 만들면서 집의 구조를 설명해 주었다. 지금은 넓은 상자가 하나의 통으로 이어져 있지만 침실을 시작으로 구획을 지을 것이라는 것이다. 린아는 집을 어떻게 꾸밀지 명확하게 설명하고 그것을 실천에 옮겨 적극적으로 만들어간다. 린아를 옆에서 가까이 들여다보면 누구보다 주체적으로 놀이와 맞닿아 있음이 보인다. 린아는 미술 재료를 다양하게 활용하여 자신이 원하는 모양을 만들어내고 그것에 이름을 붙이고 다른 재료와 접목하여 더 확장된 놀이로 발전시킨다. 이러한 놀이 순환이 지속적으로 일어나다 보니 린아가 자신이 하고 싶은 놀이를 명확하게 알고 또 표현할 수 있는 것 같다는 생각이 든다.

⑧ 인형의 집을 소개해요 - 유아의 강점인식과 활용 증진을 위한 지원하기

린아는 화장실을 만들면서 욕조와 샤워기, 변기를 더 만들자고 제안하였고 친구들은 각자 하나씩 맡아 만들기를 시작하였다. 예진이가 액자를 클레이폼으로 만들자 린아와 친구들은 각 방을 장식할 소품을 만들었다. 어느 정도 인형의 집이 완성되자 린아는 친구들 앞에서 자신이 만든 작품을 소개하고 놀이방법을 안내하였다. 린아는 자신의 강점을 활용하여 목표를 달성하였으며 교사와 친구들에게 자신의 성취물을 소개하는 여유를 보였다. 린아가 친구들에게 인형의 집으로 놀이하는 방법을 알려준 것은 친구들이 자신의 성취물로 놀면서 함께 즐거움을 느끼기 위한 것이며, 자연스럽게 다른 친구들과 행복을 공유하려는 마음으로 흘러갔음을 알 수 있다. 이렇게 유아가 강점리터러시를 증진하여 행복을 경험하면 다른 사람들과 그 행복감을 공유하려는 마음으로 자연스럽게 흘러간다.

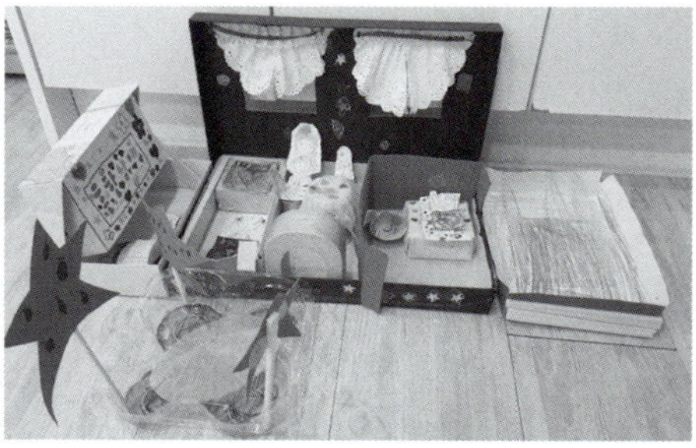

그림 3-38 린아가 만든 인형의 집

⑨ 인형놀이를 촬영하고 싶어요 - 유아의 강점활용 증진을 위한 지원하기

친구들과 인형의 집으로 놀던 린아가 "인형놀이를 찍을까?"라고 묻자 친구들이 재미있겠다고 호응하였다. 린아는 교사에게 인형의 집에서 인형놀이를 하는 동영상 촬영이 가능한지와 인형극을 잘 찍는 방법을 질문하였다. 교사는 인형놀이를 하는 동영상을 찾아 유아들과 함께 보았다. 린아는 강점리터러시를 활용하면서 인형의 집을 만드는 데에 그치지 않고 더 재미있는 놀이를 하기 위해 동영상 촬영까지 사고를 확장하였다. 이러한 과정은 자신만의 재미를 위한 놀이가 아닌 친구들과 함께하는 놀이를 통해 즐거움을 찾고자 친구들에게 의견을 물어 실행된 것이다. 이는 린아가 관계성 강점을 활발하게 발휘하고 있음을 보여준다. 무엇을 할 것인지 계획을 세우고 실행하는 과정에서 논리적으로 사고하며, 생각을 말로 조리 있게 전달하여 원하는 것을 획득하는 린아의 모습들은 대표강점들을 다양하게 통합적으로 활용하고 있음을 보여주는 것이다. 린아가 주도한 놀이는 친구들에게 새로운 경험과 그들의 강점리터러시를 증진하고 활용하는 배움이 일어나도록 자극한다.

⑩ 인형극 녹화 연습을 하다 - 유아의 강점활용 증진을 위한 지원하기

린아는 말을 잘하고 마음이 잘 맞는 친구들을 찾아가 함께 인형극 놀이 영상을 촬영하자고 제안하였다. 린아의 제안을 받아들인 수연, 예진, 은채, 재현이는 인형 놀이를 하면서 영상을 찍는 연습을 하였다. 린아는 친구들에게 어떤 역할을 하고 싶은지 의견을 물어 역할을 분담하였다. 동영상 촬영은 수연이가 맡고 나머지 유아들은 자기가 그렸던 종이 인형으로 집에 놀러 간 친구들의 역할을 맡았다. 교사는 수연이

에게 핸드폰으로 영상을 촬영하는 법을 알려주었으며 수연이가 찍는 것을 보면서 필요한 부분에 도움을 주었다. 린아가 자신이 세운 계획에 따라 놀이를 진행하며 강점 리터러시를 발휘하는 과정에서 교사는 직접 린아를 지원하기보다 거리를 두고 놀이를 관찰하며 필요한 것들을 준비하였다.

그림 3-39 린아와 친구들의 인형극 촬영 연습

⑪ 미로찾기 경기에 몰입하다 - 나의 강점 활용하기

재현이가 제안한 '미로찾기' 경기에 참여한 친구들은 타이머로 쇠구슬이 도착하는 시간을 재었다. 린아도 경기에 참여하여 쇠구슬을 굴렸지만 생각대로 도착지점에 빨리 닿지 않자 여러 번 시도하면서 조바심을 내었으며 계속되는 실패에 얼굴이 붉어졌다. 한 시간이 넘도록 게임은 계속되었고 기록이 경신되지 않는 유아들은 다른 놀이를 하러 갔지만 린아는 계속 미로찾기 경기에 참여하였다. 도착점에 다다르는 시간이 점점 줄어들어 11초에 도착하자 린아는 기뻐하며 경기를 끝냈다. 반 최고 기록은 민하가 가진 7초였으나 린아는 자신의 목표를 달성한 듯 만족해하였다. 린아의 미로찾기 경기 참여는 인형의 집과 놀이공원 만들기처럼 힘들고 지루해도 끈기 있게 마무리하는 자기조절력을 보여주는 예이다.

⑫ '슈슈와 친구들의 집' 인형극을 상영해요 - 유아의 강점활용 증진을 위한 지원하기

린아는 친구들과 교사의 도움으로 인형극 촬영을 완성하였다. 인형극의 제목을 '슈슈와 친구들의 집'으로 정하였다. 교사는 수연이가 핸드폰으로 영상을 촬영할 수 있도록 도왔다. 린아는 종이 인형 '슈슈'를 들고 인형의 집 내부 구조를 하나하나 가리키며 소개하였다. 집 소개가 끝나자 재현, 연지 그리고 은채가 종이 인형을 들고

슈슈의 집으로 놀러와 '흔한 남매'라는 영화를 보고 토끼의 집, 텃밭과 수영장 등을 구경하고 놀다가 헤어지는 내용을 촬영하였다.

교사는 '슈슈와 친구들의 집'이라는 제목으로 촬영한 인형극 영상을 반 유아들에게 보여주었다. 인형극을 본 친구들은 박수를 치며 재미있었다고 평가하였다. 린아는 인형극을 반 친구들이 함께 시청한 것에 대해 매우 기뻐하였다. 인형극을 촬영한 친구들이 재미있고 즐거웠다고 하자 린아는 크게 감동하였다. 린아는 놀이공원을 만들어 친구들과 인형놀이를 하기로 계획하였다. 이러한 린아의 행동은 다른 사람들과 공유하는 긍정적 정서를 중요하게 생각하고 있음을 보여준다.

유아 면담 엿보기

슈슈와 친구들의 집을 만드는 게 너무 힘들었어요. 그런데 힘들어도 참았어요. 만들고 나니 기분이 좋았지만 친구들이랑 같이 인형 놀이를 할 수 있어서 더 좋았어요. 왜냐하면 힘들어도 내가 만든 걸 친구들이 같이 재미있게 놀아주니깐. 그래서 더 기분이 좋았어요. 다음엔 놀이공원을 만들어서 또 놀고 싶어요.

그림 3-40 '슈슈와 친구들의 집' 인형극 시청

출처: 신현정(2021). p. 201.

⑬ 슈슈의 놀이공원을 만들어요 - 유아의 강점활용과 증진을 위한 지원하기

린아는 에버랜드와 같은 큰 놀이공원을 가본 적이 없지만 '슈슈와 친구들의 집'에 이어 놀이공원을 만들고 싶어했다. 린아는 놀이공원을 만들기 위해 교사에게 도움을 청하였고, 교사는 인터넷으로 '놀이공원'을 검색하는 방법을 알려준 후 놀이공원에 어떤 놀이기구들이 있는지 함께 살펴보았다. 교사가 다른 유아들의 요청으로 자리를

뜨자 린아는 놀이공원, 놀이동산을 키워드로 넣어 검색으로 계속하였다. 한참을 컴퓨터 모니터를 들여다보던 린아는 미술재료 바구니에서 골판지를 가져와 그네를 만들기 시작하였다.

⑭ 놀이 회상 - 긍정정서 공유 지원하기

교사는 그동안 놀이했던 사진들을 PPT로 만들어 유아들과 함께 보면서 생각과 느낌을 공유할 수 있는 시간을 마련하였다. 친구들이 린아가 만든 '슈슈와 친구들의 집'과 인형극을 재미있게 보았다고 이야기하자 린아는 기뻐했으며 그에 힘을 얻어 인하와 은채를 불러 전에 만들다가 그만뒀던 미끄럼틀과 시소를 만들기 시작하였다.

⑮ 놀이공원에 필요한 시설을 만들어요 - 나의 강점 활용하기

놀이공원에 가 본 적이 없는 린아에게 놀이공원을 만드는 것은 '슈슈와 친구들의 집'보다 어려운 과정이었다. 다행히 에버랜드를 다녀온 몇 명의 친구들의 아이디어가 놀이공원을 더 풍부하게 만들었다. 린아가 놀이공원에 화장실, 변기, 이정표, 벤치 등이 필요함을 친구들에게 말하자, 친구들이 놀이공원의 시설과 기구들을 만드는 것을 도와주어 놀이공원의 규모가 더 커졌다. 교사는 놀이공원의 이동이 간편하면서 무너지지 않게 우드락으로 놀이 시설물과 기구들을 받치도록 제안하였다.

교사의 저널 엿보기

린아는 놀이를 하면서 더 재미있고 풍부하게 놀 수 있는 방법을 생각해 낸다. 린아는 나에게 먼저 다가와 놀이공원을 만드는 데 필요한 재료들을 말해서 함께 자료실에 가서 재료들을 찾아오기도 한다. 린아는 재료들을 사용하면서 생각에 생각을 더하여 놀이공원 만들기에 필요한 시설을 더 넓혀 나간다. 이렇게 린아가 열심히 계획을 세우고 실천하는 동안 놀이는 더 확장되는 것을 볼 수 있는데, 그 이유 중 하나는 린아가 놀이하는 과정을 옆에서 친구들이 지켜보다가 같이 구성하고 싶은 의사를 밝히고 참여하기 때문이다. 린아에게 무엇을 만드는지, 어떻게 구성할 것인지, 배치는 어떻게 할 것인지 협업하는 동안 서로의 좋은 아이디어와 생각이 놀이를 발전시킨다. 플레이어 린아가 '슈슈와 친구들의 집'과 놀이공원 만들기를 통해서 빛을 발휘할 수 있는 것은 옆에서 늘 놀이를 공유하고 즐겁게 활동하는 친구들이 있기 때문이라는 것을 느낄 수 있는 하루였다.

⑯ 네버랜드로 이름 짓다 - 나의 강점 활용하기

놀이실에 가는 시간에 린아가 교실에서 놀이동산을 만들고 싶다고 해서 교사는 함께 만들기를 원하는 수연이, 연지, 재현, 동호와 놀이공원을 만들게 하였다. 린아는 전에 만들었던 그네가 튼튼하지 않다며 다시 그네를 만들고, 재현이가 만든 놀이기구를 '빙글이'로 이름 짓고, 회전목마를 만드는 친구를 도왔다. 놀이공원의 간판과 지도가 필요하다는 의견이 나오자 린아는 친구들과 의논하여 '네버랜드'로 놀이공원의 이름을 지었다. 린아는 네버랜드 대문을 그려 입구에 세우고, 재현이가 그려 온 '네버랜드' 지도를 삼각대에 얹어 세웠다.

그림 3-41 놀이공원(좌)과 아쿠아리움(우) 만들기

⑰ 아쿠아리움을 만들어요 - 나의 강점 활용하기

린아는 놀이공원 입구 쪽에 아쿠아리움을 만들고 싶은데 투명하게 붙일 재료가 없는지 교사에게 물었다. 교사가 코팅지를 주자 린아는 그림을 잘 그리는 지예, 은우, 이샘에게 나눠주고 매직과 네임펜으로 아쿠아리움에 사는 물고기들을 그려달라고 부탁하였다. 할 일이 생긴 친구들은 기뻐하며 열심히 물고기를 그렸다. 교사는 완성된 아쿠아리움에 수조를 넣어 물을 붓고 동물 모형들 중에 물에 사는 것들을 가지고 와서 넣어보자고 제안하였다. 교사의 제안에 유아들은 기뻐하며 박수를 치더니 뛰어가 동물 모형들을 가지고 와서 수조에 넣었다.

그림 3-42 네버랜드에 설치한 아쿠아리움

출처: 신현정(2021). p. 204.

⑱ 비닐 기구를 날려요 - 나의 강점 활용하기

재현이가 비닐봉지 날리기를 하는 것을 보고 린아는 교사에게 비닐봉지를 받아 날리기 시작하였다. 에어컨 바람에 비닐봉지가 날아가기는 했으나 제대로 중심을 잡지 못하자 교사는 유아들과 의논하여 비닐봉지 손잡이에 실을 묶어 끝을 종이컵에 연결하여 무게중심을 잡아 다시 날렸다. 그러자 비닐 기구는 중심을 잡고 천천히 착지하였다. 린아는 비닐 기구를 만드는 법을 배워 완성한 후 날리기를 시도하였다. 여러 번 시도 끝에 비닐 기구가 잘 날자 종이 포일에 점토를 붙여보고, 종이컵에 종이 인형을 태우는 등 다양한 시도를 하였다. 이는 린아가 비닐 기구를 날리면서 자기조절과 놀이 강점리터러시를 발휘하며 다양한 시도와 반복을 통해 앎과 배움까지도 깊어지게 됨을 보여준다.

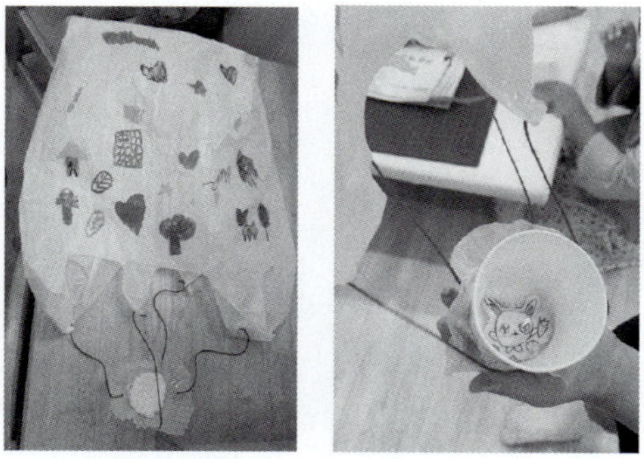

그림 3-43 린아가 만든 비닐 기구

관찰하기 - 린아의 비닐 기구 날리기 엿보기

린아는 기구가 잘 날자 이번에는 점토 위에 종이컵을 얹는다. 그리고는 '슈슈와 친구들의 집' 놀이에 쓰는 종이 인형들을 가지고 와 기구에 태운다. 종이컵보다 큰 인형이 탄 기구가 제대로 착지를 하지 못하자 인형들을 빼고 작은 토끼 인형 하나만 태운 채 계속 비닐 기구를 날린다.

⑲ 슈슈의 성을 만들자 - 나의 강점 활용하기

린아는 놀이실에서 친구들과 '슈슈의 성'을 만들었다. 긴 막대, 의자, 매트, 원기둥 등을 가져와 구조물을 쌓아 올렸다. 구조물 앞에는 매트를 깔아 성이 밀리지 않게 고정하였다. 성이 완성되자 린아는 교사에게 사진을 찍어달라고 요청하였다. 그러자 친구들이 모여들었고 함께 성에 모여 사진을 찍었다. 사진을 찍다 뒷걸음질 치던 원영이가 구조물을 넘어트렸지만 린아는 화를 내지 않고 구조물을 치웠다.

⑳ 네버랜드 인형극을 찍다 - 나의 강점 활용하기

린아는 오랜 시간 걸려 완성한 놀이공원과 이전에 만든 '슈슈와 친구들의 집'으로 친구들과 인형놀이를 하는 동영상을 촬영하겠다고 하였다. 린아는 자기도 동영상 촬영을 할 수 있으며 모르는 것은 수연이에게 물어보고 찍겠다고 하였다. 교사가 준 핸드폰으로 린아는 인형들의 얼굴이 잘 보이도록 친구들이 움직이는 각도를 조절시키고 영상이 잘 나올 때까지 여러 번 촬영하였다.

그림 3-44 네버랜드(좌)와 슈슈와 친구들의 집(우)

출처: 신현정(2021). p. 206.

㉑ 행복했던 기억을 떠올려요 - 긍정정서 공유 지원하기

교사는 유아들에게 놀면서 가장 행복했던 기억을 떠올리게 하고 그림을 그리거나 글로 써서 이야기하는 시간을 가졌다(지원 3-16, p. 246-247). 린아는 '네버랜드'를 만들어 친구들과 같이 놀이한 것이 가장 행복하다고 이야기를 하였다. 린아는 힘들어도 완성해 내고 그것을 친구와 함께 놀이할 수 있음을 아주 가치 있게 생각하였다. 수연이는 린아와 같이 '슈슈와 친구들의 집'을 만들어서 인형놀이를 촬영했던 것이 행복하다고 하였다. 진주는 린아가 집을 만드는 것을 보고 자기도 또 다른 멋진 집을 만들 수 있었다고 고마워했다. 린아의 강점리터러시 발휘는 함께 놀이하는 친구들에게 직·간접적으로 많은 영향을 미쳤으며 행복감을 공유하게 해주었다.

그림 3-45 린아(좌)와 린아의 영향을 받은 친구들(가운데, 우)의 행복했던 기억
출처: 신현정(2021). p. 207.

㉒ 강점자화상 - 긍정정서 공유 지원하기

린아는 '사람 그리기'에 자신이 없었는데 '슈슈와 친구들의 집'과 '네버랜드' 놀이에 사용할 종이 인형을 그리다 보니 잘 그리게 되어 기쁘다고 하였다. 그러면서 자신의 강점자화상(지원 3-15, p. 244-245)을 자신감 넘치는 성숙한 소녀로 표현을 하였다. 린아는 자기가 잘하고 좋아하는 놀이를 위해 지속적으로 계획을 세우고 실행해 나가는 동시에 확장시켜 나갔다. 이는 강점리터러시가 증진되면서 이에 대한 자신감과 성취감에 대한 인식을 통해 유아가 즐거움과 행복을 느끼게 되고 이러한 긍정적인 정서는 뇌에 자극을 주어 다시 행복감을 느끼기 위한 행동들을 시도하는 동기로 작용하여 도전과 성취를 심화시켜 나가는 것으로 볼 수 있다.

그림 3-46 린아의 강점자화상

출처: 신현정(2021). p. 207.

린아에게 적용했던 맞춤형 강점리터러시 증진 프로그램 운영과정은 [그림 3－47]과 같다.

플레이어 린아의 강점리터러시 흐름		※강점리터러시의 흐름은 순차적이 아닐 수 있으므로 유아에 맞게 지원																					
		나의 강점 인식하기					나의 강점 공유하기						나의 강점 활용하기					긍정정서 공유하기					
회기		1	2	3	4	5	6	7	8	9	10	11	12	13	14	15	16	17	18	19	20	21	22
플레이어 (놀이, 관계성, 자기조절, 미술, 언어)	린아가 주도한 놀이			무지개 물고기 동극	인형의집 만들기1	무지개 물고기 놀이		인형의집 만들기2	인형의집 소개	인형극촬영 제안	인형극 녹화연습	미로게임 경기참여	인형극 녹화 및 상영	놀이공원 만들기1		놀이공원 만들기2	놀이공원 만들기3	놀이공원 만들기4	비닐기구 날리기	놀이실 슈슈의 성	놀이공원 인형극 촬영		
	교육적 지원 -기본안 활용	내가 잘하는 점	강점 이름 짓기				강점 인증서 만들기								놀이 회상							행복공유 - 행복했던 경험	행복공유 - 강점자화상

그림 3-47 플레이어 린아에게 적용한 프로그램

출처: 신현정(2021). p. 208.

플레이어의 놀이에 따른 강점리터러시 흐름은 [그림 3-48]과 같다.

그림 3-48 플레이어 린아의 놀이에 따른 강점리터러시 흐름

출처: 신현정(2021). p. 208.

지원 3-1 강점리터러시 증진을 위한 지원

<table>
<tr><th colspan="2">강점리터러시 흐름</th><th colspan="2">유아의 강점리터러시 이해도</th><th>활동명</th><th>활동유형</th><th>소요 시간</th><th>집단 규모</th></tr>
<tr><td colspan="2">Ⅰ. 나의 강점 인식하기
Ⅱ. 나의 강점 공유하기</td><td>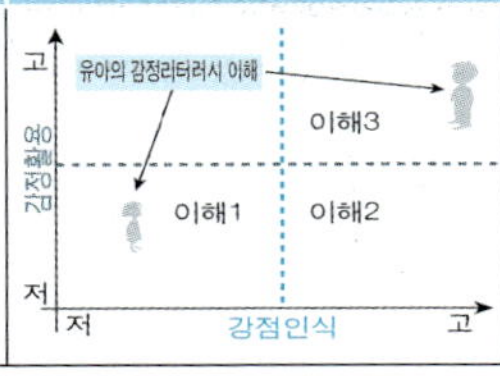
</td><td>이해1
이해2
이해3</td><td>1. 내가 잘하는 점</td><td>이야기 나누기, 미술 (노래, 신체활동 가능)</td><td>15~30분</td><td>개별 or 소그룹</td></tr>
<tr><th>목표</th><td colspan="4">1. 나의 강점을 알고 표현한다.
2. 자신에 대해 긍정적으로 생각한다.</td><th>관련 강점</th><td colspan="2">모든 강점</td></tr>
<tr><th colspan="6">활동내용</th><th colspan="2">자료 및 유의점</th></tr>
<tr><th>강점 연결하기</th><td colspan="5">• 내가 잘하는 점 3가지를 생각해 보고 이야기를 나눈다.
- 나는 ○○를 잘해요.
- 나는 ☆☆을 할 때 ~만큼 기분이 좋아요.</td><td colspan="2">• 탱탱볼</td></tr>
<tr><th>강점 증진하기</th><td colspan="5">
• 가정이나 원에서 생활하면서 자기가 잘한다고 생각하는 점을 3가지 그려본다.
• 자기가 잘하는 것을 할 때 얼마나 행복한지에 대해 얼굴 표정을 보고 이야기를 나눈다.
- 이 그림은 무엇을 하는 그림인가요?
- ○○이는 ☆☆을 할 때 얼마만큼 행복한가요?.
• 유아가 그린 강점 그림을 책으로 묶어서 제시하고 친구들이 감상할 수 있게 한다.
※ 자기가 잘하는 점을 신체표현이나 노래로 나타낼 수 있다.</td><td colspan="2">• 활동지
• 색연필
• 사인펜
• 미술재료</td></tr>
<tr><th>강점 다지기</th><td colspan="5">• 시간의 변화에 따른 유아의 강점을 확인하기 위해 반복해서 활동한다.
※ 자기가 잘하는 것을 그리고 행복도가 낮은 유아의 경우가 있으므로 왜 낮은지에 대해 이야기 나누고 더 행복해지는 방법을 생각해본다. (ex: 내가 잘하는 것을 더 잘하고 싶은 유아 - 목표 설정 후 연습하기 등의 계획을 세워본다.)</td><td colspan="2"></td></tr>
</table>

출처: 탁정화(2016a). p. 350 수정 · 보완하였음.

※ 함께 보면 좋아요: p. 70 '내가 잘하는 점'

지원

3-2 강점리터러시 증진을 위한 지원

강점리터러시 흐름	유아의 강점리터러시 이해도		활동명	활동유형	소요시간	집단규모
Ⅰ. 나의 강점 인식하기 Ⅱ. 나의 강점 공유하기	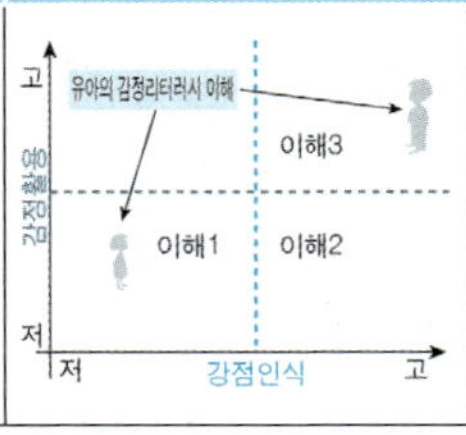	이해1 이해2	2. 나를 소개해요	이야기나누기 (신체활동, 노래, 게임 가능)	15~40분	소그룹
			3. 행복나무 꾸미기	미술		

목표	1. 나의 강점을 안다. 2. 다른 사람에게 나의 강점을 말한다.	관련 강점	모든 강점

	활동내용	자료 및 유의점
강점 연결하기	〈나를 소개해요〉 • 원으로 둘러앉아 '공을 굴려 자기소개하기'를 한다. - 내가 알고 싶은 친구에게 공을 굴려보아요. - 공을 받은 친구는 자기소개를 해보아요. ※ 공 대신 털실을 굴려 친구들의 순서를 자연스럽게 이어줄 수 있으며 매체 없이 신체활동, 노래, 게임 등으로 전개할 수 있다.	• 탱탱볼 or 털실
강점 증진하기	〈행복나무 꾸미기〉 • 놀이 중에 찍은 유아의 다양한 사진을 보며 이야기 나눈다. - 이 사진 속 친구는 누구일까요? • 자신의 사진이 나오면 자기의 장점을 친구들에게 이야기한다. - 내 이름은 ○○○야. 나는 ☆☆를 잘해. • 나무 모양의 게시물에 친구들에게 소개한 나의 장점을 적거나 그려서 꾸며 본다. 	• 유아사진 • 유아들이 꾸밀 수 있는 활동지 • 나무 모양의 게시물 • 필기도구
강점 다지기	• 분기별로 유아의 변화를 확인하기 위해 강점찾기와 강점이름 지어주기를 해 본다. - 나무 게시물에 지난 활동지와 연결하여 붙인다. 유아가 자신에 대해 변화된 모습을 알 수 있도록 이야기 나누고 달라진 부분에 대해 격려해준다.	• 소극적인 유아는 교사가 자신 있게 말할 수 있도록 격려한다.

출처: 신현정(2017). p.22. 수정 · 보완하였음.

지원

3-3 강점리터러시 증진을 위한 지원

강점리터러시 흐름	유아의 강점리터러시 이해도		활동명	활동 유형	소요 시간	집단 규모
Ⅰ. 나의 강점 인식하기 Ⅱ. 나의 강점 공유하기	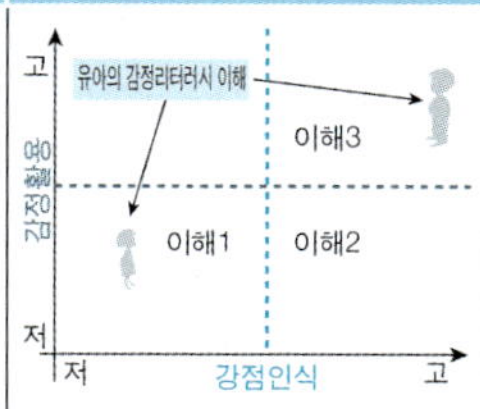	이해1 이해2 이해3	4. 나를 칭찬해요 5. 강점인증서 만들기	이야기 나누기, 미술	15~30분	개별 or 소그룹

목표	1. 나의 강점을 안다. 2. 자신을 소중한 사람이라고 인식한다.	관련 강점	모든 강점

	활동내용	자료 및 유의점
강점 연결하기	**〈나를 칭찬해요〉** 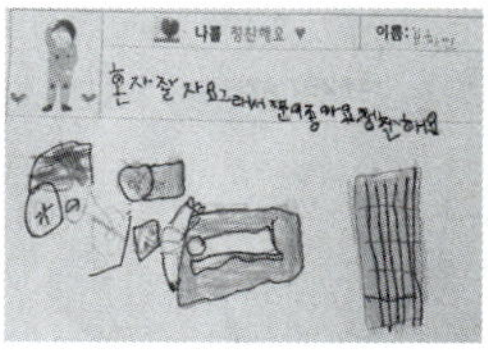 • 내가 잘하는 점을 자신에게 말하고 칭찬의 말을 하며 양팔로 자기의 몸을 감싸 안아보거나 머리를 쓰다듬어 준다. - 나는 ○○를 잘해. - ◇◇아, 너무 멋져!, ○○를 잘하는 내가 자랑스러워!	
강점 증진하기	**〈강점인증서 만들기〉** 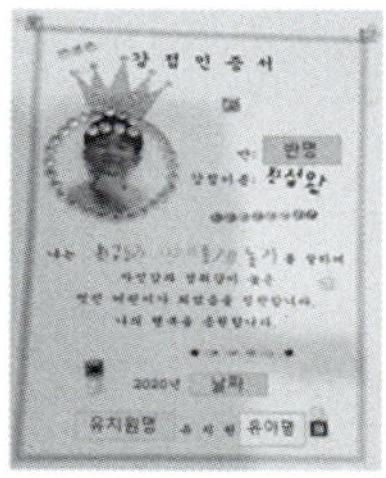 • 유아가 잘하는 점을 증명하는 인증서를 만들어 본다. - 내가 잘하는 것 중 어떤 점에 인증서를 주고 싶나요? • 유아가 사진을 붙이고 인정받고 싶은 부분에 대해 간단하게 쓰게 한 후 인증서를 꾸민다. • 유아가 꾸민 인증서에 자신의 이름이나 사인 등을 표시하여 자신의 강점을 인정한다는 자신감을 북돋아 준다.	• 유아 사진 • 상장용지 • 꾸미기 재료 • 풀 • 필기도구
강점 다지기	 • 친구들의 강점을 살펴보고 주고 싶은 친구에게 인증서를 만들어서 수여하고 칭찬해줄 수 있다. • 가족, 동화 속 인물 등에게 인증서를 만들어 줄 수 있다. • 나를 칭찬하는 말을 열쇠고리로 만들어 달고 다니면서 항상 볼 수 있게 한다.	• 모양 종이 • 꾸미기 재료 • 필기도구 • 열쇠고리

출처: 신현정(2021). p. 286. 수정 · 보완하였음.

<table>
<tr><td rowspan="2"></td><td>나를 칭찬해요 ♥</td><td>이름:</td></tr>
<tr><td colspan="2">무엇을 칭찬할까요?</td></tr>
<tr><td colspan="3">*그림으로 그려보세요.</td></tr>
</table>

강 점 인 증 서

반: ______________________

이름: ______________________

강점이름: ______________________

나는 ______________________를

잘하여 자신감과 성취감이 높은

멋진 어린이가 되었음을 인증합니다.

유 아 이 름 의 행복을 응원합니다.

202*년 월 일

○ ○ 유 치 원 유 아 이 름

지원 3-4 강점리터러시 증진을 위한 지원

<table>
<tr><th colspan="2">강점리터러시 흐름</th><th colspan="2">유아의 강점리터러시 이해도</th><th>활동명</th><th>활동유형</th><th>소요시간</th><th>집단규모</th></tr>
<tr><td colspan="2" rowspan="2">Ⅰ. 나의 강점 인식하기
Ⅱ. 나의 강점 공유하기
Ⅲ. 나의 강점 활용하기</td><td rowspan="2">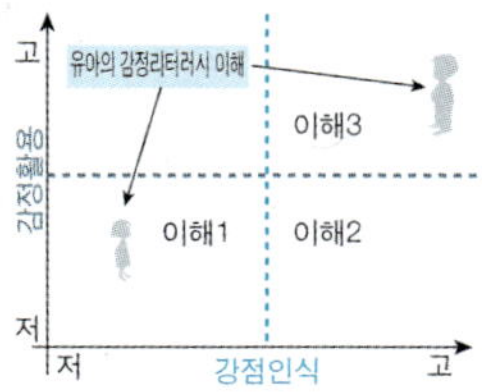
</td><td rowspan="2">이해1
이해2
이해3</td><td>6. 위인들의 강점 찾기</td><td>동화, 이야기 나누기</td><td rowspan="2">15~20분</td><td rowspan="2">소그룹</td></tr>
<tr><td>7. ○○이의 성공경험 이야기</td><td>이야기 나누기 (게임)</td></tr>
<tr><td>목표</td><td colspan="4">1. 대상의 대표강점이 무엇인지 발견한다.
2. 나의 경험 속에서 강점을 찾고 성취감을 느낀다.</td><td>관련 강점</td><td colspan="2">모든 강점</td></tr>
<tr><td colspan="6">활동내용</td><td colspan="2">자료 및 유의점</td></tr>
<tr><td>강점 연결하기</td><td colspan="5"><위인들의 강점 찾기>
• 인터넷 동화 '이순신'을 보여준다.
* 다른 위인들의 동화책를 이용할 수 있으며 유치원이나 어린이 집에 계시는 분들의 강점 찾기, 우리 가족의 강점 찾기 등으로 대상을 바꾸어 이야기 나눌 수 있다. (ex: 세종대왕, 손흥민)</td><td colspan="2">• 위인 동화</td></tr>
<tr><td>강점 증진하기</td><td colspan="5">• 동화의 주인공에 대해서 알아본다.
- 이 동화 속 주인공은 누구인가요?
- 주인공의 강점은 무엇인가요?
- 주인공은 강점을 이용하여 무엇을 할 수 있었나요?
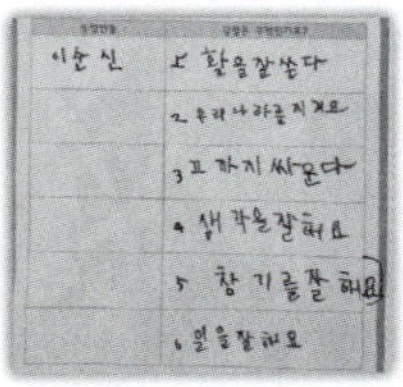
• 유아들의 성공 경험에 대해 이야기 나눈다.
- 넘어져도 잘 울지 않는 친구가 보조 바퀴 없이 자전거를 탈 수 있게 되었어요.
- 킥보드를 잘 못 탔었는데 매일 규칙적으로 연습을 해서 잘 탈 수 있게 되었어요.
- 사람 그리기를 잘못했는데 여러 번 그리기를 연습해서 잘 그리게 되었어요.</td><td colspan="2">
</td></tr>
<tr><td>강점 다지기</td><td colspan="5"><○○이의 성공 경험 이야기>
• 자신의 강점을 이용하여 성공할 수 있는 활동들에는 무엇이 있는지 살펴보고, 강점을 이용해 문제를 해결했던 경험에 대해 이야기 나누는 시간을 가진다.
• 소그룹 활동으로 '친구의 강점 찾기' 게임이나 '포스트 잇' 등을 이용하여 친구가 잘하는 것을 쓰거나 그린 후 친구의 몸에 붙여주는 놀이를 할 수 있다.</td><td colspan="2"></td></tr>
</table>

출처: 신현정(2017). p. 27. 수정 · 보완하였음.

지원

3-5 강점리터러시 증진을 위한 지원

<table>
<tr><th colspan="2">강점리터러시 흐름</th><th colspan="2">유아의 강점리터러시 이해도</th><th>활동명</th><th>활동 유형</th><th>소요 시간</th><th>집단 규모</th></tr>
<tr><td colspan="2">Ⅰ. 나의 강점 인식하기
Ⅱ. 나의 강점 공유하기</td><td>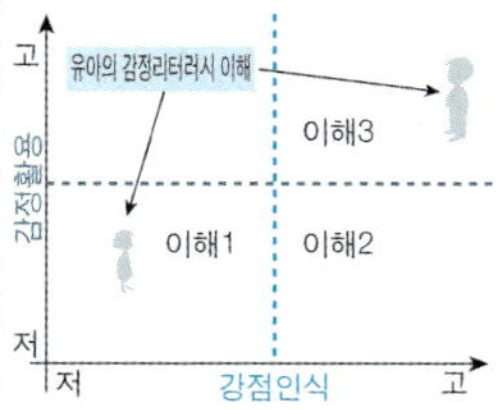
</td><td>이해1
이해2
이해3</td><td>8. 친구의 강점 이름은</td><td>이야기 나누기 (미술)</td><td>15~30분</td><td>소그룹</td></tr>
<tr><th>목표</th><td colspan="3">1. 친구들이 생각하는 나의 강점을 인식한다.
2. 친구들의 강점을 인식한다.</td><th colspan="2">관련 강점</th><td colspan="2">모든 강점</td></tr>
<tr><th colspan="6">활동내용</th><th colspan="2">자료 및 유의점</th></tr>
<tr><th>강점 연결하기</th><td colspan="5">• ‘○○이는 어디 있나?’ 노래를 부르며 친구 찾기를 한다.</td><td colspan="2">• 노래 음원</td></tr>
<tr><th>강점 증진하기</th><td colspan="5">

• 부모님이나 선생님의 강점을 알아보고 강점이름을 지어 본 후 친구들의 강점을 알아보고 강점이름을 지어준다.
- 무엇을 잘하시나요? (ex: 친구들에게 칭찬을 많이 해주세요)
- ‘♡♡반 선생님’ 말고 선생의 강점으로 어떤 강점이름을 만들어 불러줄 수 있나요?
(ex: ‘하트 선생님’ 등의 의견이 나오면 본인이 원하는 강점이름을 고른다.)
• 내가 잘하는 것을 이름 대신 불러주는 것을 ‘강점이름 부르기’ 활동이라고 안내한다.
• 자기가 불리고 싶은 것으로 ‘강점이름’을 정한다.
※ 자기의 강점을 말하기 어려워하는 유아는 친구들이 강점을 찾아주고 강점이름을 제안해 준다.</td><td colspan="2">• 하트카드, 유아사진, 보드판, 보드펜, 테이프</td></tr>
<tr><th>강점 다지기</th><td colspan="5">
• 자기의 강점이름을 하트카드(또는 담쟁이 잎 등)에 적어서 벽면에 게시합니다.
• 교실에 게시하고 이름 대신 친구들의 ‘강점이름’을 불러본다.
• 나의 강점이름을 명찰 또는 뱃지에 적어 옷이나 가방에 달고 다니면서 가족도 유아의 강점이름을 부르게 한다.</td><td colspan="2">• 매직, 게시판, 하트카드</td></tr>
</table>

출처: 신현정(2019). p. 174 수정 · 보완하였음.

지원

3-6 강점리터러시 증진을 위한 지원

<table>
<tr><th>강점리터러시 흐름</th><th colspan="2">유아의 강점리터러시 이해도</th><th>활동명</th><th>활동유형</th><th>소요시간</th><th>집단규모</th></tr>
<tr><td>Ⅰ. 나의 강점 인식하기
Ⅱ. 나의 강점 공유하기</td><td>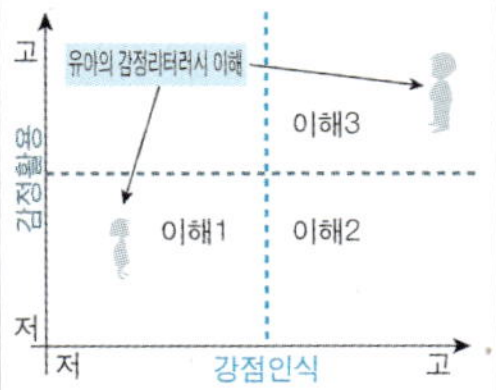
</td><td>이해1
이해2
이해3</td><td>9. 친구 강점 수수께끼</td><td>게임</td><td>10분</td><td>소그룹</td></tr>
<tr><td>목표</td><td colspan="2">1. 나와 친구의 강점을 안다.
2. 나와 친구의 새로운 강점을 발견한다.</td><td>관련 강점</td><td colspan="3">모든 강점</td></tr>
<tr><th colspan="5">활동내용</th><th colspan="2">자료 및 유의점</th></tr>
<tr><td>강점 연결하기</td><td colspan="4">• 일과 중 유아의 집중이 필요하거나 유아가 모이기 위해 기다리는 시간에 자연스럽게 놀이할 수 있다.</td><td colspan="2"></td></tr>
<tr><td>강점 증진하기</td><td colspan="4">• 작은 얼굴 사진을 준비하고 사진 속의 친구는 어떤 강점을 가지고 있는지, 친구의 강점이름이 무엇인지 알아본다.
- 이 친구는 누구인가요?
- ○○이의 강점에는 어떤 것들이 있나요?
- ○○이의 강점이름은 무엇인가요?
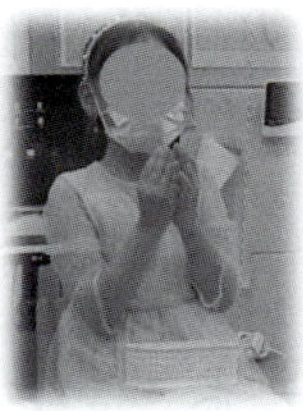
• '친구 강점 수수께끼' 놀이 방법을 알아본다.
- 사진을 빈 통에 담고 1개를 뽑은 후에 손바닥으로 친구들이 보지 않게 사진을 가린 후 문제를 낸다.
- 이 친구는 □□를 잘합니다.
• 다른 친구들이 사진 속 유아의 '강점이름'을 맞추면 맞춘 친구가 다시 사진을 뽑아 친구의 강점을 문제를 낸다.</td><td colspan="2">• 유아 얼굴 사진 or 얼굴 사진을 붙인 막대</td></tr>
<tr><td>강점 다지기</td><td colspan="4">• 친구들의 강점을 더 찾아보고 질문을 할 때 난이도를 점차 높이거나 새로운 강점을 찾아보고 맞추기를 한다.</td><td colspan="2"></td></tr>
</table>

출처: 신현정(2018). p. 50 수정 · 보완하였음.

지원

3-7 강점리터러시 증진을 위한 지원

강점리터러시 흐름	유아의 강점리터러시 이해도		활동명	활동유형	소요시간	집단 규모
Ⅰ. 나의 강점 인식하기 Ⅱ. 나의 강점 공유하기 Ⅲ. 나의 강점 활용하기	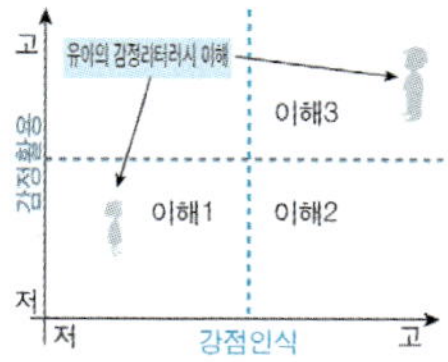	이해1 이해2 이해3	10. 동화 속 친구들의 강점 찾기	동화, 게임 (이야기 나누기)	20~30분	개별 or 소그룹

목표	1. 동화 속 친구들의 강점과 강점을 활용하는 방법을 안다.	관련 강점	모든 강점

	활동내용	자료 및 유의점
강점 연결하기	• 전래동화 '팥죽할머니와 호랑이'를 들려준다. ※ 다른 동화책이나 동영상 등을 활용할 수 있다. (ex: 으뜸 헤엄이, 내 친구 깡총이, 장수탕 선녀님 등)	• 동화책 또는 인터넷 동영상
강점 증진하기	• 들려준 동화의 내용을 알아본다. - 이 동화에는 누가 나오나요? / - 무슨 이야기인가요? - 동화 속 친구들의 강점은 무엇인가요?(할머니, 호랑이, 송곳 등) - 동화 속 친구들은 강점을 이용하여 어떻게 했나요?(ex: 송곳은 어떻게 할머니를 도와드렸나요?) 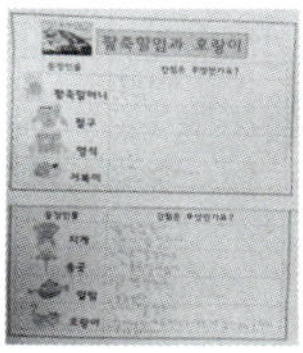 • 각 모둠끼리 모여 동화 속에 나오는 친구들의 강점을 더 찾아보고 발표해 본다. - 다양한 강점에 따라 유아들이 역할을 분담하여 참여한다. (ex: '쓰기' 강점을 가진 친구들은 활동지에 쓰기, '말하기' 강점을 가진 친구는 토론을 진행하기, '나누기' 마음을 가진 친구는 친구들을 돕기 등) - 각각의 강점을 이용하여 부모나 교사가 제안한 미션을 해결한 후 가족별로 발표해 본다.	• 활동지, 동화책, 필기도구
강점 다지기	• 동화 속 인물들의 강점을 파악하고 그것을 특징적으로 드러내어 동극을 해본다. • 도서관 활동이나 도서대여 활동으로 자기가 읽었던 동화책을 소개하고 동화책 속에 나오는 인물들의 강점을 찾아 발표하는 시간을 가진다. 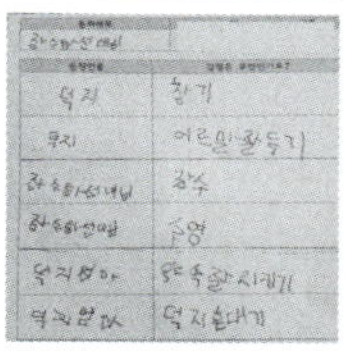 • 동화책 속에 나오는 인물과 같은 강점을 가진 대상을 찾아 벤다이어그램으로 제시하거나 막대그래프를 활용하여 수놀이 활동으로 연계할 수 있다. • 유아들이 좋아하는 캐릭터(ex: 펭수)들을 활용할 수 있다.	

출처: 신현정(2019). p. 174 수정 · 보완하였음.

동화 속 친구들의 강점 찾기

팥죽 할멈과 호랑이

저자	서정오
출판사	보리

등장인물	강점은 무엇인가요?
 팥죽 할멈	
 절구	
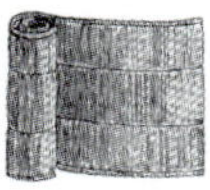 멍석	
 거북이	
 지게	
 송곳	
 알밤	
 호랑이	

무지개 물고기

저자	마르쿠스 피스터
출판사	시공주니어

등장인물	강점은 무엇인가요?
 무지개 물고기	
 파란 물고기	
 불가사리 아저씨	
 문어 할머니	

동화 속 친구들의 강점 찾기

동화제목	날짜	이름
	월 일 요일	

등장인물	강점은 무엇인가요?

지원 3-8 강점리터러시 증진을 위한 지원

강점리터러시 흐름	유아의 강점리터러시 이해도		활동명	활동유형	소요 시간	집단 규모
Ⅰ. 나의 강점 인식하기 Ⅱ. 나의 강점 공유하기	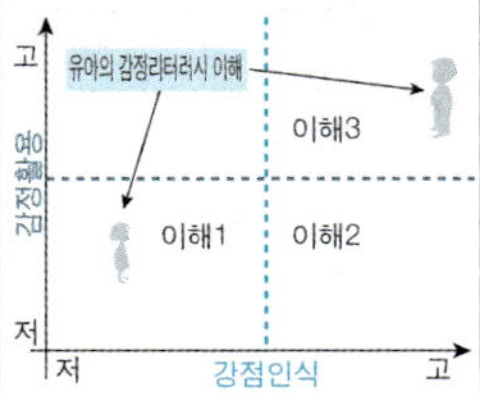	이해1 이해2 이해3	11. 우리나라를 빛낸 분들 12. ○○반을 빛낸 친구들	노래 (게임, 이야기 나누기)	20~30분	소그룹

목표	1. 나와 친구의 강점을 다양한 방법으로 인식한다. 2. 나와 친구의 강점을 노래로 만들어 부른다.	관련 강점	모든 강점

	활동내용	자료 및 유의점
강점 연결하기	**〈우리나라를 빛낸 분들〉** • '한국을 빛낸 100명의 위인들' 노래를 들어보고 가사 내용을 살펴본다. • 위인들의 강점을 알아본다.	• 음원 • 가사
강점 증진하기	**〈○○반을 빛낸 친구들〉** • '한국을 빛낸 100명의 위인들'처럼 우리 반 친구들의 강점은 무엇인지 알아본다. - 이 친구는 누구인가요? - ○○이의 강점에는 어떤 것들이 있나요? - ○○이의 강점이름은 무엇인가요? • 노랫말을 유아들의 강점과 강점이름을 넣어 개사한다. - 노래 가사를 살펴보고 친구들의 강점이나 강점이름을 넣어 불러 볼까요? - 청소요정 □□, 로봇박사 □□ 등 친구들의 강점이름을 박자에 맞추어 배열해 봐요. - 친구들이 더 넣고 싶은 내용도 이야기해 보아요. 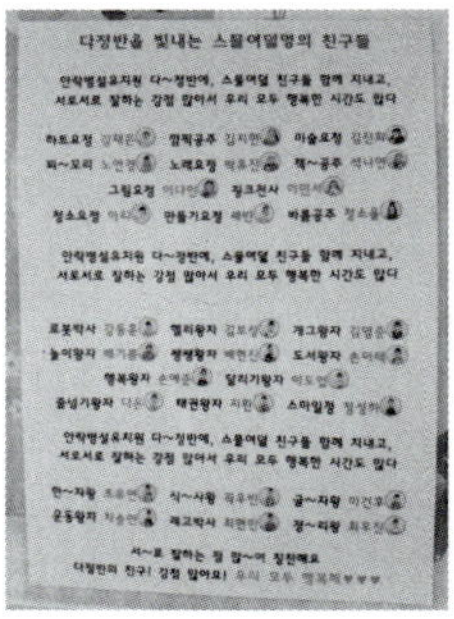	• 유아 얼굴 사진 • 화이트 보드나 가사 쓸 전지 • 보드펜 또는 필기구
강점 다지기	• 개사한 노래를 유아들과 함께 녹음이나 동영상으로 촬영하여 원에서 들려주어 즐겨 부를 수 있게 해준다. • 모둠별로 '우리나라를 빛낸 분들'의 강점을 주어진 시간 안에 많이 찾는 게임으로 확장할 수 있다.	

출처: 신현정(2019). p. 174 수정 · 보완하였음.

'한국을 빛낸 100명의 위인들'의 노래를 아래와 같이 개사하였다.

사랑반을 빛내는 스물여섯 명의 친구들

행복유치원 사~랑반에, 스물여섯 친구들 함께 지내고,
서로서로 잘하는 강점 많아서 우리 모두 행복한 시간도 많다

A: 유아의 강점이름과 실명을 넣어준다.	하트요정 김태희 깜찍공주 전지현 미술요정 김지나 꾀~꼬리 아이유 노래요정 정소민 책~공주 김나연 그림요정 설인하 핑크천사 이효리 청소요정 이한민 만들기요정 탁정화 바름공주 신현정

행복유치원 사~랑반에, 스물여섯 친구들 함께 지내고,
서로서로 잘하는 강점 많아서 우리 모두 행복한 시간도 많다

B: A와 같은 형태로 가사를 만들어 넣는다.

행복유치원 사~랑반에 스물여섯 친구들 함께 지내고,
서로서로 잘하는 강점 많아서 우리 모두 행복한 시간도 많다

C: A와 같은 형태로 가사를 만들어 넣는다.

서~로 잘하는 점 많~이 칭찬해요
사랑반의 친구들! 강점 많아요! 우리 모두 행복해♥♥♥

지원
3-9 강점리터러시 증진을 위한 지원

강점리터러시 흐름	유아의 강점리터러시 이해도		활동명	활동 유형	소요 시간	집단 규모
II. 나의 강점 공유하기 III. 나의 강점 활용하기	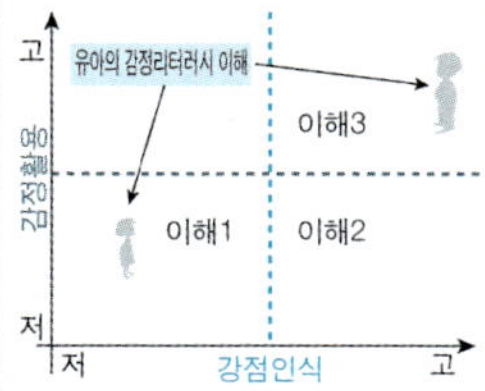	이해3	13. 강점을 활용한 동극	동극	30~50분	개별 or 소그룹

목표	1. 나의 강점을 활용하는 방법을 안다. 2. 나의 강점을 다양한 방법으로 활용한다.	관련 강점	모든 강점

	활동내용	자료 및 유의점
강점 연결하기	• 동화 '무지개 물고기'를 들려준다. (*다른 동화책이나 동영상 등을 활용할 수 있다.)	• 동화책 또는 동영상
강점 증진하기	 • 들려준 동화의 내용을 알아본다. - 이 동화에는 누가 나오나요? - 무슨 이야기인가요? • 동극을 할 때 필요한 것들을 알아본다. ※ 유아의 강점별 역할을 고안하여 분담할 수 있다. (ex: 목소리가 크고 친구들 앞에서 말 잘하는 유아는 사회자를, 글씨를 잘 쓰는 유아는 초대장 작성 등의 역할을 맡을 수 있다.) - 사회자, 배우, 무대감독, 촬영감독, 미술감독, 코디네이터, 분장, 머리띠, 의상, 소품, 환영 노래, 초대장, 막 등 • 맡은 역할에 따라 동극 준비를 하고 약속 시간이 되면 모여 동극을 공연하고 맡은 역할이 끝난 유아들은 관객으로 조용히 공연을 관람한다. • 동극을 한 후 느낀 점을 이야기 나눈다.	• 활동지 • 동화책 • 필기도구 • 미술 재료 • 악기
강점 다지기	• 동극에 활용했던 자료들을 유아들이 놀이할 수 있도록 제시한다. • 다양한 동화를 활용하여 동극을 한다. • 막대인형놀이, 손장갑인형놀이, 그림자인형놀이 등 다양한 형태로 놀이할 수 있도록 자료를 지원하거나 제안한다. ※ 인물들의 강점이 잘 드러난 동극을 위한 동화의 예- 팥죽할멈와 호랑이, 규방 아씨와 일곱 친구, 공들의 자랑, 프레드릭 등	• 동극자료

출처: 신현정(2019). p. 174 수정 · 보완하였음.

지원 3-10 강점리터러시 증진을 위한 지원

강점리터러시 흐름	유아의 강점리터러시 이해도		활동명	활동유형	소요시간	집단규모
Ⅰ. 나의 강점 인식하기 Ⅱ. 나의 강점 공유하기 Ⅲ. 나의 강점 활용하기 Ⅳ. 긍정정서 공유하기	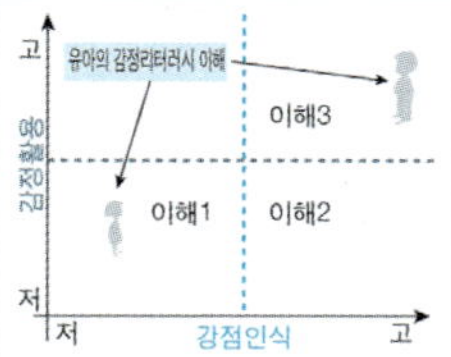	이해3	14. 나만의 장난감	미술, 동극 (게임)	30분 이상	개별 or 소그룹

목표	1. 나의 강점을 활용하여 놀고 싶은 장난감을 만들어 자유롭게 놀이한다.	관련 강점	모든 강점

	활동내용	자료 및 유의점
강점 연결하기	• 유아가 지난번에 만들어 인형놀이를 했던 종이 인형들의 집을 만들어 본다.(모형을 이용하여 관련 건축물을 만들거나 블록 등을 이용하여 구성한 뒤 놀이할 수 있다.) - ○○가 만든 '슈슈'와 친구들이 살 집을 만들고 싶어요. - 토끼가 지낼 곳도 필요해요. 	• 유아가 만든 종이 인형
강점 증진하기	• 집의 구조와 어떤 것들이 들어갈 것인지 미리 생각해본다.(유아의 수준에 따라 설계도를 만들고 집을 구성할 수 있다.) 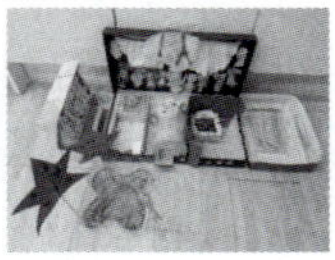 - 방은 몇 개 있으면 좋을까? 거실에는 무엇이 있으면 좋을까? • 인형의 집을 만드는 데 필요한 재료를 지원한다. - 집을 만들 재료로 무엇이 필요하니? 방은 어떻게 나눌까? - 어떻게 연결할 수 있을까? • 친구들에게 인형의 집을 소개하고 어떻게 놀이를 하면 재미있을지 알아본다. - 이야기를 만들어서 동화처럼 들려줘요. - 블록들을 같이 섞어서 놀아요. ※ 만든 작품이 부서지지 않게 조심해서 놀이할 수 있는 방법을 함께 이야기 나눈다.	• 재활용품(종이상자, 휴지 속, 플라스틱 등) • 유니트 블록 • 풀, 가위 • 양면테이프 • 사인펜 • 색연필 • 필기도구
강점 다지기	• 유아가 만든 집에 놀이동산을 추가로 만든 후 같이 구성하여 인형놀이를 할 수 있다.  • 종이 인형이나 모형을 이용하여 인형극을 할 수 있다. • 역할을 맡아 인형놀이를 촬영하여 친구들과 함께 시청할 수 있다. ※ 인형의 집 만들기 외에도 미로찾기, 보드게임 등 유아가 하고 싶은 놀이에 필요한 도구들을 직접 만들어 놀 수 있도록 지원함으로써 유아는 기성 장난감보다 자기가 만든 장난감으로 노는 것을 즐길 수 있다.	• 유아들 작품 • 카메라나 스마트폰

출처: 신현정(2021). p. 293 수정 · 보완하였음.

지원

3-11 강점리터러시 증진을 위한 지원

강점리터러시 흐름	유아의 강점리터러시 이해도		활동명	활동유형	소요시간	집단규모
III. 나의 강점 활용하기 IV. 긍정정서 공유하기	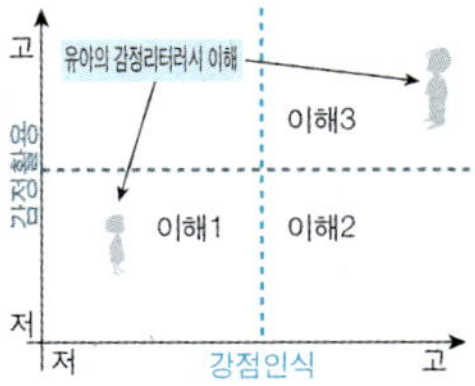	이해3	15. 감사 인사하기	보드게임 (이야기 나누기)	20~30분	소그룹

목표		관련 강점	
목표	1. 다양한 대상에 감사하는 마음을 가지기를 통해 긍정정서를 느낀다. 2. 감사하는 마음을 다양한 방법으로 표현한다.	관련 강점	활력 및 긍정성, 언어, 예절, 관계성, 자기조절, 관계성, 놀이

	활동내용	자료 및 유의점
강점 연결하기	• 최근 감사를 느낀 경험을 이야기한다. • 친구나 어른들께 감사했던 일을 떠올려본다. - 부모님이나 선생님 등 어른께 감사한 마음을 느낀 일이 있었나요? - 언제, 어디서, 무엇이 감사했나요? • 감사함을 느꼈던 대상에게 마음을 표현하는 다양한 방법을 알아본다. - 어떻게 감사하는 마음을 표현했나요? - 감사하다고 인사해요. /편지를 써요.	• 따뜻한 분위기를 조성하는 음원
강점 증진하기	• 감사한 마음을 다양한 방법으로 전해보기로 한다. • 보드게임 방법을 알아본다. - 주사위를 돌릴 순서와 말을 선택한다.(규칙은 유아가 정할 수 있다.) - 주사위를 돌려 숫자만큼 이동하여 친구나 선생님의 얼굴이 있는 칸에 말이 도착하면 그 사람에게 감사의 인사를 전한다. - 무엇 때문에, 어떤 점에서 감사한지에 대해 구체적으로 인사한다. - 먼저 도착하는 사람이 이긴다.	• 유아 사진, 부모나 선생님 사진이 붙은 보드판 • 말
강점 다지기	• 유아가 보드판을 만들어 놀이할 수 있도록 지원할 수 있다. • 보드판에 붙일 감사의 대상을 가족이나 유치원에 계시는 분, 우리 동네 사람들, 동화 속 주인공, 우리에게 도움을 주는 동물과 식물 등으로 다양하게 바꾸어서 놀이할 수 있다.	

출처: 신현정(2021). p. 294 수정 · 보완하였음.

* 함께 보면 좋아요: p. 174 '감사합니다' 놀이

지원 3-12 강점리터러시 증진을 위한 지원

<table>
<tr><th>강점리터러시 흐름</th><th colspan="2">유아의 강점리터러시 이해도</th><th>활동명</th><th>활동유형</th><th>소요시간</th><th>집단규모</th></tr>
<tr><td>Ⅲ. 나의 강점 활용하기
Ⅳ. 긍정정서 공유하기</td><td>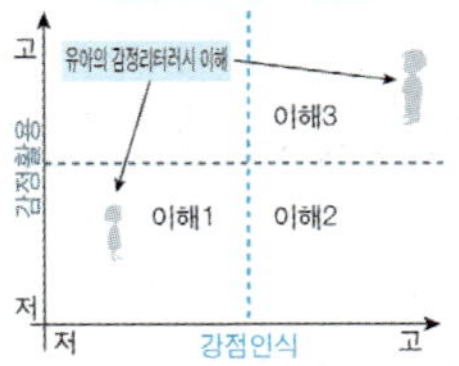
</td><td>이해3</td><td>16. 강점 골든벨</td><td>게임</td><td>30~40분</td><td>소그룹
or
대그룹</td></tr>
<tr><td>목표</td><td colspan="3">1. 나와 친구, 이웃을 사랑하고 우리나라 사람들을 사랑하는 마음을 가진다.
2. 문제를 풀면서 친구들과 긍정정서를 함께 느낀다.</td><td>관련 강점</td><td colspan="2">모든 강점</td></tr>
<tr><td colspan="5">활동내용</td><td colspan="2">자료 및 유의점</td></tr>
<tr><td>강점 연결하기</td><td colspan="4">• 지금까지 다양한 활동을 통해 알아보았던 친구들의 강점과 강점이름, 유치원에 계신 선생님들의 강점, 우리나라를 빛낸 분들의 강점에 대해 문제로 풀어 본다.</td><td colspan="2"></td></tr>
<tr><td>강점 증진하기</td><td colspan="4">• 유아들의 강점과 강점이름, 유치원에 계신 선생님들의 강점, 우리나라를 빛낸 분들의 강점에 대해 문제를 풀어 본다.
 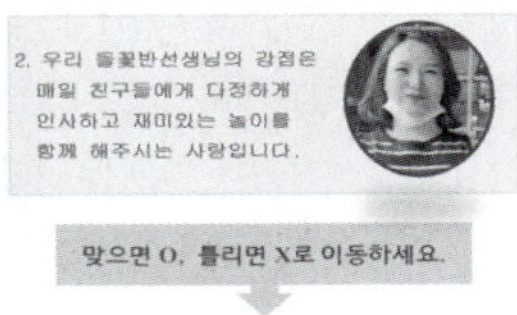

문제유형 1. 우리 반 친구들의 강점, 강점이름 맞추기
문제유형 2. 우리 유치원에 계시는 선생님들의 강점 맞추기
문제유형 3. 우리나라를 빛낸 분들 강점 맞추기
• 골든벨 활동 방법과 약속을 알아본다.
• 개별 또는 모둠별로 강점 골든벨 문제를 푼다.
• 문제를 틀린 유아나 모둠은 자리를 이동하여 정해진 자리에 앉아 문제를 풀어본다.
• 주변을 정리하고 게임에 대해 평가한다.</td><td colspan="2">• 보드판
• 보드펜
• 방석
• 핸드벨
• 골든벨 문제 PPT
• 골든벨 목걸이</td></tr>
<tr><td>강점 다지기</td><td colspan="4">• 보드판과 보드펜 등을 바구니에 담에 유아들이 자유롭게 교실에서 골든벨 놀이를 할 수 있도록 지원한다.
• 놀이패드를 활용하여 골든벨을 할 수 있다.</td><td colspan="2">• 보드판
• 보드펜
• 놀이패드</td></tr>
</table>

출처: 신현정(2019). p. 174 수정 · 보완하였음.

지원

3-13 강점리터러시 증진을 위한 지원

<table>
<tr><th>강점리터러시 흐름</th><th colspan="2">유아의 강점리터러시 이해도</th><th>활동명</th><th>활동유형</th><th>소요시간</th><th>집단규모</th></tr>
<tr><td>Ⅳ. 긍정정서 공유하기</td><td>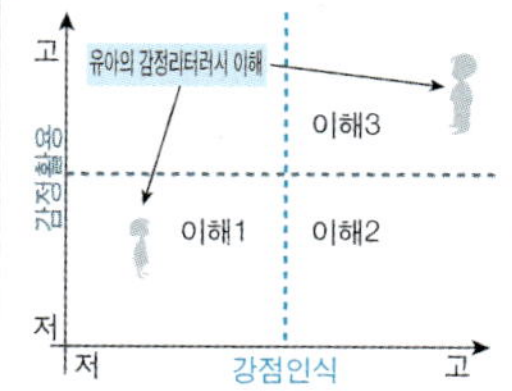
</td><td>이해3</td><td>17. 감사일기</td><td>이야기 나누기, 미술 (신체활동, 노래)</td><td>20~30분</td><td>개별 or 소그룹</td></tr>
<tr><td>목표</td><td colspan="3">1. 생활하면서 감사한 마음이 드는 경험을 떠올리고 그림이나 글로 표현한다.
2. 나의 강점을 활용하여 감사함을 표현한다.</td><td>관련 강점</td><td colspan="2">모든 강점</td></tr>
<tr><td colspan="5">활동내용</td><td colspan="2">자료 및 유의점</td></tr>
<tr><td>강점 연결하기</td><td colspan="4">• 차분한 음악을 들으며 주말이나 어제 있었던 일들을 회상해본다.</td><td colspan="2">• 음악파일</td></tr>
<tr><td>강점 증진하기</td><td colspan="4">
• 어제(주말) 있었던 경험 중에 가장 잘되었던 일이나 감사하고 싶은 일이 무엇인지 떠올려보고 이야기 나눈다.
- 어제 하루 있었던 일 중에서 잘되었던 일이나 감사하게 생각되는 일은 무엇이었나요?
• 자신의 감사 경험을 활동지에 그림으로 그리거나 글로 표현해 본다.
• 나의 감사한 마음을 어떻게 표현하거나 전달할 수 있을지 생각해 본다.
- 선물을 만들어서 줘요.
- '고마워.' 인사해요.</td><td colspan="2">• 감사일기 활동지
• 색연필, 사인펜
• 필기도구</td></tr>
<tr><td>강점 다지기</td><td colspan="4">

• 유아들의 감사일기를 책처럼 묶어서 친구들의 감사일기를 읽어 볼 수 있도록 게시한다.
• 편지일기, 그림 선물하기, 하트 색종이를 접어 선물하기, 안아 주기 등 몸으로 표현하는 것을 좋아하는 유아는 다른 방법으로 감사함을 표현할 수 있다.
※ 각자의 강점을 발휘해서 '감사'라는 긍정정서 표현을 지원할 수 있다.</td><td colspan="2"></td></tr>
</table>

출처: 신현정(2019). p. 174 수정 · 보완하였음.

지원 3-14 강점리터러시 증진을 위한 지원

<table>
<tr><th colspan="2">강점리터러시 흐름</th><th colspan="2">유아의 강점리터러시 이해도</th><th>활동명</th><th>활동유형</th><th>소요시간</th><th>집단규모</th></tr>
<tr><td colspan="2">Ⅲ. 나의 강점 활용하기
Ⅳ. 긍정정서 공유하기</td><td>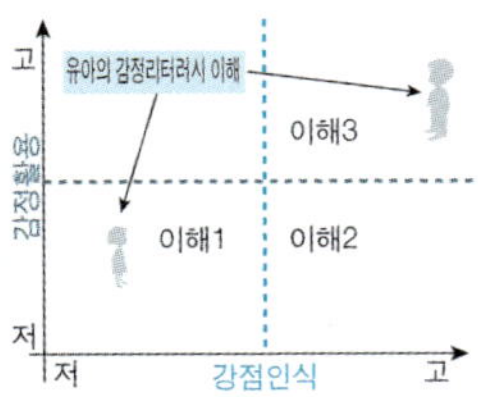
</td><td>이해3</td><td>18. 감사편지</td><td>이야기 나누기, 미술 (게임, 신체활동, 노래)</td><td>20~30분</td><td>개별 or 소그룹</td></tr>
<tr><td>목표</td><td colspan="4">1. 생활하면서 감사한 마음이 드는 경험을 떠올리고 그림이나 글로 표현한다.
2. 나의 강점을 활용하여 감사함을 표현한다.</td><td>관련 강점</td><td colspan="2">활력 및 긍정성, 언어, 예절, 관계성</td></tr>
<tr><th colspan="6">활동내용</th><th colspan="2">자료 및 유의점</th></tr>
<tr><td>강점 연결하기</td><td colspan="5">• 차분한 음악을 들으며 주말이나 어제 있었던 일들을 회상해본다.</td><td colspan="2">• 음악파일</td></tr>
<tr><td>강점 증진하기</td><td colspan="5">• 어제(주말) 있었던 경험 중에 가장 잘 되었던 일이나 감사하고 싶은 일이 무엇인지 떠올려보고 이야기 나눈다.
- 어제 하루 있었던 일 중에서 잘됐었던 일이나 감사하게 생각되는 일은 무엇이었나요?
• 자신의 감사하고 싶은 마음을 전달하려는 대상에게 그림이나 글로 편지를 써본다.
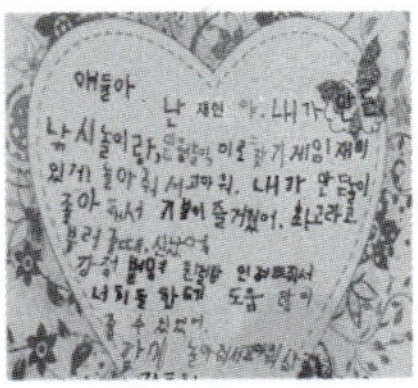
※ 감사의 마음을 녹음하거나 동영상으로 촬영하여 전달할 수 있음</td><td colspan="2">• 감사편지 활동지
• 색연필, 사인펜
• 필기도구</td></tr>
<tr><td>강점 다지기</td><td colspan="5">• 유아들의 감사편지를 책처럼 묶어서 읽어 볼 수 있도록 게시한다.
※ 교실에 작은 우체통을 만들어 유아들의 편지쓰기 활동과 연계할 수 있다.

※ '마니또' 게임처럼 고마운 마음을 그림이나 작은 선물을 만들어 전달하는 놀이로 전개하거나 여러 사람 앞에서 공개적으로 감사 표현하기, 웃긴 표정이나 춤춰주기, 노래 불러주기 등 각자의 강점을 발휘해서 감사의 마음을 표현할 수 있다.</td><td colspan="2"></td></tr>
</table>

출처: 신현정(2021). p. 297 수정 · 보완하였음.

지원 3-15 강점리터러시 증진을 위한 지원

<table>
<tr><th>강점리터러시 흐름</th><th colspan="2">유아의 강점리터러시 이해도</th><th>활동명</th><th>활동유형</th><th>소요시간</th><th>집단규모</th></tr>
<tr><td>Ⅰ. 나의 강점 인식하기
Ⅱ. 나의 강점 공유하기
Ⅳ. 긍정정서 공유하기</td><td>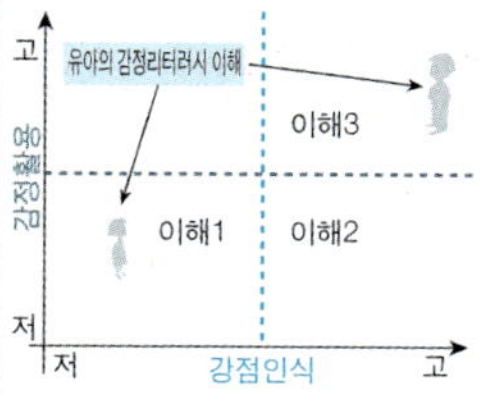
</td><td>이해3</td><td>19. 강점 자화상</td><td>미술</td><td>20~30분</td><td>개별 or 소그룹</td></tr>
<tr><td>목표</td><td colspan="3">1. 새로워진 나를 느낀다.
2. 나의 강점을 지속적으로 활용하려는 의지를 다진다.</td><td>관련 강점</td><td colspan="2">모든 강점</td></tr>
<tr><th colspan="5">활동내용</th><th colspan="2">자료 및 유의점</th></tr>
<tr><td>강점 연결하기</td><td colspan="4">• 유아의 사진들을 보면서 그동안 놀이하거나 생활하면서 내가 잘했던 경험들을 회상해본다.</td><td colspan="2">• 유아사진</td></tr>
<tr><td>강점 증진하기</td><td colspan="4">• 나의 경험 중에 가장 잘되었던 일이나 멋지게 변한 나에 대해 칭찬하고 싶은 일이 무엇인지 떠올려보고 이야기 나눈다.
- 그동안 놀면서 잘되었던 일이나 나를 칭찬하고 싶은 일은 무엇인가요?
- 나는 어떤 점이 달라졌나요?
- 나는 어떤 점이 반짝반짝 빛나 보이나요?

• 멋지게 변한 나의 모습을 활동지에 그림으로 그리거나 글로 표현해본다.</td><td colspan="2">• 강점자화상 활동지
• 색연필, 사인펜
• 필기도구</td></tr>
<tr><td>강점 다지기</td><td colspan="4">• 유아들의 강점자화상을 교실 벽면에 붙여 전시하고 친구들의 이야기를 읽어보고 달라진 모습을 감상할 수 있도록 한다.
• 자신의 달라진 모습을 찰흙을 이용하여 입체물로 표현할 수 있다.
※ 강점자화상을 학급신문이나 소책자로 만들어 배부할 수 있다.</td><td colspan="2"></td></tr>
</table>

출처: 신현정(2019). p. 174 수정 · 보완하였음.

♥ 나는 ______강점______ 를 잘하는 ______강점이름______가 되었어요.♥	이름:

지원 3-16 강점리터러시 증진을 위한 지원

강점리터러시 흐름	유아의 강점리터러시 이해도		활동명	활동유형	소요시간	집단규모
IV. 긍정정서 공유하기	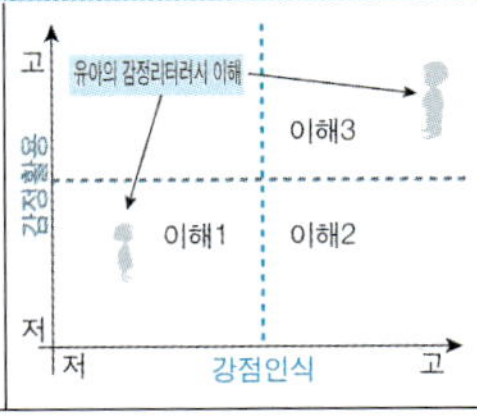	이해3	20. 행복 공유하기	이야기 나누기, 미술	15~30분	소그룹

목표		관련 강점	
목표	1. 행복했던 경험을 친구들과 함께 느낀다. 2. 행복한 나의 삶을 위해 강점활용을 실천하는 의지를 다진다.	관련 강점	모든 강점

	활동내용	자료 및 유의점
강점 연결하기	• 유아가 만든 결과물이나 놀이했던 사진들을 보면서 강점을 활용하여 즐겁고 행복했던 기억을 떠올린다. 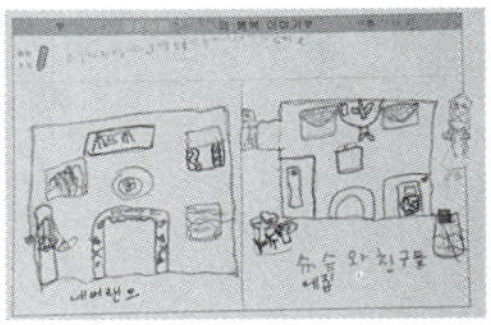 - 플레이어가 만든 '슈슈와 친구들의 집'으로 인형놀이를 할 때 너무 재미있었어. - 친절왕이 만든 '미로찾기 게임'으로 누가 빨리 도착하는지 경기를 할 때 너무 신났었어.	• 유아 활동 사진
강점 증진하기	• 유아가 잘하는 점을 활용해서 즐겁고 행복했던 기억을 떠올리고 이야기하거나 경험화를 그린다. - 잘하는 것을 했을 때는 어떤 기분이 드나요? - 내가 가장 행복했던 건 언제인가요? - 왜 행복하다고 느꼈나요? • 유아가 경험화를 그렸을 경우 결과물을 전시하여 행복했던 경험을 느끼게 지원해 준다. • 유아가 자신의 강점을 꾸준히 활용하거나 새롭게 발견한 강점을 인식하고 활용하도록 격려한다. • 앞으로도 나의 강점을 활용해서 행복을 실천하도록 다짐하거나 약속한다.	• 유아 사진 • 활동지 • 사인펜 • 색연필 • 필기도구
강점 다지기	• 유아의 강점리터러시를 활용한 경험들을 자연스러운 흐름대로 사진이나 유아의 작품을 전시하여 평소에도 유아들이 행복했던 느낌을 떠올릴 수 있도록 지원할 수 있다. 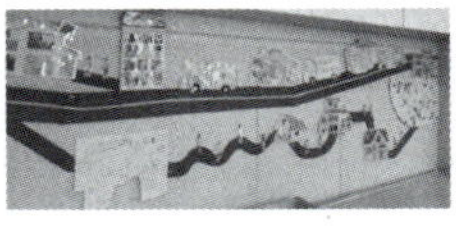	• 유아 작품이나 사진

출처: 신현정(2021). p. 293 수정 · 보완하였음.

♥ 강점이름 의 행복 이야기♥		이름:
경험 소개		

Chapter

4 유아의 강점리터러시는 어떤 변화를 가져올까?

1. 유아가 말하다

유아를 위한 강점리터러시 교육이 유아에게 도움이 되는지 알아보기 위해 '유아의 강점리터러시 증진 프로그램'을 실시하고 프로그램에 참여했던 유아의 변화를 살펴보았습니다. 유아의 대표강점에 따른 강점리터러시, 행복플로리시와 자기보고 행복

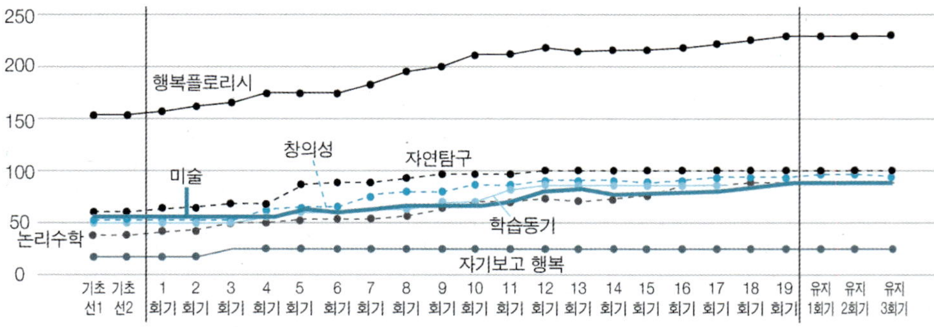

그림 4-1 프로그램에 참여한 상어 박사 은우의 점수 변화

출처: 신현정(2021). p. 157.

을 측정한 결과를 알아보기 위해 은우의 변화과정 사례를 그래프로 나타내면 [그림 4-1]과 같습니다.

먼저 유아의 강점리터러시 변화를 살펴보기 위해 유아를 관찰하고 유아강점검사를 통해 상어 박사 은우의 대표강점이 자연탐구, 학습동기, 창의성, 미술과 논리수학의 순으로 나타난 것을 확인하였습니다. 다음으로 '유아의 강점리터러시 증진 프로그램'에 참여하면서 유아의 변화를 매 회기에 걸쳐 살펴보았습니다. 은우는 자연탐구 강점리터러시가 가장 먼저 높은 점수에 다다랐습니다. 프로그램이 끝난 후에도 효과가 유지되는지 알아보기 위해 프로그램을 종료하고 4주 후에 강점리터러시와 행복플로리시, 행복감에 대한 추후검사를 실시하였는데 은우는 계속 높은 점수를 유지하였습니다. 창의성 강점리터러시도 꾸준히 높아졌고 유지 단계에서 안정화된 점수를 보였습니다. 학습동기와 미술, 그리고 논리수학은 자연탐구와 창의성보다는 낮지만 강점리터러시 점수가 꾸준히 증가하였고 유지 단계에서는 프로그램 적용 기간보다 더 높은 점수를 나타내었습니다.

이러한 결과들은 유아의 강점리터러시는 프로그램의 적용이 끝났다고 해서 함께 끝나는 것이 아니라 유아가 강점리터러시를 발휘하는 능력을 습득했기 때문에 지속적으로 활용하고 증진시켜 더 높은 성취를 통해 발전해 나갈 수 있다는 것을 보여줍니다. 이와 함께 유아의 행복플로리시도 함께 증가하여 유아가 지속적으로 행복을 느끼고 있음을 알 수 있습니다. 유아가 자신의 행복감을 스스로 평가하는 '자기보고행복'은 프로그램 실시 중반 이후부터 최고점을 유지하여 강점리터러시 증진에 대한 만족감을 보여 프로그램이 효과가 있다는 것을 보여주었습니다.

유아의 변화는 다음의 면담을 통해서도 확인할 수 있습니다. '유아의 강점리터러시 증진 프로그램'에 참여한 유아는 자신의 변화를 다음과 같이 이야기하였습니다.

선생님, 나는 원래 사람을 잘 못 그린다고 생각했어요. 내가 플레이어라서 재미있는 놀이를 잘 만드는데, '슈슈와 친구들의 집'을 만들 때 인형을 많이 그렸잖아요. 친구들이 내가 그린 인형들을 보고 예쁘다고 해주고 그려달라고 해서 기분이 좋았어요. 인형극도 만들어서 보여주니까 친구들이 재미있어해서 더 기분이 좋아지고 자랑스러웠어요. 그래서 사람도 잘 그리게 된 것 같아요. 그래서 자꾸자꾸 재미있는 놀이를 더 만들고 싶어서 '네버랜드'도 만들고 슈슈의 집이랑 붙여서 친구들이랑 논 거예요. (2○○○.○. 플레이어 린아와의 면담)

그림 4-2 플레이어 린아가 주도한 놀이들
(좌: 슈슈와 친구들의 집, 우: 네버랜드 놀이동산)

유아는 자신의 강점리터러시를 발휘하면서 행복을 느끼고 다시 강점리터러시를 발휘하는 순환과정을 통해 강점리터러시가 증진되고 행복이 지속되는 행복플로리시를 경험합니다.

유아는 자신의 강점을 타인에게 인정받고 자신감을 얻으며 적극적으로 강점리터러시를 발휘하여 행복을 느끼고 자아존중감도 높입니다. 강점리터러시의 증진은 원석을 빛나는 보석으로 다듬는 과정에서 반드시 필요한 요소입니다.

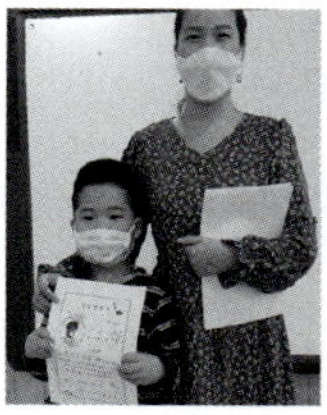

그림 4-3 상어 박사 은우의 강점인증서 수여식

은우가 소극적이라 속마음을 잘 표현하는 애가 아닌데 강점인증서를 만들고는 자기도 감격해서 "선생님 상어 박사를 알려주고 상장을 주셔서 감사합니다."라고 인사를 하더라구요. 제가 이 프로그램을 진행하고 은우의 급성장 때문에 한 번씩 깜짝깜짝 놀라는데 정말 은우가 많이 변한 게 느껴졌어요. 완전 다른 아이 같아요. 내가 알았던 그 아이 맞나 할 정도로.... 작년 담임 선생님도 그러시더라구요. 유치원에서 오가다 만나는데 은우의 눈빛이 다르대요. 반짝반짝 빛이 난다고. 제가 뭘 그리 잘해줬나 궁금하다네요. 그래서 보러 오라고 했어요. (웃음)

(2○○○.○. 교사면담)

출처: 신현정(2021). p. 171 수정 · 보완하였음.

2. 부모가 말하다

유아와 가장 인접한 환경이면서 성장·발달에 많은 영향을 주는 가정은 유아를 위한 교육의 주체라 할 수 있습니다. 유아와 직접 상호작용하는 부모는 즐겁게 놀이하며 배울 수 있도록 유아의 권리를 존중하고 이해하며 유아가 강점리터러시를 증진할 수 있도록 지원을 해주어야 합니다. 부모는 교육기관으로부터 단순히 정보를 전달받는 것을 넘어 교사, 교육기관과 함께 교육에 대해 고민하고 더 나은 방향으로의 해결을 위해 협력하는 교육공동체의 일원으로 참여하는 적극적인 태도를 지녀야 합니다(교육부, 2020).

유아교육기관에서 '유아의 강점리터러시 증진 프로그램'을 실행하고 나서 부모는 자녀의 변화와 교사의 지원에 다음과 같이 이야기하였습니다.

어느덧 초등학교 입학이 다가오는 시후입니다. 시후는 자기만의 생각과 고집이 확실합니다. 하고 싶은 일이나 이야기를 구체적으로 하여 다른 사람들이 당황한 적이 한두 번이 아닙니다. 자주는 아니지만 엄마를 가끔씩 도와주며 동생과 잘 지내려고 하지만 자주 다투기도 했었습니다. 시후의 강점을 알고나서 강점에 도움이 되는 다양한 경험을 도와주고 있습니다. 많은 사랑과 관심에 감사드립니다.

(2○○○.○. A학부모 면담)

우리 성주는 자기가 잘하는 것에 대한 자신감이 무척 높아져서 다양한 활동하기를 즐기고 있어요. 예민하고 부정적인 면이 많았는데 이제는 좌절하는 경험을 해도 스스로 극복해 보려고 노력하는 모습이 많이 보인답니다. 동생과 다툼도 무척 잦은 편이었는데 서로 배려하고 양보하며 사이좋게 챙기는 모습도 많아졌네요. 한 해 동안 저희 성주가 내면적으로 정말 많이 성장한 것 같아요. 이렇게 성장할 수 있게 해주신 선생님께 무척 감사드려요. 불안감이 높고, 벽이 많던 성주가 선생님 덕분에 조금씩 벽을 허물고 소통할 수 있는 아이가 되었어요. 성주처럼 저도 사랑반 선생님을 잊지 못할 것 같아요.

(2○○○.○. B학부모 면담)

선생님, 감사합니다. 민규가 정말 많이 성장했음을 느끼고 있습니다. 자신감도 높아지고 자기가 잘못한 것에 대해 인정할 줄 알고 자신의 의견을 이야기하는 데 자아존중감이 충분히 보였습니다. 얼마나 감사하던지요. 선생님 덕분입니다. 좋은 유치원에서 좋은 선생님들과 함께 할 수 있어 너무 감사했습니다. (2○○○.○. C학부모 설문)

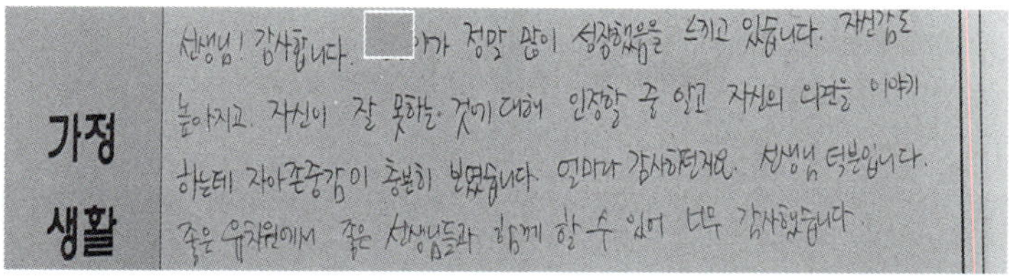

가정 생활	선생님! 감사합니다. 가 정말 많이 성장했음을 느끼고 있습니다. 자신감도 높아지고 자신이 잘 못한 것에 대해 인정할 줄 알고 자신의 의견을 이야기 하는데 자아존중감이 충분히 보였습니다. 얼마나 감사하던지요. 선생님 덕분입니다. 좋은 유치원에서 좋은 선생님들과 함께 할 수 있어 너무 감사했습니다.

부모가 지원하는 놀이와 배움

1. 유아가 새로운 아이디어를 실험할 때에는 조금 참고 지켜봐 주세요.
2. 유아가 놀이에 초대하면 작은 역할이라도 기꺼이 참여해 주세요.
3. 유아가 심심함을 스스로 해결하고 창조적인 생각을 할 수 있도록 기다려주세요.
4. 놀이가 충분히 무르익을 수 있도록 놀이의 시작과 마무리는 유아에게 맡겨주세요.

출처: 교육부(2020).

3. 교사가 말하다

유아의 강점리터러시 증진을 지원하기 위해 교사는 유아의 놀이를 자세히 들여다보아야 합니다. '들여다보다'의 사전적 의미는 '가까이에서 자세하게 살피다'입니다(국립국어원, 2021). 즉, 보는 것과 들여다보는 것의 의미는 매우 차이가 있습니다. 교사는 유아들의 놀이를 보는 것이 아니라 유아 가까이에서 자세히 들여다보는 자세가 필요하며, 유아들의 놀이를 들여다보는 전문가가 되어야 합니다.

유아의 강점리터러시를 증진하기 위한 교사의 노력은 교사가 자신의 강점을 발견하고 활용하는 데 유용하며 교사가 행복플로리시한 삶을 영위하는 데에도 도움이 됩니다.

'유아의 강점리터러시 증진 프로그램'을 경험한 담임교사의 면담에서 교사는 자신의 변화를 다음과 같이 이야기하였습니다.

> 언제부턴가 저는 아침에 등원하는 아이들과 인사하면서 각기 다른 색깔을 띤 아이들을 유심히 관찰하게 되었어요. 아이들 저마다의 색깔이 참 다양해요. 하나도 똑같지 않더라구요. 은우는 상어 그리기를 무척 좋아해요. 늘 이면지에 상어와 물고기들을 그리고 색종이로 상어를 만들어요. 은우가 만든 상어들 중에 똑같은 상어를 본 적이 없어요. 이름도 다 달라서 제가 모르는 상어가 세상에 그렇게 많은지 은우를 통해 배웠다니깐요. 은우는 집에서 물에 사는 생물들을 많이 키우더라구요. 바닷속 생물들에 대해선 다른 친구들보다 훨씬 많은 지식을 가지고 있어요. 특히 상어를 비롯한 어류들의 이름을 많이 알고 있어요. 그래서 제가 '상어 박사님'이라고 불러줬어요. 그랬더니 너무나 좋아하는 거예요. 학기 시작하고 얼마 안 돼서 관심이 거기에 너무 많으니깐 자연스럽게 그렇게 부르게 되더라구요.
>
> (2○○○.○. 교사 면담)
>
> 출처: 신현정(2021). p. 163 수정 · 보완하였음.

> 강점리터러시에 관한 프로그램을 유아들과 진행하며 유아 개인이 가진 강점을 교사와 유아 스스로가 긍정적으로 인식하고 활용할 수 있어서 정말 좋았습니다. 교사가 개별 유아의 특질을 이해하는 것에 대한 이해도도 매우 높아졌습니다. 프로그램을 이끌면서 유아 한 명 한 명에게 귀 기울이고 끊임없이 관심을 가지는 과정이 쉽지만은 않았기에 유아를 바라보는 관점과 시각을 평가중심이 아닌 관찰과 놀이의 이해에 두었습니다. 좋은 프로그램을 우리반 아이들과 함께 적용해볼 수 있어서 참 기쁩니다. 그리고 아이들의 강점리터러시를 들여다보면서 저의 강점리터러시도 확인하고 활용할 수 있는 계기가 되어 제 스스로도 자신감이 높아졌음을 느낄 수 있었던 행복한 시간이었습니다.
>
> (2○○○.○. 프로그램 운영에 대한 교사평가 중에서)

유아의 행복과 유아교육의 질적 향상은 교사의 행복감에 영향을 받습니다.

교사의 행복감은 유아와 마찬가지로 자신의 강점을 인식하고 적극적으로 활용할 때 이루어집니다(황해익, 신현정, 제희선, 2019). 강점리터러시를 활용하는 교사는 긍정정서, 관계, 삶의 의미, 몰입, 성취를 촉진하여 행복감이 충만한 플로리시를 경험합니다. 행복감이 높은 교사는 자기효능감과 교수몰입을 높여 직무수행능력을 향상시켜 유아와 높은 수준으로 상호작용하며 회복탄력성이 높습니다.

교사의 강점은 유아가 건강하게 성장하고 발달하도록 돕고 동료교사들과 긍정적인 대인관계를 유지하며, 교사로서 자신의 가치와 의미를 발견하는 데 도움을 줍니다. '좋은 교사는 어떠해야 하는가'에 대한 끊임없는 고민 속에서 유아들의 행복을 위해 현장의 교사들은 노력하고 있습니다. 유아가 행복한 삶을 살아가는 데 필요한 역량들은 교육을 통해서 길러지므로 행복한 교사에 의한 행복교육이 시작될 수 있도록 교육의 주체들이 함께 노력해야 할 것입니다.

Tip - 감사일기 또는 다행일기 쓰기

○ '감사일기' 또는 '다행일기'를 써보세요.

1. 한 줄이어도, 짧아도 좋으니 매일 쓰기
2. 잠들기 전에 오늘 하루를 되짚어보며 쓰기
3. '~덕분에'라는 표현으로 써보기
4. '~해서 감사하다.', '~가 있어서 감사하다.', '~할 수 있어서 감사하다.' 등의 표현
5. 점점 구체적으로 쓰기; 무엇이, 누구에게, 왜
   1) '누군가' 나에게 베풀어준 것, 도와준 것
   2) 사건에서 느낀 감사나 다행
      (예) 지하철을 안 놓쳐서 다행이다.
   3) '무엇의 존재(사물, 자연, 장소)'로 인해 내가 얻을 수 있는 것 떠올려보기
      (예) 봄을 알리는 꽃을 만날 수 있어서 감사하다.
   4) 물질 선물에 대한 감사; 매일 물질적인 선물을 받는 것은 어려우므로 범위를 더 넓혀 나가는 것이 도움이 될 수 있음
6. 다른 사람과 나를 비교하는 감사가 아니라, 나의 상황 안에서 쓰기
   (예) 저 사람은 ~하는데 나는 ~해서 감사하다. 다행이다. (X)
   나는 ~해서 감사하다. 다행이다. (O)
7. 비공개로 쓰기
   공유하기도 좋지만 타인이 본다고 생각하면 어느 순간 다듬고 포장할 수 있다. 진솔한 감사가 중요하므로 더 자세히 쓰고 싶고 진지하기 위해서는 비공개로 감사일기를 쓰는 것도 좋다.

○ 심화된 감사일기의 예

1. 스쳐 지나갔던, 짧은 순간에 대해서도 써보기
2. '그럼에도 불구하고'라고 써보기
3. '나에게' 감사한 것 써보기 (격려)

출처: https://m.blog.naver.com/blueberryt22/221867495933

4. 유아교육기관이 변하다

유아의 강점리터러시 증진 프로그램은 유아가 자신의 강점리터러시를 증진하면서 행복을 느끼게 만들고, 유아를 지원하는 부모와 교사에게도 영향을 줍니다. 이는 유아뿐만 아니라 부모와 교사를 아우르는 유아교육기관이 함께 지속가능한 행복을 느낄 수 있도록 이끌어줍니다. 사람들 간의 관계 속에서 상대방의 좋은 점, 잘하는 점을 찾고 긍정적으로 질문하는 것은 생동감과 선(善)을 불러오기 때문입니다(Bernett, & Fry, 2005/2014).

유아의 강점리터러시 증진 프로그램은 유아의 행복플로리시한 삶을 위해 시작되었지만 프로그램의 적용과 결과는 유아, 부모, 교사가 서로 협력하는 관계 속에서 긍정적인 강점들을 탐색해내고 그 가치를 인정하며 미래에 대한 희망을 함께 공유하는 계기를 마련해 주었습니다. 프로그램의 성공적인 운영으로 유아교육기관은 스트랭쌤(strengthsam)을 통해 유아와 부모들이 보다 밝은 미래를 맞이할 수 있도록 도와줄 수 있습니다. 이러한 운영은 기관이 가장 잘했던 것들에 대한 긍정적 요소를 찾는 기반이 되어 유아교육기관에서 근무하는 관리자와 교사, 교직원들이 상호작용하면서 긍정정서와 긍정적 사고로 긍정탐구(AI)[1]를 통해 구성원이 변하고 기관이 발전할 수 있도록 선한 영향을 줍니다.

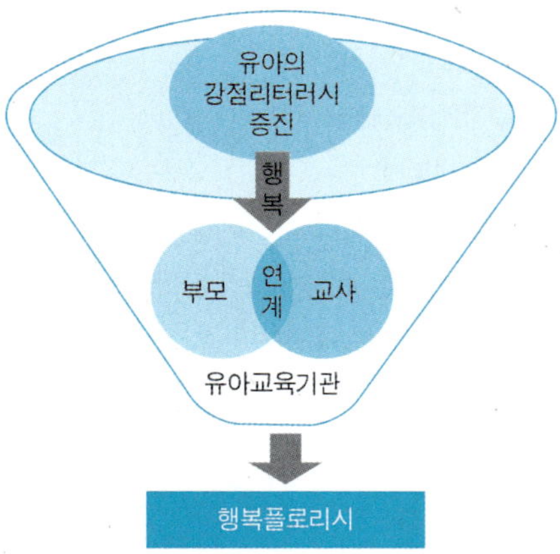

1) 긍정탐구(appreciative inquiry): 인간 및 인간과 관련된 시스템 최상의 경험이나 강점의 가치를 높게 평가하는 부분인 긍정과 탐구라는 호기심을 포함한 질문을 통해 탐색과 발견하는 과정을 통합한 모형입니다(Bernett, & Fry, 2005/2014).

동물학교

교육학자 리브스(R. H. Reeves)는 교육을 연구하면서 발견하게 된 것을 「동물학교(The Animal School)」라는 우화로 만들어 잘못된 교육에 대해 비판하였다. 아래의 내용을 살펴보고 유아를 위해 어떤 교육이 필요할지 생각해 보자.

동물들이 '새로운 세상'에서 발생할 수 있는 문제들을 해결하기 위해 학교를 세웠다. 그들은 달리기, 오르기, 수영 그리고 날기 등을 교과목으로 선택하였다. 그리고는 학교의 운영을 쉽게 하기 위해 동물들 모두 똑같은 과목을 수강하도록 하였다.

오리는 수영을 교사보다 더 잘했고 날기에서도 꽤 훌륭한 점수를 받았다. 하지만 달리기 점수는 매우 낮아 학교 수업이 끝난 후에도 남아서 달리기 연습을 하느라 수영 수업을 빠지게 되었다. 이렇게 달리기 연습에 집중하다보니 물갈퀴는 닳아서 약해졌고, 이제는 수영도 겨우 평균 점수밖에 못 받게 되었다. 하지만 학교에서는 평균성적만 받으면 되기에 오리 자신 이외에 아무도 그것에 대해 걱정해주지 않았다. 토끼는 달리기를 가장 잘했지만 수영 연습으로 많은 시간을 보내 신경쇠약에 걸렸다. 다람쥐는 나무 위로 오르기는 잘하지만 날기 과목 교사가 나무 위로 날아오르게 했기 때문에 좌절했다. 그리고 지나친 연습으로 경련이 생겨 자기가 가장 잘했던 오르기에서 C학점을 받고 달리기에서 D학점을 받았다. 독수리는 문제아여서 심한 훈계를 받았다. 오르기 수업에서 독수리가 나무 꼭대기에 제일 먼저 올라 다른 모든 동물들을 제쳤지만 자기 방식대로 오르기를 고집했다.

학년 말에 수영은 아주 잘하고, 달리기, 오르기, 날기는 약간만 하는 이상하게 생긴 뱀장어가 가장 높은 평균점수를 받아 졸업생 대표가 되었다.

그림출처: Alexander Sandalis "Is Our Culture Cultivating Strengths or Weaknesses?" medium.com/@asndalis

출처: https://youtu.be/JccLYKqm0jA

참고자료

• 부모에게 도움이 되는 사이트

i-누리포털 나눔누리 https://i-nuri.go.kr/

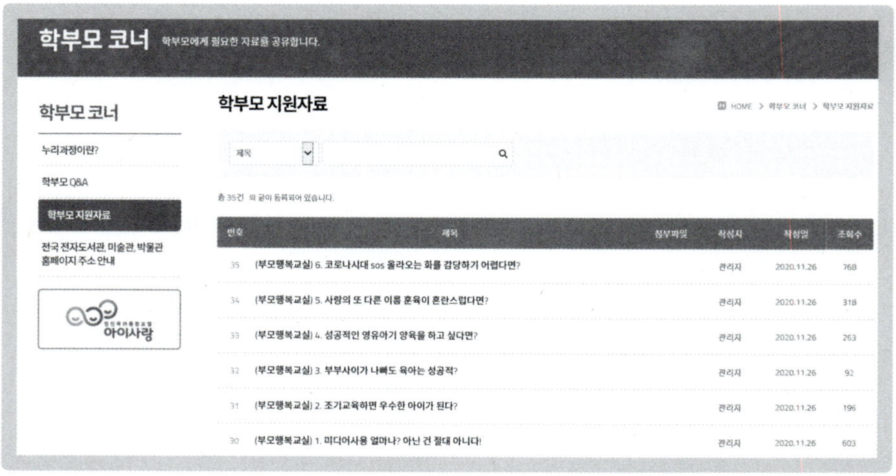

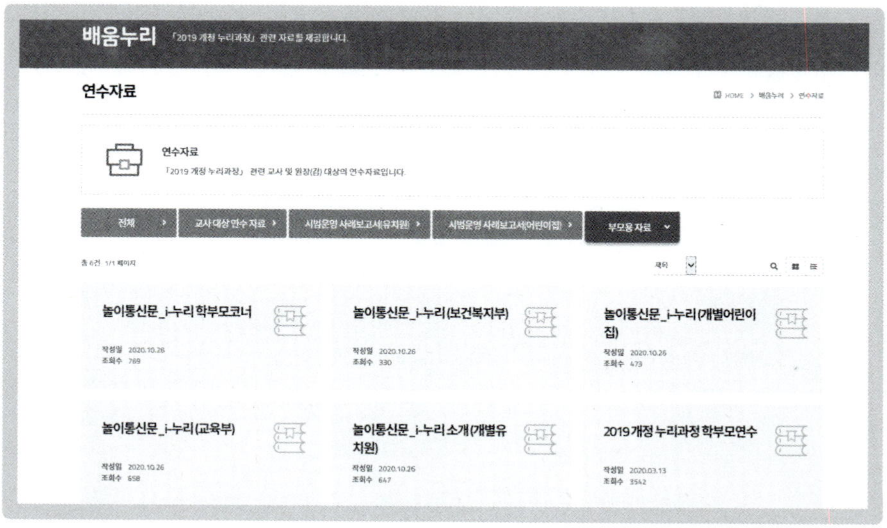

부록

유아와 교사에 대한 이해를 돕기 위한 검사

유아의 자아존중감 검사

다음은 유아의 자아존중감을 측정하기 위한 문항입니다.
해당 유아와 가장 일치된다고 생각하는 정도에 ✔표시해 주시기 바랍니다.

번호	문항 내용	전혀 아니다	아니다	보통 이다	그렇다	매우 그렇다
		0-20%	21-40%	41-60%	61-80%	81-100%
1	유아는 타인의 행동을 긍정적으로 수용한다.	①	②	③	④	⑤
2	유아는 친절하고 예의 바르다.	①	②	③	④	⑤
3	유아는 고마움을 표현한다.	①	②	③	④	⑤
4	유아는 타인의 어려운 상황을 배려한다.	①	②	③	④	⑤
5	유아는 목표를 위해 다른 유아들과 협력한다.	①	②	③	④	⑤
6	유아는 감정을 조절한다.	①	②	③	④	⑤
7	유아는 자신의 실수를 수용하고 책임진다.	①	②	③	④	⑤
8	유아는 또래집단에서 수용된다.	①	②	③	④	⑤
9	유아는 타인에게 의존하지 않고 혼자 목표를 성취하기 위해 노력한다.	①	②	③	④	⑤
10	유아는 실패하더라도 다시 시도한다.	①	②	③	④	⑤
11	유아는 어려운 과제에 도전한다.	①	②	③	④	⑤
12	유아는 예상하지 못했던 변화에 당황하지 않고 적응한다.	①	②	③	④	⑤
13	유아는 자신의 의지에 따라 의사결정을 한다.	①	②	③	④	⑤
14	유아는 또래집단에서 자신의 의견을 말한다.	①	②	③	④	⑤
15	유아는 생활 속에서 여러 활동을 할 때 자신 있게 임한다.	①	②	③	④	⑤
16	유아는 타인과 다른 자신의 생각을 말한다.	①	②	③	④	⑤
17	유아는 배움의 과정을 좋아한다.	①	②	③	④	⑤
18	유아는 자신의 강점과 능력을 알고 활용한다.	①	②	③	④	⑤
19	유아는 자신의 감정을 솔직하게 표현한다.	①	②	③	④	⑤
20	유아는 자신의 외모, 신체적 특징을 수용하며 만족한다.	①	②	③	④	⑤
21	유아는 밝고 잘 웃는다.	①	②	③	④	⑤
22	유아는 평소에 에너지와 활력이 있다.	①	②	③	④	⑤
23	유아는 가족의 사랑을 받고 있음을 알고 이를 표현한다.	①	②	③	④	⑤
24	유아는 자신의 성과물을 자랑스럽게 여긴다.	①	②	③	④	⑤
25	유아는 새로운 물건이나 환경에 호기심을 보인다.	①	②	③	④	⑤

출처: 제희선, 황해익(2019)

유아유머척도

다음은 유아의 유머감각을 측정하기 위한 문항입니다.
해당 유아와 가장 일치된다고 생각하는 정도에 ✔표시해 주시기 바랍니다.

번호	문항 내용	전혀 아니다	아니다	보통 이다	그렇다	매우 그렇다
		0-20%	21-40%	41-60%	61-80%	81-100%
1	유아는 재미있는 이야기나 웃기는 행동을 만들어낸다.	①	②	③	④	⑤
2	유아는 친구들을 웃기려고 노력한다.	①	②	③	④	⑤
3	유아는 친구들을 즐겁게 하는 것에 자신이 있다.	①	②	③	④	⑤
4	유아는 재미있고 웃기는 언어적 유머를 사용하여 주위를 즐겁게 한다.	①	②	③	④	⑤
5	유아는 다양한 매체에서 본 장면을 모방하여 과장되고 우스꽝스럽게 표현한다.	①	②	③	④	⑤
6	유아는 유머를 사용하여 친구들의 관심을 집중시킨다.	①	②	③	④	⑤
7	유아는 놀이 상황에서 친구와 어울릴 때 유머러스한 말을 하는 것을 즐긴다.	①	②	③	④	⑤
8	유아는 이야기를 할 때 재미있고 웃기는 주제를 생각하여 재미있게 이야기한다.	①	②	③	④	⑤
9	유아는 평소에 일어나는 재미있고 웃기는 상황에 대해 잘 웃는다.	①	②	③	④	⑤
10	유아는 동화나 인형극에서 재미있거나 우스운 장면을 보면 잘 웃는다.	①	②	③	④	⑤
11	유아는 유머러스한 상황에서 다른 또래에 비해 재미있는 부분을 빨리 알아차린다.	①	②	③	④	⑤
12	유아는 부정적인 감정을 가지고 있다가 재미있는 상황을 통해 즐거운 감정으로 쉽게 변한다.	①	②	③	④	⑤
13	유아는 남들이 웃지 않아도 자신이 웃기면 웃는다.	①	②	③	④	⑤
14	유아는 친구들이 웃으면 함께 웃으며 반응을 보인다.	①	②	③	④	⑤
15	유아는 또래에 비해 웃음이 많다.	①	②	③	④	⑤
16	유아는 자신의 즐거운 감정을 상대방에게 말로 표현한다.	①	②	③	④	⑤
17	유아는 즐거운 감정을 표정으로 쉽게 드러낸다.	①	②	③	④	⑤
18	유아는 분위기가 진지하거나 어색할 때 유머러스한 말이나 행동으로 분위기를 전환시키는 것을 즐긴다.	①	②	③	④	⑤
19	유아는 실수를 했을 때 유머로 대처한다.	①	②	③	④	⑤
20	유아는 웃기는 말이나 표정으로 긴장된 상황을 부드럽게 할 수 있다.	①	②	③	④	⑤

출처: 차유진(2014)

유아교사공감척도

다음은 유아교사의 공감과 관련된 문항입니다.
아래 문항을 읽고 선생님께서 생각하시는 부분에 ✔표시를 주시기 바랍니다.
※ 본 문항 내용에서의 '타인'은 유아교육기관 속에서 마주하는 성인을 지칭합니다.

번호	문항 내용	전혀 아니다	아니다	보통이다	그렇다	매우 그렇다
		0-20%	21-40%	41-60%	61-80%	81-100%
1	나는 타인과 함께할 때, 분위기에 따라 적절한 말로 표현한다.	①	②	③	④	⑤
2	나는 타인의 고민에 동감하여 언어적 · 비언어적으로 표현한다.	①	②	③	④	⑤
3	나는 타인이 어려움을 이야기하면 따뜻한 관심과 지지의 말로 표현한다.	①	②	③	④	⑤
4	나는 타인이 행복해할 때, 함께 웃으며 행동으로 행복감을 표현한다.	①	②	③	④	⑤
5	나는 유아의 다양한 표현(언어, 행동, 노래 등)에 감동하여 이를 언어적 · 비언어적으로 표현한다.	①	②	③	④	⑤
6	나는 유아가 느끼는 감정에 따라 적절한 말로 표현한다.	①	②	③	④	⑤
7	나는 유아에게 도움이 필요한 부분이 있으면 적절하게 표현한다.	①	②	③	④	⑤
8	나는 타인에게 문제가 발생했을 때, 그들의 현재 상황을 고려하여 생각해본다.	①	②	③	④	⑤
9	나는 타인과 생각이 다를 때, 그의 입장에서 왜 그렇게 느끼는지 생각해본다.	①	②	③	④	⑤
10	나는 타인으로부터 수용하기 어려운 요구를 부탁받을 경우, 그의 입장에서 생각해본다.	①	②	③	④	⑤
11	나는 타인을 이해하기 힘들 때, 내가 그에 대해 모르는 부분이 있는지 생각해본다.	①	②	③	④	⑤
12	나는 타인과 대화할 때, 상대방이 어떠한 감정을 느끼고 있을지 생각해본다	①	②	③	④	⑤
13	나는 유아의 언어적 · 비언어적 표현을 통해 감정을 이해한다.	①	②	③	④	⑤
14	나는 유아를 관찰할 때 유아의 기분이나 상태를 이해한다.	①	②	③	④	⑤
15	나는 특정 상황에서 유아가 어떻게 행동할 것인지를 생각해본다.	①	②	③	④	⑤

번호	문항 내용	전혀 아니다	아니다	보통 이다	그렇다	매우 그렇다
		0-20%	21-40%	41-60%	61-80%	81-100%
16	나는 유아가 내 말에 흥미로워하는지 아닌지 유아의 입장에서 생각해본다.	①	②	③	④	⑤
17	나는 유아의 감정을 이해하고자 유아의 관점에서 생각해 본다.	①	②	③	④	⑤
18	나는 유아에게 문제가 있을 때, 마음이 아프다.	①	②	③	④	⑤
19	나는 유아가 웃으면 함께 웃는다.	①	②	③	④	⑤
20	나는 웃기는 말이나 표정으로 긴장된 상황을 부드럽게 할 수 있다.	①	②	③	④	⑤
21	나의 감정은 타인의 영향을 받는다.	①	②	③	④	⑤
22	나는 부당한 대우를 받는 타인을 보면 마음이 좋지 않다.	①	②	③	④	⑤
23	나는 타인의 힘든 사정을 접할 때, 마음이 무거워진다.	①	②	③	④	⑤
24	나는 타인과의 대화에서 그의 마음을 같이 느낀다.	①	②	③	④	⑤

출처: 오희정, 황해익(2020)

참고문헌

경향신문 (2014.01.27). [문명, 그 길을 묻다 - 세계 지성과의 대화](3) 하워드 가드너 미국 하버드대 교수. https://m.khan.co.kr/feature_story/article/201401272126165#c2b

국립국어원. www.korean.go.kr에서 2021년 1월 6일 인출.

권석만 (2009). 긍정심리학: 행복의 과학적 탐구. 서울: 학지사.

권석만 (2011). 인간의 긍정적 성품: 긍점심리학의 관점. 서울: 학지사.

교육부 (2018). 외국의 프로젝트 기반 학습을 통한 핵심 역량 교육 사례. https://m.blog.naver.com/PostList.nhn?blogId=moeblog/에서 2019년 10월 15일 인출.

교육부 (2019). 한-OECD 국제교육컨퍼런스 보도자료. https://www.korea.kr/news/pressReleaseView.do?newsId=156356999에서 2022년 6월 15일 인출.

교육부 (2020). 학부모 교육과정 이해 및 놀이연계자료 활용 안내서. 세종: 교육부.

교육부, 보건복지부 (2019). 2019 개정 누리과정 해설서. 세종: 교육부, 보건복지부.

교육부, 보건복지부, 육아정책연구소 (2019). 2019 개정 누리과정 교사연수자료. 세종: 교육부.

김기민 (2018). 행복교육의 세 가지 논점들에 대한 고찰. 학습자중심교과교육연구, 18(24), 741-758.

김붕년 (2021). 10대 놀라운 뇌 불안한 뇌 아픈 뇌. 서울: 대성.

대한민국 정책브리핑 (2020.02.07.). ['뇌'를 알아야 아이가 보인다]. 김영훈 가톨릭대학교 의정부성모병원 소아청소년과 교수. https://www.korea.kr/news/cultureColumnView.do?newsId=148868964

도남희, 배윤진, 김지예 (2014). 유아기 행복감 증진 방안. 서울: 육아정책연구소.

문용린 (2014). 문용린의 행복교육. 서울: 리더스북.

문용린, 서울대학교 도덕심리연구소 (2013). 지능과 교육. 서울: 학지사.

문용린, 원현주, 백수현, 안선영 (2008). 부모가 지각한 아동의 성격강점 및 덕목 분석. 인간발달연구, 15(4), 17-35.

박리나, 황해익 (2015). 부모와 교사가 지각한 유아품성에 관한 연구. 생태유아교육연구, 14(3), 45-67.

서울대학교 행복연구센터 (2010). 행복 교과서. 서울: 월드김영사.

신현정 (2017). 유아강점 키우기 교육을 통한 HAPPY 아이(I · 童) 인성교육. 부산: 안락초등학교 병설유치원.

신현정 (2018). 4차 산업혁명 시대의 유아 역량기반교육 성과: 강점 키우기를 통한 인성교육. 역량기반교육의 성과와 과제. 한국교육학회 2018 전국교사학술포럼 자료집(pp.45-55). 서울: 고려대학교 백주년기념과 운초운선교육관.

신현정 (2019). 강점 키우기를 통한 유아의 인성역량 함양 프로그램 개발 및 효과. 어린이미디어연구, 18(3), 161-186.
신현정 (2021). 유아의 강점리터러시 증진 프로그램 개발. 부산대학교 대학원 박사학위논문.
신현정, 제희선 (2019). '잘하는 것'과 '좋아하는 것'을 중심으로 한 유아의 행복 탐색. 생태유아교육연구, 18(1), 231-252.
신현정, 황해익 (2020). 유아의 강점리터러시에 대한 교육신경학적 함의. 생태유아교육연구, 19(3), 291-242.
신현정, 황해익 (2021). 유아의 강점리터러시 증진 프로그램 개발 및 적용. 유아교육연구, 41(6), 181-211.
양옥승 (2011). 유아 자기조절의 의미-두뇌발달의 관점. 幼兒敎育硏究, 31(6), 479-492.
오희정, 황해익 (2020). 유아교사공감척도 개발 연구. 유아교육연구, 40(6), 317-344.
이경민 (2009). 유아 행복 교육의 가능성 탐색 연구. 어린이미디어연구, 8(1), 165-181.
이문희, 이영순 (2013). 성격강점에 기반한 행복증진 프로그램이 고등학생의 주관적 안녕감, 탄력성 및 대인관계에 미치는 효과. 한국심리학회지: 상담 및 심리치료, 25(4), 813-831.
이상은 (2019). OECD Education 2030에 나타난 역량교육의 주요 특징 및 시사점: 2015 개정 교육과정과의 비교를 중심으로. 비교교육연구, 29(4), 123-154.
이상은, 소경희 (2019). 미래지향적 교육과정 설계를 위한 OECD 역량교육의 틀 변화 동향 분석: 'Education 2030'을 중심으로. 교육과정연구, 37(1), 140-164.
이승훈 (2014). 자연환경을 통한 긍정심리학 정신의 구현: 긍정 경험. 한국심리학회지: 일반, 33(1), 51-79.
이을상 (2016). 행복의 역설: 행복에 대한 신경과학 생물학적 성찰과 과학적 반성. 철학연구, 140, 45-74.
임부연 (2015). 누리과정, 미학을 만나다. 경기: 양서원.
임부연, 김성숙, 류미향, 이정금, 정경수, 김현령, 유은정 (2018). 심미수업 놀이 중심 유아교육과정. 경기: 양서원.
임부연, 김영란, 이정금, 최남정 (2007). 유치원 교육과정 연계한 예비유아교사의 심미감 인식에 관한 연구. 어린이미디어연구, 6(1), 19-43.
임재택 (2008). 생태유아교육개론. 경기: 양서원.
정종진 (2016). 학습에서 정서의 중요성에 대한 교육신경과학적 고찰. 뇌교육연구, 3(17), 71-95.
제희선, 황해익 (2019). 유아 자아존중감 평가도구 개발 연구. 미래유아교육학회지, 23(3), 269-292.
조주연, 강문선 (2016). 뇌기반교육 관련 국내연구 동행 분석 및 해석. 초등교육, 29(1), 99-123.
차유진 (2014). 유아유머척도 개발 연구. 부산대학교 대학원 석사학위논문.
최성애 (2015). 행복일기. 경기: 책으로 여는 세상.
최인철 (2011). 행복한 한국사람들의 특징. 서울: 샘터사.
탁정화 (2016a). 유아강점척도 개발 연구. 부산대학교 대학원 박사학위논문.
탁정화 (2016b). 그림에 나타난 유아강점에 대한 이미지분석, 열린유아교육연구, 21(5), 31-54.

탁정화, 황해익 (2019). 유아강점척도 개발 및 타당화. 생태유아교육연구, 18(1), 125-153.

황해익 (2017). 아동연구방법(개정3판). 경기: 정민사.

황해익 (2018). 유아교사 강점 증진 프로그램 개발을 위한 요구도 분석 연구. 생태유아교육연구, 17(4), 61-87.

황해익 (2022). 유아교육평가의 이해(개정판). 경기: 정민사.

황해익, 김미진, 탁정화 (2013). 만5세 유아가 인식한 행복한 상황과 행복의 조건에 관한 연구. 생태유아교육연구, 12(4), 93-122.

황해익, 신현정 (2020). 유아 자아존중감 발현에 대한 교육신경학적 해석. 인지발달중재학회지, 11(4), 23-46.

황해익, 신현정, 제희선 (2019). 유아교사의 경력에 따른 강점과 행복플로리시와의 관계. 학습자중심교과교육연구, 19(4), 337-359.

황해익, 신현정. 탁정화 (2020). 유아강점리터러시척도 개발 및 타당화 연구. 인지발달중재학회지, 11(2). 21-41.

황해익, 신현정. 탁정화 (2022). 유아행복플로리시척도 개발 연구. 생태유아교육연구, 21(1). 209-235.

황해익, 최혜진, 남미경, 정혜영 (2015). 관계지향 유아교육을 위한 유아강점기반평가. 열린유아교육연구, 20(1), 29-49.

Ben-Shahar, T. (2007). (하버드대 행복학 강의) 해피어. [*Happier*]. (노혜숙 역). 서울: 위즈덤하우스. (원저 2007년 출판).

Berk, L. E. (2012). 생애발달 I : 영유아기에서 아동기까지. [*Development Through the Lifespan*]. (이옥경, 박영신, 이현진, 김혜리, 정윤경, 김민희 역). 서울: 시그마프레스. (원저 2007년 출판).

Bernett, F. J., & Fry, R. E. (2014). 긍정탐구(AI) 조직변화. [*Appreciative Inquiry: A Positive Approach to Building Cooperative Capacity*]. (장영철, 허연 역). 서울: 이프레스. (원저 2005년 출판).

Biswas-Diener, R. (2010). *Practicing Positive Psychology Coaching: Assessment, activities and strategies for success*. New York: Mulpure Publising.

Biswas-Diener, R. (2013). 미친 세상에서 용감하게 살아가기. [*The Courage Quotient: How Science Can Make You Braver*]. (민지영 역). 서울: 한빛비즈. (원저 2012년 출판).

Bransford, J. D., Brown, A. L., & Cocking, R. R. (1999). *How people learn: Brain, mind, experience, and school.* Washington, DC: Narional Academy Press.

Buckingham, M. (2009). (나를 가슴 뛰게 하는 에너지) 강점. [*Strengths Make Your Heart Beat*]. (강주헌 역). 서울: 위즈덤하우스. (원저 2008년 출판).

Burdorf, J., & Panksepp, J. (2006). The neurobiology of positive emotions. *Neuroscience & Biobehavioral Reviews, 30*, 173-187.

Burnett, D. (2018). 엄청나게 똑똑하고 아주 가끔 엉뚱한 뇌 이야기. [*Idiot brain: a neuroscientist explains what your head is really up to*]. (임수미 역). 서울: 북큐브네트웍스. (원저 2016년 출판).

Campbell, B. (2012). 다중지능을 활용한 개별화수업. [*Handbook of Differentiated Instruction Using the Multiple Intelligences: Lesson Plans and More*]. (황윤한, 조영임 역). 서울: 아카데미프레스. (원저 2008년 출판).

Clifton, D. O., & Nelson, P. (1996). *Soar with your strengths*. New York: Dell Publishing.

Csikszentmihalyi, M. (1975). *Beyond Boredom and Anxiety*. San Francisco: Jossey-Bass, Inc.

__________________ (2004). 몰입: 미치도록 행복한 나를 만난다. [*Flow: the psychology of optimal experience*]. (최인수 역). 서울: 한울림. (원저 1990년 출판).

Cummins, R. A., & Lau, A. L. D. (2005). *Personal wellbeing index-preschool(PWI-PS) manual*. Melbourne: Deakin University.

DeVries, R., & Kollberg, L. (1987). *Constructivist early education: Overview and comparison with other programs*. Washington, DC: National Association for the Education of Young Children.

Ferrari, M. (2011). What Can Neuroscience Bring to Education?. *Educational Philosophy and Theory,* 43(1), 31-36.

Flobakk, F. R. (2011). *Educational Neuroscience-A Critical Discourse Analysis*. Trondheim: Norwegian University of Science and Technology.

Fox, J. (2008). 아이의 10년 후를 결정하는 강점혁명. [*Your Child's Strengths: A Guide for Parents and Teachers*]. (박미경 역). 서울: 미래인. (원저 2008년 출판).

Fredrickson, B. L., & Branigan, C. (2005). Positive emotions broaden the scope of attention and thought-action repertoires. *Cognition and Emotion*, 19(3), 313-332.

Fredrickson, B. L., & Losada, M. F. (2005). Positive affect and the complex dynamics of human flourishing. *America Psychology, 60*, 678-686.

Gardner, H. (1983). *Multiple intelligences: The theory in practice*. NY: Basic Books.

___________ (1992). Multiple intelligences. *Minnesota Center for Arts Education, 5*(56), 1-58.

___________ (2007). 다중지능. [*Multiple intelligences: New Horizons*]. (문용린, 유경재 역), 서울: 웅진하우스. (원저 2006년 출판).

___________ (2013). 진선미: 인간이 되살려야 하는 가치. [*Truth, Beauty, and Goodness reframed*]. (김한영 역). 서울: 북스넛. (원저 2012년 출판).

Gazzaniga, M. S., Heatherton, T. F., & Halpern, D. F. (2009). *Psychological science*, 3rd Edition. New York: W. W. Norton & Company.

Gerdes, K. E. (2011). Empathy, Sympathy, and Pity: 21st-Century Definitions and Implications for Practice and Research. *Journal of Social Service Research, 29*, 230-241.

Gilliom, M., Shaw, D. S., Berk, J. E., Schonberg, M. A., & Lukon, J. L. (2002). Anger regulation in disadvantaged preschool boys: strategies, antecedents, and the development of self-control. *Developmental Psychology, 38*, 222-235.

Gregory, G., & Kaufeldt, M. (2019). 생각은 크게, 시작은 작게. [*Think Big, Start Small: How to Differentiate Instruction in a Brain-Friendly Classroom*]. (조영남 역). 서울: 학지사. (원저 2012년 출판).

Hooper, J. (2013). 아이의 행복 플로리시. [*What Children Need to Be Happy, Confident and Successful*]. (우문식, 이명원, 허현자 역). 서울: 물푸레. (원저 2012년 출판).

Hüther, G., & Hauser, U. (2016). 모든 아이들은 특별한 재능이 있다. [*Jedes Kind ist hoch begabt*]. (박정미 역). 경기: 머스트비. (원저 2012년 출판).

Iacoboni, M. (2009). Imitation, Empathy, and Mirror Neurons. *Annual Review of Psychology, 60*, 653-670.

Kahneman, D., Krueger, A. B., Schkade, D. A., Schwarz., & Stone, A. A. (2004). A survey method for characterizing daily life experience: the day reconstruction method. *Science, 306,* 1776-1780.

Kelley, S. A., Brownell, C. A., & Campbell, S. B. (2000). Mastery motivation and self-evaluative affect in toddlers: Longitudinal relations with maternal behavior. *Child Development, 71*, 1061-1071.

Lansdown, G. (2004). Participation and young children. *Early Childhood Matters, 103*(4), 14.

Linely, P. A., Nielsen, K. M., Gillett, R., & Biswas-Diener, R. (2010). Using signature strengths in pursuit of goals: Effects on goal progress, need satisfaction, and well-being, and implications for coaching psychologists. *International Coaching Psychology Review, 5*(1), 6-15.

Linley, P. A., Willars, J., & Biswas-Diener, R. (2010). *The Strengths Book*. Coventry, UK: CAPP Press.

Linley, P. A., Maltby, J., Wood, A. M., Joseph, S., Harrington, S., Peterson, C., & Seligman, M. E. (2007). Character strengths in the United Kingdom: The VIA inventory of strengths. *Personality and individual differences, 43*(2), 341-351.

Loker, T., Tan, T. X., Mendez, L. R., & Dedrick, R. (2012), Adopted chinese girl's character strengths from preschool to school age: A longitudinal exploratory study. *Michigan Family Review,* 16, 38-55.

Lopez, S. J. (2011). 인간의 강점 발견하기. [*Positive Psychology: Exploring the Best in People*]. (권석만, 정지현 역). 서울: 학지사. (원저 2008년 출판).

Lopez, S. J., Harter, J., Juskiewicz, P., & Carr, J. (2006). *Clifton Youth Strengths Explorer technical report: Development and initial validation*. NJ: The gallup Organization.

Lopez, S. J. & Snyder, C. R. (2008). 긍정심리평가 모델과 측정. [*Positive psychological assessment*]. (이희경, 이영호, 조성호, 남종호 역). 서울: 학지사. (원저 2003년 출판).

Lyubomirsky, S. (2012). 행복도 연습이 필요하다. [*How to be Happy*]. (오혜경 역). 서울: 지식노마드. (원저 2008년 출판).

Lyubomirsky, S., Sheldon, K. M., & Schkade, D. (2005). Pursuing happiness: The architecture of sustainable change. *Review of General Psychology, 9*, 111-131.

McGrath, R. E. (2014). Character strengths in 75 nations: An update. *The Journal of Positive Psychology, 10*(1), 41-52.

Mills, R. S. L. (2005). Taking stock of the developmental literature on shame. *Developmental Review, 25*, 26-63.

Nisbett, R. E. (2015). 생각의 지도. [*The Geography of Thought*]. (최인철 역). 서울: 김영사. (원저 2003년 출판).

OECD (2018). The Future of Education and Skills Education 2030. Paris, France: OECD.

Park, N., & Peterson, C. (2006). Character strengths and happiness among young children: Content analysis of parental descriptions. *Journal of Happiness Studies, 7*(3), 323-341.

Peterson, C. (2009). 크리스토퍼 피터슨의 긍정심리학 프라이머. [*Positive psychology*]. (문용린, 김인자, 백수현 역). 서울: 물푸레. (원저 2006년 출판).

__________ (2015). 그래도 살만한 인생. [*Pursuing The Good Life: 100 Reflections In Positive Psychology*]. (김고명 역). 서울: 중앙북스. (원저 2013년 출판).

Peterson, C., & Seligman, M. E. P. (2004). *Character strengths and virtues: A handbook and classification*. New York: Oxford University Press and Washington, DC: American Psychological Association.

Rath, T. (2007). *Strengths Finder 2.0*. New York: Gallup Press.

Seligman, M. E. P. (1991). *Learned optimism*. New York: Knopf.

________________ (2004). *Authentic Happiness*. New York: Atria Books.

________________ (2009). 마틴 셀리그만의 긍정심리학. [*Authentic Happiness*]. (김인자 역). 경기: 물푸레. (원저 2004년 출판).

________________ (2011). 플로리시. [*Flourish*]. (우문식, 윤상운 역). 경기: 물푸레. (원저 2011년 출판).

Seligman, M. E. P., & Csickszenthmihllyi, M. (2000). Positive psychotherapy. *American*

Psychologist, 11, 774-788.

Sheldon, K. M., & King, L. (2001). Why positive psychology is necessary. *American Psychology, 56*, 216-217.

Souza. M. (2014). The empathetic mind: the essence of human spirituality. *International Journal of Children's Spiritualit, 14*, 45-54.

Stein, N., & Levine, L. J. (1999). The early emergence of emotional understanding and appraisal: Implications for theories of development. In T. Dalgleish & M. J. Power(Eds.), *Handbook of cognition and emotion* (pp.383-408). Chichester, UK. Wiley.

Toner, E., Haslam, N., Robinson, J., & William, P. (2012). Character Strengths and Wellbeing in Adolescence: Structure and Correlates of the Values in Action Inventory of Strengths for children. *Personality and Individual Difference, 52*, 630-642.

Tugade, M. M., Fredrickson, B. L., & Barrett, L. F. (2004). Psychological resilience and positive emotional granularity: Examining the benefits of positive emotions on coping and health. *Journal of Personality, 72*(6), 1161-1190.

UNESCO (2020). https://en.unesco.org/themes/literacy-all/에서 2020년 1월 3일 인출.

Vaillant, G. E. (2010). 행복의 조건. [*Aging Well: Surprising Guideposts to a Happier Life from the Landmark Harvard Study of Adult Development*]. (이덕남 역). 서울: 프런티어. (원저 2002년 출판).

Vygotsky, L. S. (2000). 사회 속의 정신: 고등 심리 과정의 발달. [*Mind in society: the development of higher psychological processes*]. (조희숙, 황해익, 허정선, 김선옥 역). 서울: 양서원. (원저 1978년 출판).

Waters, L. (2017). *The strength switch: How the new science of strength-based parenting can help your child and your teen to flourish*. New York, NY: Avery-Penguin Books.

Waters, L. (2019). 똑똑한 엄마는 강점스위치를 켠다. [*The Strength Switch*]. (김은경 역). 경기: 웅진리빙하우스. (원저 2017년 출판).

WEF (2016). New Vision for Education: Fostering Social and Emotional Learning through Technology. Geneva Switzerland: WEF.

Willis, J. (2012). 수업혁명 2: 학습동기 유발편. [*Research-Based Strategies to Ignite Student Learning: Insights from a Neurologist and Classroom Teacher*]. (이찬승, 김계현 역). 서울: 한국뇌기반교육연구소. (원저 2006년 출판).

Zulling, K. J., & White, R. J. (2011). Physical activity, life satisfaction, and self-rated health of middle school students. *Applied Research in Quality of Life, 6*, 277-289.

찾아보기

저자소개

황해익

Michigan State University 대학원 문학석사(MA) 및 철학박사(Ph.D)
부산대학교 유아교육과 교수

탁정화

부산대학교 대학원 교육학 석사 및 교육학 박사(유아교육전공)
서원대학교 유아교육과 교수

신현정

부산대학교 대학원 교육학 석사 및 교육학 박사(유아교육전공)
부산 안락초등학교병설유치원 교사 및 대학 시간강사

행복한 아이의 미래역량: 강점리터러시가 답이다

1판 1쇄 인쇄 2023년 1월 5일
1판 1쇄 발행 2023년 1월 10일

저 자 황해익, 탁정화, 신현정
발 행 인 회장 박철용 · 대표 박세원
발 행 처 정민사
주 소 경기도 파주시 직지길 522 파주출판도시
전 화 031-955-8030
팩 스 031-955-8025
홈 페 이 지 http://www.jmpub.co.kr
이 메 일 yswgroup@naver.com
출 판 등 록 1979년 1월 22일 No. 406-2004-000130호

I S B N 978-89-5809-971-0
정 가 20,000원